"十三五"国家重点出版物出版规划项目

|政|治|建|设|卷|

国家治理现代化

THE MODERNIZATION OF
GOVERNANCE IN CHINA

上官酒瑞 著

中国财经出版传媒集团
经济科学出版社
Economic Science Press

图书在版编目（CIP）数据

国家治理现代化/上官酒瑞著. —北京：经济科学出版社，2019.9（2025.1重印）
（中国道路·政治建设卷）
ISBN 978-7-5218-0911-4

Ⅰ.①国… Ⅱ.①上… Ⅲ.①国家－行政管理－现代化管理－研究－中国 Ⅳ.①D630.1

中国版本图书馆 CIP 数据核字（2019）第 204410 号

责任编辑：何　宁
责任校对：靳玉环
责任印制：李　鹏

国家治理现代化

上官酒瑞　著

经济科学出版社出版、发行　新华书店经销
社址：北京市海淀区阜成路甲 28 号　邮编：100142
总编部电话：010-88191217　发行部电话：010-88191522
网址：www.esp.com.cn
电子邮件：esp@esp.com.cn
天猫网店：经济科学出版社旗舰店
网址：http://jjkxcbs.tmall.com
北京季蜂印刷有限公司印装
710×1000　16 开　20.75 印张　270000 字
2019 年 12 月第 1 版　2025 年 1 月第 2 次印刷
ISBN 978-7-5218-0911-4　定价：72.00 元
(图书出现印装问题，本社负责调换。电话：010-88191510)
(版权所有　侵权必究　打击盗版　举报热线：010-88191661
QQ：2242791300　营销中心电话：010-88191537
电子邮箱：dbts@esp.com.cn）

《中国道路》丛书编委会

顾　　问：魏礼群　马建堂　许宏才

总 主 编：顾海良

编委会成员：（按姓氏笔画为序）

马建堂　王天义　吕　政　向春玲
陈江生　季正聚　季　明　竺彩华
周法兴　赵建军　逄锦聚　姜　辉
顾海良　高　飞　黄泰岩　傅才武
曾　峻　魏礼群　魏海生

政治建设卷

主　　编：曾　峻　王公龙

《中国道路》丛书审读委员会

主 任：吕 萍

委 员：李洪波 陈迈利 柳 敏 樊曙华
　　　　刘明晖 孙丽丽 胡蔚婷

总　　序

中国道路就是中国特色社会主义道路。习近平总书记指出，中国特色社会主义这条道路来之不易，它是在改革开放三十多年的伟大实践中走出来的，是在中华人民共和国成立六十多年的持续探索中走出来的，是在对近代以来一百七十多年中华民族发展历程的深刻总结中走出来的，是在对中华民族五千多年悠久文明的传承中走出来的，具有深厚的历史渊源和广泛的现实基础。

道路决定命运。中国道路是发展中国、富强中国之路，是一条实现中华民族伟大复兴中国梦的人间正道、康庄大道。要增强中国道路自信、理论自信、制度自信、文化自信，确保中国特色社会主义道路沿着正确方向胜利前进。《中国道路》丛书，就是以此为主旨，对中国道路的实践、成就和经验，以及历史、现实与未来，分卷分册做出全景式展示。

丛书按主题分作十卷百册。十卷的主题分别为：经济建设、政治建设、文化建设、社会建设、生态文明建设、国防与军队建设、外交与国际战略、党的领导和建设、马克思主义中国化、世界对中国道路评价。每卷按分卷主题的具体内容分为若干册，各册对实践探索、改革历程、发展成效、经验总结、理论创新等方面问题做出阐释。在阐释中，以改革开放四十多年伟大实践为主要内容，结合新中国成立七十年的持续探索，对中华民族近代以来发展历程以及悠久文明传承的总结，既有强烈的时代感，又有深刻的历史感召力和面向未来的震撼力。

丛书整体策划，分卷作业。在写作风格上，注重历史和现实相贯通、国际和国内相关联、理论和实际相结合，对中国道路的重大理论和实践问题做出探索；注重对中国道路的实践经验、理论创新做出求实、求真的阐释；注重对中国道路做出富有特色的、令人信服的国际表达；注重对中国道路为发展中国家走向现代化的途径、为解决人类问题所贡献的中国智慧和中国方案的阐释。

在新中国成立特别是改革开放以来我国发展取得的重大成就基础上，近代以来久经磨难的中华民族实现了从站起来、富起来到强起来的历史性飞跃，焕发出强大生机活力，迈进中国特色社会主义道路发展的新时代。在新时代建设社会主义现代化强国的新的历史征程中，中国财经出版传媒集团经济科学出版社、中国特色社会主义经济建设协同创新中心精心策划、组织编写《中国道路》丛书有着更为显著的、重要的理论意义和现实意义。

《中国道路》丛书 2015 年策划启动，2017 年开始陆续推出。丛书 2016 年列入"十三五"国家重点出版物出版规划项目、主题出版规划项目。丛书第一批，2017 年列入国家"90 种迎接党的十九大精品出版选题"；2018 年获国家出版基金资助，作为馆藏图书被大英图书馆收藏；2019 年被中宣部遴选为"书影中的 70 年·新中国图书版本展"参展图书，并入选国家社科基金中华学术外译项目推荐选题目录。丛书第二批于 2019 年陆续推出。

《中国道路》丛书编委会
2019 年 9 月

目　录

导论　国家治理现代化：中国语境的内涵与意义 ……… 1

　　一、治理的内涵解析　/　1
　　二、现代化的类型学分析　/　10
　　三、国家治理体系与治理能力现代化　/　14
　　四、推进国家治理现代化的重要意义　/　25

第一章　从统治到治理：治国理政的变迁 ………… 35

　　一、统治与治理：治国理政的两种形式　/　35
　　二、改革开放前的总体性社会与政治统治　/　41
　　三、改革开放以来的社会转型与治理改革　/　53

第二章　国家治理现代化的特征：比较分析 ………… 69

　　一、以社会主义与人民民主为取向　/　69
　　二、以使命型政党为领导　/　83
　　三、以悠久历史文化传统为前提　/　93
　　四、以超大规模与后发现代化为起点　/　107

第三章　新时代的国家治理现代化：
新方位新环境新挑战 ……………… 123

一、发展起来以后：治理迈入新阶段 / 123
二、主要矛盾转化：治理全局新变革 / 136
三、社会结构多元：治理方式新要求 / 149
四、网络社会嵌入：治理格局新挑战 / 161
五、世界经历变局：治理环境新调整 / 171

第四章　推进国家治理现代化：
新要求新取向新态势（上） ……………… 183

一、明确目标：健全制度体系支撑强国治理 / 183
二、塑造权威：加强党的建设助推责任治理 / 201
三、释放活力：全面深化改革创造有效治理 / 214
四、建构秩序：推进依法治国实现有序治理 / 230

第五章　推进国家治理现代化：
新要求新取向新态势（下） ……………… 248

一、建构价值：聚合精神力量增强共识治理 / 248
二、做强增量：形成合力体系推动网络治理 / 265
三、应对风险：坚守底线保障总体安全治理 / 279
四、包容文明：在改革开放中提升效能治理 / 295

参考文献 / 313

导论

国家治理现代化：中国语境的内涵与意义

一、治理的内涵解析

无论东方还是西方，"治理"一词在历史典籍中都曾有使用。如在《荀子·君道》中就有："明分职，序事业，材技官能，莫不治理，则公道达而私门塞矣，公义明而私事息矣。"又如《孔子家语·贤君》中讲："吾欲使官府治理，为之奈何？"这里的治理，是指处理、整顿，与管理、统治大体同意。而英文中的治理"governance"，与统治"government"长期交叉使用，有引导、控制、操纵之意，是指在特定范围内行使权威，也大体上是管理、统治的意思。

作为一种政治管理行为，治理存在于古今中外的所有国家与文明形态中，但现代意义上的治理概念，是20世纪晚期才出现的。世界银行1989年发布的《南撒哈拉非洲：从危机走向可持续增长》报告，首次使用了治理危机（crisis in governance）的概念。1992年世界银行发布了《治理与发展》年度报告，对治理进行了现代意义的系统阐释。也就是在这一年，联合国成立了全球治理委员会，并以《全球治理》为名创办了一份杂志。在这样的倡导与推动下，治理被广泛引入经济社会管理各领域，成为社会科学研究的重要理论和实践内容。

自20世纪90年代以来，政治学、经济学、社会学、公共管理等领域的西方学者，在研究中纷纷吸收或采纳治理理论，并提出了不同的理解。如英国学者罗茨就认为，治理是不同于政府管理的一种新过程、新状态、新方式。"治理标志着政府管理含义的变化，指的是一种新的管理过程，或者一种改变了的有序统治状态，或者一种新的管理社会的方式。"① 研究还归纳了治理的6种不同用法，即作为最小的国家、作为公司治理、作为新公共管理、作为"善治"、作为社会一种控制系统、作为自组织网络等。另一位学者斯托克，通过梳理总结了作为一种理论的治理，已经形成的五种观点：（1）治理指出自政府但又不限于政府的一套社会公共机构和行为者；（2）治理明确指出在为社会和经济问题寻求解答的过程中存在的界限和责任方面的模糊之点；（3）治理明确肯定涉及集体行为的各个社会公共机构之间存在的权力依赖；（4）治理指行为者网络的自主自治；（5）治理认定，办好事情的能力并不在于政府的权力，不在于政府下达命令或运用其权威。政府可以动用新的工具和技术来控制和指引；而政府的能力和责任均在于此。② 对治理的研究，还有其他诸多界定。而1995年全球治理委员会发布的题为《我们的全球伙伴关系》的研究报告中，对治理作出了相对权威性的定义："治理是或公或私的个人和机构经营管理相同事务的诸多方式的总和。它是使相互冲突或不同的利益得以调和并且采取联合行动的持续过程。它包括有权迫使人们服从的正式结构和规章制度，以及种种非正式安排。而凡此种种均由人民和机构或者同意，或者认为符合

---

① ［英］罗伯特·罗茨著，木易编译：《新的治理》，引自俞可平主编：《治理与善治》，社会科学文献出版社2000年版，第86~87页。
② ［英］格里·斯托克著，华夏风编译：《作为理论的治理：五个论点》，引自俞可平主编：《治理与善治》，社会科学文献出版社2000年版，第34~35页。

他们的利益而授予其权力。"① 根据这些解释，可以看出，治理概念被赋予新的丰富内涵，已经超越了传统意义。特别是，治理强调权威的多样性、主体的多中心、目标的公共性等，比较而言，它与统治"government"已相去甚远。

历史呈现的情景是：在过去的20多年间，治理变成了一个极其时髦的话语，流行于学术理论与政治实务界。这如同有人描述的："治理被人称作一个流行语，一种风行一时的玩意，一套框架性工具，一个跨越不同学科的概念，一个伞状概念，一个描述性概念，一个模棱两可的概念，一个空洞的指称，一个用于狡辩的遁词，一种拜物教，一个研究领域，一种研究方式，一种理论，一种视角。"② 概而言之，治理不仅在理论上成为相关学术的重要研究对象，而且也进入了政治管理实践领域，成为指引许多国家推动政府管理变革的理念，即所谓的"治理多一些，统治少一些"。

虽然基于不同价值立场与现实关怀，人们对治理的认识会有所不同，但是作为一种理论，治理的产生与兴起并非"无中生有"，而是特定社会政治与时代变迁驱动的。这主要可概括为以下两方面：

一方面，从社会历史看，治理兴起与西方国家市场和政府关系结构变化相关。近代以来，西方资本主义国家的发展长期信奉自由主义，认为政府是"守夜人"，不可随意干预市场，通过自由市场竞争可形成均衡发展。可是，现实的历史并非如此。市场是会失灵的，表现为市场垄断、生产无政府、周期性经济危机等，尤其是公共产品的供给，自由市场几乎无能为力。正是大规模经济危机的倒逼，西方国家为纠正市场失灵，选择了凯恩斯主

---

① 俞可平主编：《治理与善治》，社会科学文献出版社2000年版，第270页。
② Christopher Ansell, David Levi-Faur, and Jarle Trondal, "An Organizational-Institutional Approach to Governance," in Christopher Ansell, Jarle Trondal, and Morten Øgård (eds.), Governance in Turbulent Times, Oxford: Oxford University Press, 2017, P. 29. 转引自王绍光：《治理研究：正本清源》，载于《开放时代》2018年第2期。

义，主张政府对市场干预。就有效化解危机、缓释社会矛盾危机而言，诸如罗斯福新政等确实产生了预期效果。但是第二次世界大战后，随着时间的推移，政府干预力度、强度和密度的不断加大，特别是伴随着福利政策的推行，西方发达国家又不同程度地发生了政策危机、财政危机、认同危机、参与危机等，政府失灵充分暴露出来。为回应政府失效危机，20世纪70年代各国推动了政府职能调整、流程再造，甚至引入仿企业家政府等理论与实践的尝试。这种主张试图将市场机制引入公共管理领域，在本质上又回到了市场，其后果可能是进一步的失灵和危机。显然，问题的关键是要突破"市场"与"政府"的二元化认知局限。于是，治理理论应运而生，它引入"社会"作为一个新单元，强调合作、协同、回应、参与、责任等精神，尝试探索政府、社会、市场三者共同参与的一种新的公共事务管理模式。现实中很多国家纷纷效仿，试图运用治理去矫治政府和市场缺陷，这促成了新公共管理运动。如杰索普分析指出的，为应对市场失败、国家失败，"愈来愈多的人热衷于以治理机制对付市场和国家协调的失败。"① 从这个角度看，治理理论的产生与新公共管理运动相辅相成，是一个硬币的两面。

另一方面，从时代背景看，治理的产生发展又与全球化发展相关。随着人类历史从民族史逐步走向世界史，全球化成为不可阻挡的历史潮流，表现为世界各国之间交往频繁，以往分散化的市场活动、资源配置，越来越走向一体化。这历史地证明了马克思、恩格斯对全球化时代预言的正确性："单是大工业建立了世界市场这一点，就把全球各国人民，尤其是各文明国家的人民，彼此紧紧地联系起来，以致每一国家的人民都受到另一国家发生

---

① ［英］鲍勃·杰索普著，漆芜编译：《治理的兴起及其失败的风险：以经济发展为例的论述》，引自俞可平主编：《治理与善治》，社会科学文献出版社2000年版，第71页。

的事情的影响。"① 虽然全球化加深了各国政府之间的彼此联系和相互依赖,但民族国家内部的公共性矛盾问题并没有因此得到根本解决。同时,资本在全球范围内的扩张又带来了跨国犯罪、毒品贩卖、疾病传播、环境污染等公共问题需要解决。在既有民族国家的结构框架下,这些难题没有答案,而联合国相关安全与和平机制的运用也相对有限。这内在地要求由各种非政府组织、国际组织、社会力量,甚至是公民个人等共同参与、协同合作的全球治理机制的形成。正是这样的背景下,人们提出治理理论,认为在政府、市场之外,要充分关注和重视非政府组织、民间机构的作用,强调社会公共问题和矛盾化解中多主体的共同参与、协同行动和相互合作。

结合以上两方面可认为,治理是西方国家为解决经济社会政治发展面临结构性难题而提出的理论与政策方案。特别是,它强调"社会中心主义""多元主义""去权威主义"等政治倾向,体现了鲜明的西方社会政治属性,是一种典型的西式理论。但无论如何,不能由此简单认为,治理就是西方政治学理论的"专利"。事实上,这也并没有妨碍治理理论进入中国,受到学界、政界的关注。几乎与西方治理理论产生同步,国内一些学者反应迅速,敏锐地捕捉并引入了这种新理论"governance",展开了相关研究。引介性的研究,最早出现在1995年出版的《市场逻辑与国家观念》一书的《GOVERNANCE:现代"治道"新概念》不过这篇文章中并没有将"governance"译为"治理",而是译为"治道"。毛寿龙较早关注了治理理论,他研究认为:"英文中的动词govern既不是指统治(rule),也不是指行政(administration)和管理(management),而是指政府对公共事务进行治理,它掌舵(steering)但不划桨(rowing),不直接介入公共事务,只介于负责统治的政治和负责具体事务的管理之间,它是对

---

① 《马克思恩格斯选集》(第1卷),人民出版社1995年版,第241页。

于以韦伯的官僚制理论为基础的传统行政的替代，意味着新公共行政或者新公共管理的诞生，因此可译为'治理'。"① 俞可平则将"governance"译为"治理"，对其内涵有明确界定："治理一词的基本含义是指在一个既定的范围内运用权威维持秩序，满足公众的需要。治理的目的是在各种不同的制度关系中运用权力去引导、控制和规范公民的各种活动，以最大限度地增进公共利益。"② 他还较早完整介绍了西方治理理论，出版了《治理与善治》一书，直接推动治理理论成为国内学术研究的热点问题。

治理理论引入国内后，得到了较广泛的认可与传播，与改革开放以来中国社会的转型发展与结构变迁结合起来，政治学、社会学等开展了大量研究。人们认为，在以市场经济和对外开放的双重驱动下，中国的社会与国家、政府与公民关系发生了不小变化。这表现为：高度集权的体制机制在不断变革，社会主义民主制度不断健全，自由空间和流动资源不断增多，各种民间组织、社会力量不断成长；与此相应，也出现了一些新的结构性矛盾和问题。这为治理理论与中国实践的对话创造了空间和条件，也让该理论用于解释中国具备了适用性。正是这些研究为中文中的"治理"赋予了新内涵、拓展了其外延，也不同程度地为社会公共问题的解决提供了政策方案，甚至进行了符合中国实际的重塑，推动治理理论在中国的发展进步。

同时，人们也深刻认识到，治理理论源于西方、扎根西方，它与西方民主制度、公民社会、政治文化等联系在一起，在根本上不同于中国的文化传统、社会结构与政治制度安排，不能搞

---

① 毛寿龙、李梅、陈幽泓：《西方政府的治道变革》，中国人民大学出版社1998年版，第6~7页。
② 俞可平主编：《治理与善治》，社会科学文献出版社2000年版，第5页。

"拿来主义"。于是，也就有了治理理论的中国化与本土化诉求。有学者明确提出："治理理论的本土化指的是，一种使国外治理理论的合理成分与本土社会的实际相结合，增进治理理论对本土社会的认识和在本土社会的应用，形成具有本土特色的治理理论、方法的学术活动和学术取向。"① 这其中最重要的是，中国语境中的治理理论运用，必须结合中国经验、符合中国事实，在强调多主体协同参与的同时，必须为国家或政府作为治理的中心预留空间，肯定并充分发挥党的领导与政府主导作用。如果说西方治理更多强调社会中心、公民本位，其重心是社会治理，那么中国则是国家主导下的社会协同治理。有研究更直接地认为："中国的社会治理并非以削弱党和政府原有的强大自主性与资源动员能力为前提，而是在坚持中国共产党的政治领导，坚持以政府为主导的原则和策略下，以'强政府—强社会'为最优目标模式，其特色性正如官方的标准表述：党委领导，政府主导，社会协同，公众参与，法治保障。"② 这样的研究结论，是理解中国治理的一个客观事实，也是一大特色，并成为社会共识。

在学术研究和传播的推动下，治理的概念也越来越多地进入党和政府的报告文件，成为政策语言，最早出现在中共十六大报告"党领导人民治理国家"的表述中。中共十七大报告进一步表述为"保证党领导人民有效治理国家"。中共十八大报告多处出现"治理"，并第一次使用"国家治理"的概念，有"更加注重发挥法治在国家治理和社会管理中的重要作用"等要求；报告还提出："要围绕构建中国特色社会主义管理体系，加快形成党委领导、政府负责、社会协同、公众参与、法治保障的社会管理体制……加快形成政社分开、权责明确、依法自治的现代社会

---

① 郑杭生、邵占鹏：《治理理论的适用性、本土化与国际化》，载于《社会学评论》2015年第2期。
② 燕继荣：《中国社会治理的理论探索与实践创新》，载于《教学与研究》2017年第9期。

组织体制，加快形成源头治理、动态管理、应急处置相结合的社会管理机制。"① 这里虽然交叉使用了管理与治理两个概念，但已内含了明确的治理思维。特别是，在中共十八届三中全会审议通过的《中共中央关于全面深化改革若干重大问题的决定》（以下简称《决定》）中，出现了国家治理、政府治理、社会治理、社区治理、治理体系、治理能力、治理体制、治理结构、治理方式、系统治理、依法治理、综合治理、源头治理、第三方治理等，共计有24处之多，涉及治理主体、治理结构、治理体制、治理方式等。最重要的是，《决定》明确提出了全面深化改革的总目标，即"完善和发展中国特色社会主义制度，推进国家治理体系和治理能力现代化。"② 这表明党和政府对治理理念的充分接纳，并运用于国家建设、政治发展的战略目标层面。与此一脉相承，中共十九大报告更广泛使用了治理并提出："加强社会治理制度建设，完善党委领导、政府负责、社会协同、公众参与、法治保障的社会治理体制，提高社会治理社会化、法治化、智能化、专业化水平。"③ 尤其是，重申了全面深化改革的总目标，明确了推进国家治理现代化的"三步走"战略安排。这些战略认知与战略行动，标志着治理理论正式进入公共政策议程，成为指引改革发展、国家建设的理念方向，对中国特色社会主义现代化事业发展具有深远意义。

从"统治"到"治理"虽然只有一字之差，却折射出一种全新的政治理念和思维。这当然有对西方治理理念的借鉴，但更主要是中国共产党适应时代与实践要求，对改革开放以来政治体制改革和政治发展理论的总结提升。这意味着，中国语境中的治理又与西方治理有本质不同，是有前提、有遵循的。这集中表现

---

① 《十八大报告辅导读本》，人民出版社2012年版，第35页。
② 《〈中共中央关于全面深化改革若干重大问题的决定〉辅导读本》，人民出版社2013年版，第3页。
③ 《党的十九大报告辅导读本》，人民出版社2017年版，第48页。

为：第一，中国治理虽然也强调多元参与，但它绝非是走向西方的多中心、无中心治理，更不主张去权威主义，不提倡所谓的"没有政府的治理"，而是有中心的，特别强调国家的责任与权威，以及共产党总揽全局、协调各方的领导地位和政府的主导作用；第二，中国治理虽然也强调公开、参与、回应、责任、法治等，与民主法治建设紧密联系，但它绝非是走向西方多党竞争、三权分立、普选制，而是在中国特色社会主义政治发展道路和政治制度框架中展开的。有人就指出，中国的治理或国家治理是："在中国特色社会主义道路的既定方向上，在中国特色社会主义理论的话语语境和话语系统中，在中国特色社会主义制度的完善和发展的改革意义上，中国共产党领导人民科学、民主、依法和有效地治国理政。"① 可以说，在党和政府的报告文件、政策议程中的国家治理、社会治理等话语，都是在这个意义上使用的。

归结起来，在政治学意义上，治理就是治国理政。在中国语境中，其内涵可概括为以下几个不同维度：

（1）治理是一种新的管理活动。它存在于任何时代与环境中，现代治理是对以往统治的超越，但不是截然取代，包括必要的公共权威、管理规则、机制和方式。作为两种政治活动，统治与治理虽然都需要权威、权力，都是为了维持秩序，但在主体、性质、来源、运行向度、适用范围等方面又有根本差异。改革开放以来治国理政重心从统治向治理的位移，意味着一种新的公共事务管理模式的产生和逐步发展。

（2）治理是一种新的价值理念。它更偏向于工具性、技术性，是实现国家目的的公共事务管理活动与过程，但是治理强调公共事务处理中的多元参与、合作共治、协同行动，这又内含了民主、法治、公正等价值性因素，要旨在于增进公共利益。

---

① 王浦劬：《全面准确深入把握全面深化改革的总目标》，载于《中国高校社会科学》2014年第1期。

（3）治理是一种新的结构关系。它不仅包括政党、政府这样的正式组织结构，也包括其他非正式结构，如社会治理、市场治理、公民参与等。更关键的是，治理是政府、政党、市场、社会组织、公民等围绕公共利益最大化，进行公共事务管理活动而形成的一种新型互动关系。这是改革开放以来转型发展与深化改革推动国家与社会、政府与公民结构关系变迁的结果。其中，执政党和政府最具有权威和地位，是最重要的治理结构，其他权力主体无法与其相提并论。

（4）治理是一种新的政治状态。执政者期待国家能够提供优质公共服务，赢得更大程度的合法性支持，创造有效发展，维护公共秩序，实现良好治理。这理想的状况就是善治（good governance），它不同于善政，表现为合法性、法治、透明、责任、回应、有效、参与、公正、廉洁等，本质是官民协同共治，是两者新型关系的最佳状态。

二、现代化的类型学分析

现代化（modernization）是一个包罗宏富的概念，它是一种多层面、多阶段、多面向的社会历史运动，主要以工业化、城市化、信息化等现象呈现出来。但无论如何，现代与古代与传统相对，现代化与世界史与资本主义联系在一起。马克思、恩格斯有经典论断："手推磨产生的是封建主的社会，蒸汽磨产生的是工业资本家的社会。"[①] 这所反映的正是，16世纪以来欧洲大工业兴起和社会巨变，推动现代生产方式的出现，创造了以往人类历史上任何一个时代都不敢想象的工业与科学力量。世界历史得以开创，现代社会即资产阶级社会开始成长。马克思主义经典著作

---

① 《马克思恩格斯文集》（第1卷），人民出版社2009年版，第602页。

中，还有很多对现代生产方式、现代社会的描述，明确指的就是资本主义生产方式、资产阶级社会。特别是马克思恩格斯还指出，"工业较发达的国家向工业较不发达的国家所显示的，只是后者未来的景象。"① 这就是说，现代化是世界历史条件下各国发展的走向。这样从历史唯物主义对现代化的认识是非常深刻的。

不过，现代化理论是20世纪50年代末和60年代才产生的。第二次世界大战后，西方国家面临国家重建与复兴问题，而摆脱殖民统治获得独立的国家和地区有着更为强烈的发展需求。正是这样的大背景，加之资本主义和社会主义两大阵营的对峙，推动西方社会特别是美国发展经济学、政治学、社会学等领域的学者，围绕发展、现代化等开展了大量研究，形成了经典现代化理论或流派。如罗斯托于1960年出版的《经济增长阶段》一书，副标题即"非共产党宣言"，直言是对"马克思主义的挑战"。他将现代社会的形成划分为五个阶段：传统社会、为起飞创造前提条件、起飞、向成熟推进、高额大众消费。现代化研究还包括现代经济增长、政治发展模式等，这为美国政府推行"全球战略"，"争取进步联盟"计划等提供了理论支撑。

在认识论上，现代化理论从大历史中将现代化视为从传统社会向现代社会转化的过程，这是有方法论价值的。不过也要明白，现代化理论有着很大局限性，一直遭受批评质疑。在本体论上，传统与现代的两分法，体现为一种线性历史观，过于简单，难以描述社会历史的复杂多样性。在价值观上，认为现代化就是"西方化"，认为西方国家的经济、政治模式，是非西方社会走向现代化的目标方向，属于典型的西方中心论。这些局限助推了很多现代化修正理论的出现，如依附理论。

比较现代化史的研究说明，作为从传统走向现代的深刻社会变革，现代化不是单向度的，而是立体、多维、整全性的。虽然

---

① 《马克思恩格斯全集》（第23卷），人民出版社1974年版，第8页。

工业化、经济现代化具有先导性,是第一推动力,但不能简单将两者等同,更不能片面地在现代化与 GDP 两者之间画等号。如亨廷顿指出的:"现代化是一个多层面的进程,它涉及到人类思想和行为的所有领域里的变革。"① 如果说传统性是前现代社会的特征,那么现代性则是现代社会的特征。有人总结认为,凡是传统性占主导地位的社会称作传统社会,而现代社会则是现代性占主导地位的社会。两种社会在价值观念、社会态度、社会规范、政治制度等方面体现了不同,根本上可归结为行为模式的差异。② 现代化的过程就是传统性不断衰退和减少,而现代性不断积累和增长的过程,是社会发生全面变革而形成的一种属性,涉及人类生活的方方面面,包括政治、文化、社会等现代化与人的现代化等内容。这可以主要概括为:民主化、法制化、工业化、都市化、均富化、福利化、社会阶层流动、宗教世俗化、教育普及化、知识科学化等。③ 这样的现代化现象学特征中,以民主法治为框架的现代国家制度建设至关重要。

这道理在于,制度问题具有根本性、稳定性、全局性,即使在经济增长方面也是如此。有研究就认为:"在技术与社会因素的共同作用中,必须强调的一点是,在任何时代,增长不仅仅是整体上的变动,还包含结构的转变。即使这种增长的冲动是由重大技术创新带来的,每个社会在采用这种技术时必须调整现有的制度结构。这意味着社会组织的巨大变动——新制度的产生和旧制度的逐渐淘汰。"④ 这意味着,全面现代化必然包括经济社会文化等领域的制度体制机制的现代化。一个国家如果没有建立起

---

① [美]塞缪尔·P.亨廷顿著,王冠华等译:《变化社会中的政治秩序》,生活·读书·新知三联书店1989年版,第30页。
② 参见燕继荣主编:《发展政治学:政治发展研究的概念与理论》,北京大学出版社2006年版,第60～62页。
③ 杨国枢:《现代化的心理适应》,台北巨流图书公司1978年版,第24页。
④ [美]西蒙·库兹涅茨编著,戴睿、易诚译:《现代经济增长》,北京经济学院出版社1989年版,第5页。

现代国家制度体系和治理体系，那就不能说是实现了现代化，其后果可能是，现代化建设已经取得的成果因为没有制度保障得而复失。在拉丁美洲、亚洲一些国家，在经济发展从低收入国家进入高收入水平的阶段，陷入了"中等收入陷阱"。究其原因，表面看似经济发展出现了问题，实则是政治发展、国家制度建设没有跟进的问题，是没有全面推动国家制度现代化造成的，教训值得吸取。

如同其他社会历史现象，现代化发展也遵循着普遍性与特殊性、同一性与多样性的辩证统一。马克思主义认为，"历史的进化像自然的进化一样，有其内在规律"①。但是，"世界历史发展的一般规律，不仅丝毫不排斥个别发展阶段在发展的形式或顺序上表现出特殊性，反而是以此为前提的。"② 现代化比较研究也表明，虽然现代化进程有共同因素，但人类社会、世界各国的现代化发展并不平衡，有着不同模式与道路。在广大发展中国家开始迈向现代化道路时，一些发达国家已经完成了现代化，甚至进入了后现代化阶段。罗荣渠研究提出的"一元多线论"很有启发意义。这里的"一元"，即以生产力发展为核心的经济发展，是现代化发展的中轴，"多线"是指由于不同自然、历史、社会条件，在不同历史时期，不同社会形态的发展会有不同的现代化模式、道路。他在已有研究基础上，还就现代化道路的多样性展开了发生类型学的研究，区分了创新性变革和传导性变革两种方式，进而提出两种不同的现代化道路。"一类是内源的现代化（modernization from within），这是由社会自身力量产生的内部创新，经历漫长过程的社会变革的道路，又称内源型变迁（endogenous change），其外部的影响居于次要地位。一类是外源或外诱的现代化（modernization from without），这是在国际环境影响下，

---

① 《马克思恩格斯选集》（第4卷），人民出版社1995年版，第393页。
② 《列宁选集》（第4卷），人民出版社1995年版，第776页。

社会受外部冲击而引起内部的思想和政治变革并进而推动经济变革的道路，又称外诱变迁（exogenous change），其内部创新居于次要地位。"[1] 依据这种区分，至少可认为现代化不只有一种道路，更不只是西方的道路模式；历史基础、文化传统、时空境遇、国家与社会关系等不同，现代化运动的推动力量、方式方法、发展路径等自然也不相同，自然制度选择也各有差异。这就是现代化运动的复杂性。

三、国家治理体系与治理能力现代化

以工业化、市场为先导的现代化历史运动，释放出了极其强大的结构形塑功能。但凡是开启并走上现代化道路的国家，其经济、政治、文化、社会、心理结构，以及人的存在等，都势必发生根本性变化，差异只在于时间先后、程度大小、节奏快慢等方面。既然现代化是全方位的社会持续变革过程，那理当包括国家治理现代化。如果概括为一点，这个主题主线就是从传统的国家统治转向现代国家治理，并适应时代发展与社会变迁不断进步。

中国也是如此。近代以来，中国的现代化探索极为艰辛。在中国共产党领导下，1949年新中国成立及1956年社会主义制度的确立，其中蕴含了一些现代国家建设的制度因素、价值理念，并启动了工业化，努力推动"四个现代化"。这为中国的现代化奠定了制度框架、物质基础。但是，如何治理好社会主义这样全新的国家，以往世界社会主义实践并没有提供现成方案，中国共产党也没有经验可借鉴，治国理政在探索中取得了重要成果，也

---

[1] 罗荣渠：《现代化新论——世界与中国的现代化进程》（增订本），商务印书馆2004年版，第131页。

遭受了重大挫折。正是在深刻总结治国理政经验教训基础上，以中共十一届三中全会为起点，中国进入了改革开放新时期，直接推动现代化提速，国家治理现代化也被提上议事日程，两者是同步的，中心内容就是推进现代国家制度体制机制建设，实现制度现代化。邓小平当初的认识非常清楚，不仅要推动以市场为导向的经济建设，并提出要发展社会主义民主、健全社会主义法制等。在1980年《党和国家领导制度的改革》中，他强调："我们过去发生的各种错误，固然与某些领导人的思想、作风有关，但是组织制度、工作制度的问题更重要。这些方面的制度好可以使坏人无法任意横行，制度不好可以使好人无法充分做好事，甚至走向反面。即使像毛泽东同志这样伟大的人物，也受到一些不好的制度的严重影响，以至对党对国家对他个人都造成了很大的不幸。……不是说个人没有责任，而是说领导制度、组织制度问题更带有根本性、全局性、稳定性和长期性。这种制度问题，关系到党和国家是否改变颜色，必须引起全党的高度重视。"[①] 特别是，邓小平区分了政治制度与政治体制，提出一系列政治体制改革的思路和要求，这是极有政治智慧的。背后隐含的重要认识论是：在社会制度、根本政治制度框架已初步形成，即国家制度体系建构完成之后，国家建设的使命就转化为推进具体制度体制机制建设，也即建构国家治理体系。1992年的南方谈话中，他又指出："恐怕再有三十年的时间，我们才会在各方面形成一套更加成熟、更加定型的制度。在这个制度下的方针、政策，也将更加定型化。"[②] 这些认识都非常深刻，也很有远见，直指国家治理现代化的本质。

历史地看，改革开放以来中国治国理政在制度建设上取得了长足进步，并形成了中国特色社会主义制度体系，但是各领域、

---

① 《邓小平文选》（第2卷），人民出版社1994年版，第333页。
② 《邓小平文选》（第3卷），人民出版社1993年版，第372页。

各层面的具体制度体制机制还不成熟、不定型，甚至还存在制度设计不科学、供给不足、执行不力等问题，制度缺位、错位、空转、不平衡等现象依然存在，基础性制度建设还有很大空间。正因此，2014年习近平总书记关于改革开放总目标和国家治理现代化的讲话总结指出："今天，摆在我们面前的一项重大历史任务，就是推动中国特色社会主义制度更加成熟更加定型，为党和国家事业发展、为人民幸福安康、为社会和谐稳定、为国家长治久安提供一整套更完备、更稳定、更管用的制度体系。这项工程极为宏大，零敲碎打调整不行，碎片化修补也不行，必须是全面的系统的改革和改进，是各领域改革和改进的联动和集成，在国家治理体系和治理能力现代化上形成总体效应、取得总体效果。"① 这里"推动中国特色社会主义制度更加成熟更加定型"的命题，背后隐含了一个前提，即中国特色社会主义制度框架已经建立，但是还不稳定不成熟不完备，必须全面深化改革，建立健全支撑和保障该制度有效运行的具体制度体制机制，进而形成一套制度体系。特别是，习近平总书记这里还提出了国家治理体系、治理能力两个概念。他认为："国家治理体系和治理能力是一个国家制度和制度执行能力的集中体现。国家治理体系是在党领导下管理国家的制度体系，包括经济、政治、文化、社会、生态文明和党的建设等各领域体制机制、法律法规安排，也就是一整套紧密相连、相互协调的国家制度；国家治理能力则是运用国家制度管理社会各方面事务的能力，包括改革发展稳定、内政外交国防、治党治国治军等各个方面。"② 如果说中国语境中的国家治理就是治国理政，其根本是国家制度建设，那么治理体系就是治国理政的制度体系，治理能力就是制度化能力，以及用制度

---

① 《习近平谈治国理政》，外文出版社2014年版，第104~105页。
② 习近平：《切实把思想统一到党的十八届三中全会精神上来》，载于《人民日报》2014年1月1日。

体制机制和国家法律法规处理公共事务、增进公共利益的能力。习近平总书记也正是在这样的语境中与意义上阐释国家治理的。

这其中,国家治理体系可从不同维度认识。例如,从治理主体看,这包括体制内的正式结构,也包括体制外的非正式结构,具体的治理行动涉及政党、政府、社会组织、社区、公民等参与者,其中执政党处于领导地位,政府发挥主导作用;从治理领域看,这包括市场治理、政府治理、文化治理、社会治理、生态治理、政党治理等方方面面,其中政府治理、市场治理、社会治理被公认为是现代国家治理体系最重要的三个次级体系。从横向结构看,这主要涉及政党、国家与社会,政府、企业与公民的合作协同关系,单就政府体系内部,又有立法、行政、司法、监察机关,对公共事务管理中的权力行使、资源配置、职责协同等;从纵向结构看,这主要为中央、地方和基层治理三个层面;从价值理念看,这要求坚持民主、协同、合作、法治、包容等原则精神,当然国家治理也要与历史文化、核心价值等结合在一起,是有文化价值支撑的;从空间形态看,这既对现实空间的公共事务进行管理、协调,也要推动网络社会、网络空间这样的"虚拟空间"实现依法而治。有人研究认为:"所谓国家治理,是指主权国家的执政者及其国家机关(包括立法、行政和司法等机关)为了实现社会发展目标,通过一定的体制设置和制度安排,协同经济组织、政治组织、社会团体和公民一起,共同管理社会公共事务、推动经济和社会其他领域发展的过程。它是多层管理主体共同管理社会公共事务、处理社会冲突、协调不同利益的一系列制度、体制、规则、程序和方式的总和。"① 这样,治理参与者、行动主体的多元化、多样化,治理领域的开放性,治理价值的包容性、参与性、协同性等,正构成国家治理不同于国家统治的标识;这也是改革开放以来现代化驱动下中国社会发展

---

① 郭小聪:《财政改革:国家治理转型的重点》,载于《人民论坛》2010年第2期。

变迁、治国理政不断革新形成的局面。而现代国家治理正是治理价值体系、组织体系、制度机制、流程规范等治理要素的有效结合。还有研究指出："现代国家治理体系是一个有机的、协调的、动态的和整体的制度运行系统，其本质就是规范社会权力运行和维护公共秩序的一系列制度和程序，其中包括规范行政行为、市场行为和社会行为的一系列制度和程序……更进一步来说，国家治理体系是一个制度体系，分别包括国家的行政体制、经济体制和社会体制。"① 这就是各领域各方面紧密关联、相互协调的一套制度体制机制，是"行为者和机构把它们的资源、技能、目标混合起来，成为一个长期的联合体——一个体系。"② 在现代社会，这样的国家治理体系建构，其目的是服务于管理公共事务、增进公共利益、维护公共秩序。

要说明的是，在西方的学术研究中，虽然治理理论很是流行，但严格意义上的"国家治理"概念并不常见，更多使用的是"国家建构"或"国家建设"（state-building）。那么，在现代社会，国家建设与国家治理究竟是什么关系呢？有学者区分了国家制度体系和国家治理体系，并指出："从国家建设的逻辑来讲，建构国家制度体系是国家建设的第一个历史行动，而完善国家治理体系是第二个历史行动。"③ 这是因为，"对于任何国家来说，只有在国家制度得以完全确立的前提下，才可能进行国家治理体系现代化建设；同理，国家治理体系的现代化是基于国家制度本身的逻辑进行体制与机制的开发与完善，从而形成制度、体制与机制三个层面联动一体的国家治理体系。"④ 在现代国家建设进

---

① 俞可平：《中国的治理改革（1978~2018）》，载于《武汉大学学报》（哲学社会科学版）2018年第3期。
② 俞可平编著：《治理与善治》，社会科学文献出版社2000年版，第43页。
③ 林尚立：《当代中国政治：基础与发展》，中国大百科全书出版社2017年版，第386页。
④ 林尚立：《当代中国政治：基础与发展》，中国大百科全书出版社2017年版，第384页。

程中，国家制度体系和治理体系这两者是先后关系，也处于不同层次。前者与社会制度、国家制度和国家政权组织形式、国家权力结构等相关，决定了现代国家建设的使命任务与方向定位，属于第一个层次；后者则主要围绕权力运行、秩序建构与推动发展、创造治理展开，是国家履行使命、实现进步发展的体制保障与机制安排，属于第二个层次。而国家治理体系建设的关键，在于基础性制度的完善与发展。"所谓基础制度，就是在国家根本或基本制度体系下，实现经济与社会有效治理所必需的体制与机制。这些基础制度既是根本制度或基本制度运行的基础，也是其运行的保障。"① 这种认识是很有见地的，与邓小平关于政治制度与政治体制的区分有异曲同工之妙。这样就不难理解，党的十八大报告完整提出中国特色社会主义制度，包括根本政治制度、基本政治制度和基本经济制度，以及其他具体制度体制机制。可以说，这里的根本和基本制度就是国家制度体系，而具体制度体制机制就构成了国家治理体系。在中共十八届五中全会报告关于全面建成小康社会的目标安排明确提出："国家治理体系和治理能力现代化取得重大进展，各领域基础性制度体系基本形成。"② 这里的基础性制度体系，也就是国家治理体系。那么，新时代推进国家治理体系现代化，也就是适应社会转型发展，更好地进行国家治理的具体制度体制机制改革，目标是建立健全基础性制度体系。

国家治理能力，是运用制度对社会公共事务实施有效管理的本领，体现治国理政的水平。这是一项综合能力，具体为规范公共权力、制定公共政策、管理公共事务、提供公共服务、保障公民权利、建构公共秩序、防控社会风险等。这既包括硬实力，也包括软实力；既有来自政党、政府的领导、执政、管理等能力，

---

① 林尚立：《当代中国政治：基础与发展》，中国大百科全书出版社2017年版，第387页。
② 《〈中共中央关于制定国民经济和社会发展第十三个五年规划的建议〉辅导读本》，人民出版社2015年版，第10页。

也有来自社会、民间组织的自我管理、自我教育、自我服务、自我监督的能力；既是静态的、潜在的，也是动态的、发展的；既包括处理国内公共事务的能力，也包括处理国际关系、参与全球治理，并联通国内与国际事务的能力，在全球化时代尤其如此。有人提出了"政府能力的群结构"和"政府综合治理能力"的概念，认为这并非政府各项能力的简单加和，而是具有内在联系的多项能力群构成的一个有机整体。① 这有助于理解国家治理能力。

客观事实是国家治理能力离不开公共权力，否则治国理政就会落空，除无政府主义者之外，这是人们的共识。有人通过比较分析提出："即使在政治主题为'治理'的时代，治理的核心是治理能力问题，而理解国家治理能力理论的前提离不开古老的但是已经变化后的国家权力理论，国家权力的基本面向及其内在的逻辑关系直接影响着大国兴衰，这是大历史的线索，也是'反事实法'的比较政治研究的发现。"② 这充分肯定了国家权力在治理中的作用，也符合实际情形。英国学者迈可·曼在《社会权力的来源》中提出并区分了国家的专断权力（despotic power）和国家的基础权力。前者是指权力精英在不与市民社会进行制度化沟通和协商性对话的情况下，就可以以暴力等强制方式达成目的的能力；与此不同，基础性权力是指国家渗透于市民社会，在其统治领域内通过非强制性手段有效贯彻决策，并获得社会认可和支持的能力。这种观点很有启发意义。简单对比，专断性权力与国家统治能力更多联系在一起，基础性权力则构成国家治理的"基础设施"，更多与基础性制度能力有关，与国家治理能力形成关联。有人以这样的分类为框架认为，基础性国家权力就是基础性国家

---

① 施雪华：《政治科学原理》，中山大学出版社 2001 年版，第 216~221 页。
② 杨光斌：《关于国家治理能力的一般理论——探索世界政治（比较政治）研究的新范式》，载于《教学与研究》2017 年第 1 期。

能力,并把最基础的能力概括为八项:强制能力、汲取能力、濡化能力、国家认证能力、规管能力、统领能力、再分配能力、吸纳和整合能力。其中,前三项属于近代国家的基本能力,中间四项是现代国家的基础能力,最后一项是民主国家的基础。"没有必要的国家基本制度建设,就没有基础性的国家能力,就谈不上国家治理,而这八项是非常重要的,是最基础的。基础性的国家能力不能太弱,比如说如果缺乏认证、规管、统领、再分配的能力就会乱象环生,如果缺乏强制、汲取、濡化能力就可能导致国将不国。"① 这些方面的能力大体可视为国家治理能力,但不是治理能力的全部,因为国家治理能力还包括来自经济组织、社会组织,甚至公民个体在参与公共事务管理所具有的能力。

更为关键的是,要正确区分国家权力与国家能力,不能混淆,甚至两者的现实分布会出现悖论。这表现是:国家权力越强,国家能力可能越弱。在王绍光和胡鞍钢当年关于国家能力研究中有这样的表述:"在一般人的印象中,中国政府是一个很强的政府、一个威力无边的政府,或简言之,一个集权的政府。本文的主旨是想指出,这个印象已不适合于描述当今的中国政府。实际的情形是:在过去十几年中,中国政府的国家能力已受到极大的削弱。"② 对当时中国政府的描述,既是很强、威力无边、集权的,又是能力受到了极大削弱的。强与弱能够同时并存于一体,显然是矛盾的,应该是两个存在物。其中,强的是国家权力,弱的是国家能力,两者在现实中并非完全对称,权力可以转化为能力,也可能不受节制被滥用而削弱能力。这与马克思主义描述国家权力作用的"三个方向",制度经济学提出"诺思悖论"③ 的深

---

① 王绍光:《国家治理与基础性国家能力》,载于《华中科技大学学报》2014年第3期。
② 王绍光、胡鞍钢:《中国政府汲取能力的下降及其后果》,载于《二十一世纪》1994年2月号,第5页。
③ [美]道格拉斯·C.诺思著,厉以平译:《经济史上的结构和变革》,商务印书馆1992年版,第25页。

层道理是一致的。可能准确的判断是，国家治理能力更主要仰赖的是公共权威，也就是合法化、得到认同的权力，这又取决于现代国家基础性制度体系的规范，与国家治理体系联系在一起。

归结起来，国家治理体系与国家治理能力，共同构成国家治理的两个维度。根据结构—功能主义的分析，治理体系关涉的是治国理政的结构，主要为国家基础性制度体系的问题，治理能力则关涉的是治国理政的功能，主要为国家基础性制度作用发挥的问题。这两者密切联系，不可分割。有什么样的结构体系，才能形成什么样的功能特征，相反亦然。只有适应社会结构变迁和时代发展，建立健全完备良好的国家治理体系，治理功能才能充分发挥出来，治理能力才能得到提高；而只有国家治理能力的不断增强，才能充分展示治理体系的优势和效能。习近平总书记强调："国家治理体系和治理能力是一个有机整体，相辅相成，有了好的国家治理体系才能提高治理能力，提高国家治理能力才能充分发挥国家治理体系的效能。"[①] 比较而言，"国家治理体系与特定国家的政治制度密切联系，国家治理体系从根本上说是体现了国家治理的属性和类型。……而国家治理能力的建设属于治理体系发挥作用的途径和方法，具有一定的从属性和灵活性。"[②] 既然如此，国家治理体系建设就具有政治、价值规定性，必然与国家的历史传统、文化传统、政治制度等相关，世界上并不存在统一的治理标准，也没有普遍适用的治理模式；与此不同，国家治理能力建设更主要是操作性、工具性的，包括治理方式、工具、技术、流程等，它在适应、契合国家制度体系、治理体系的基础上，可以更开放性地吸收人类创造的优秀成果和有益治理方式。这是国家治理体系和治理能力建设的基本遵循。

---

① 习近平：《切实把思想统一到党的十八届三中全会精神上来》，载于《人民日报》2014年1月1日。
② 郑言、李猛：《推进国家治理体系与国家治理能力现代化》，载于《吉林大学社会科学学报》2014年第2期。

还必须认识到，国家治理体系和治理能力建设也是一个不断完善发展的过程。在现代化驱动下，国家公共事务管理的重心从统治到治理的位移，并适应时代发展与社会结构变迁不断革新，就是国家治理现代化的过程。对此，在理论上可以从治理和现代化两个切入点思考，但是不同于西方治理强调的多中心、无中心、去权威，中国语境中的治理就是治国理政，虽然也强调主体的多元化、开放性特征，但强调党的领导执政地位和政府的主导作用。所以说，中国国家治理现代化的着力点更多还在于现代化，实质和指向是以民主和法治为取向的国家制度化现代化问题。① 俞可平教授总结一个国家治理体系是否现代化的标准，认为主要包括公共权力运行的制度化与规范化、民主、法治、效率、协调五个方面。他特别认为，民主是现代国家治理体系区别于传统国家统治的本质特征和根本所在。② 美国知名学者福山，认为国家现代化主要有三个要素，即国家建构（能力）、法治、责任制政府。③ 其中，责任制政府也就是民主制政府。与现代化的现象学特征相似，国家治理现代化相应地表现为理性化（世俗化）、市场化、多元化、一体化、民主化、法治化、城市化、全球化、知识化、信息化、福利化等特征。其中，以民主和法治为取向，在国家制度体系下，建设基础性制度体系，并用这样的制度管理好国家公共事务，成为国家治理现代化的关键。

当然，国家治理现代化包括体系与能力、结构与功能两方面。习近平总书记强调：“推进国家治理体系和治理能力现代化，就是要适应时代变化，既改革不适应实践发展要求的体制机制、法律法规，又不断构建新的体制机制、法律法规，使各方面制度

---

① 包心鉴：《制度现代化：国家治理现代的实质与指向》，载于《社会科学研究》2015年第2期。
② 俞可平：《推进国家治理体系和治理能力现代化》，载于《前线》2014年第1期。
③ ［美］弗朗西斯·福山著，毛俊杰译：《政治秩序的起源：从前人类时代到法国大革命》，广西师范大学出版社2012年版。

更加科学、更加完善，实现党、国家、社会各项事务治理制度化、规范化、程序化。要更加注重治理能力建设，增强按制度办事、依法办事意识，善于运用制度和法律治理国家，把各方面制度优势转化为管理国家的效能，提高党科学执政、民主执政、依法执政水平。"① 显然，治理体系的现代化，就是适应时代与社会变迁，通过全面深化改革，既要破也要立，建立健全党和国家事务，或是经济、政治、文化、社会、生态文明和党的建设各领域的基础性制度体系，实现治理的制度化、规范化、程序化、社会化、专业化等。治理能力的现代化，就是运用制度、法律，依法依规，不断增强对党、国家和社会公共事务民主、科学、依法管理的水平，提高党依法、民主、科学执政水平和政治领导力、思想引领力、群众组织力、社会号召力，政府的执行力、公信力和社会的整合力、凝聚力。概言之，国家治理现代化就是两方面："一是国家制度体系更加完备、更加成熟、更加定型；二是在这一制度体系下，制度执行能够更加有效、更加透明、更加公平。"② 这与中共十八届三中全会提出的"全面深化改革总目标是完善和发展中国特色社会主义制度，推进国家治理体系和治理能力现代化"是相辅相成的。

  这就是为什么习近平总书记强调的，讲全面深化改革总目标是"两句话"，而非"一句话"。特别要注意的是，"完善和发展中国特色社会主义制度"，它指的是在国家制度体系基本确立的基础上，在党的领导下，在既有国家制度框架中，通过全面深化改革建立健全各项具体制度体制机制、流程规范等，进一步完善和巩固制度体系，这就是推进国家治理现代化。从现代国家建设角度看，"国家治理体系现代化一定是在既定国家制度框架下展

---

① 习近平：《切实把思想统一到党的十八届三中全会精神上来》，载于《人民日报》2014年1月1日。
② 胡鞍钢等：《中国国家治理现代化》，中国人民大学出版社2014年版，第88页。

开,遵循既定国家制度的内在逻辑,充实和完善既定的国家制度。所以,国家制度体系与国家治理体系必须是有机统一的。国家治理体系现代化发展一旦脱离了既定的国家制度体系,不但不能成功,反而可能导致国家建设与现代化发展的颠覆性失败。"① 正是在这个意义上,总目标中"完善和发展中国特色社会主义制度",明确了国家治理现代化的制度、价值、政治规定性,也确定了国家治理现代化的原则、方向和要求;而推进国家治理现代化,上为支撑中国特色社会主义制度的完善发展,更充分发挥制度活力与制度优越性,下为创造中国社会的进步与人的全面发展。

四、推进国家治理现代化的重要意义

中共十八届三中全会提出全面深化改革的总目标为"完善和发展中国特色社会主义制度,推进国家治理体系和治理能力现代化"。对此,有人分析认为:"从统治、管理到治理,言辞微变之下涌动的,是一场国家、社会、公民从着眼于对立对抗到侧重于交互联动再到致力于合作共赢善治的思想革命;是一次政府、市场、社会从配置的结构性变化引发现实的功能性变化再到最终的主体性变化的国家实验;是一个改革、发展、稳定从避免两败俱伤的负和博弈、严格限缩此消彼长的零和博弈再到追求和谐互惠的正和博弈的伟大尝试。"② 这是从思想理念、结构功能、任务目标等多个层面对国家治理现代化意义的审视。如果在近代以来中国现代国家建设的历程中思考国家治理现代化,会发现,这

---

① 林尚立:《当代中国政治:基础与发展》,中国大百科全书出版社2017年版,第389页。
② 江必新:《推进国家治理体系和治理能力现代化》,载于《光明日报》2013年11月15日。

是在党的领导下、在中国特色社会主义制度框架中，管理社会公共事务的全新理念；这要求形成一种新的结构关系，也赋予了新的使命任务，即为国家长治久安建设一套更稳定、成熟、定型的制度体系，助推国家强起来和实现中华民族伟大复兴。

虽然从统治到治理的变革，是西方国家率先进行了探索，治理理论源于西方社会，但由此认为治理理论专属于西方，可能过于简单。正确的认识应当是：任何理论与实践探索，只要它代表人类文明进步的规律，对社会发展和政治进步有益，那就是人类文明共有的，正可谓民族的就是世界的。中国推进国家治理现代化，当然受到了西方治理理论的影响。但更重要的是，这是问题导向的，即现有国家治理体系与治理能力，与时代发展和社会变迁不相适应而提出的要求；也是目标导向的，即实现两个百年奋斗目标，进一步发展和完善中国特色社会主义制度的需要。

可以说，这既是马克思主义国家学说的继承发展，也是改革开放以来中国共产党治理国家的经验总结，并成为指导新时代党领导人民治国理政的基本要求。也就是，在本源论、认识论、行动论上都具有重要意义。

第一，在本源论上，推进国家治理现代化是马克思主义国家理论在新的历史环境中的继承发展。马克思主义揭示了人类社会发展的基本规律，是科学真理，但他们从不自认为是"终极真理"，更没有为未来社会设计一套周详的实施方案和具体的制度安排。因为，在马克思、恩格斯看来，对未来社会的设想越是详细，就越是空想。更不要说，现实社会主义国家的出现，并不如同马克思、恩格斯所设想的，是在发达资本主义国家率先实现的。于是，在社会主义国家政权建立后，如何治理好这样全新的社会和国家，就成为一项难题。在社会主义运动史上，像苏联社会主义的实践探索，确实有成就但也暴露了很多问题。中国共产党领导人民建立社会主义制度后，就"怎么样治理好社会主义国家"的探索取得了一定的进展,但也遭遇了挫折。改革开放以来,党不断探索新时期的国家建设,并推进治国理政。中共十八届三中全会正是以此为基础,在新时代新环境中提出"推进国家治理体系和治理能力现代化",也即推进国家治理现代化。这个命题是中国共产党的首创,它不同于西方多中心、去权威的治理理论,是马克思主义国家学说的继承发展。

马克思主义国家学说并没有过时。① 国家理论是马克思主义的有机组成部分,包括国家来源、国家性质、国家权力、国家职能、国家命运等多方面。不过,马克思、恩格斯对国家认识是以唯物史观为基础的,"是从研究国家社会关系开始的"②。恩格斯在《家庭、私有制和国家起源》中指出:"国家是社会在一定发展阶段上的产物;国家是承认:这个社会陷入了不可解决的自我矛盾,分裂为不可调和的对立面而又无力摆脱这些对立面。而为了使这些对立面,这些经济利益互相冲突的阶级,不致在无谓的斗争中把自己和社会消灭,就需要有一种表面上凌驾于社会之上的力量,这种力量应当缓和冲突,把冲突保持在'秩序'的范围以内;这种从社会中产生但又自居于社会之上并且日益同社会相异化的力量,就是国家。"③ 从这个命题可清晰看到,国家与社会的二分关系,国家来源于社会,社会决定国家,"决不是国家制约和决定市民社会,而是市民社会制约和决定国家"④。中国改革开放以来,在现代化驱动下,国家与社会关系从以往的同构一体逐步走向二元分立,并进一步向二者有机互动的方向发展。如果说马克思、恩格斯对国家与社会历史的关系揭示是规律性、趋势性的,那么在社会主义国家,国家与社会关系发展深刻

---

① 王广:《马克思主义国家学说没有过时》,载于《中国社会科学报》2014年9月29日。
② 俞可平:《让国家回归社会——马克思主义关于国家与社会的观点》,载于《理论视野》2013年第9期。
③ 《马克思恩格斯选集》(第4卷),人民出版社1995年版,第170页。
④ 《马克思恩格斯全集》(第21卷),人民出版社1956年版,第247页。

变化的前提下，如何以社会发展为本位，加强社会组织建设、培育社会力量成长，如何推动国家与社会关系的制度化、程序化、规范化，形成二者良性互动、互强的结构关系，这需要结合时代与社会变迁进一步回答，国家治理现代化的要求应运而生。从这个意义看，这是在中国特色社会主义语境下对马克思主义国家理论的进一步发展。

与此相关，马克思主义认为，国家主要有两项职能：一是政治统治；二是社会管理。国家是"社会之上的力量"，它代表整个社会，虽然是以"虚幻的共同体形式"出现的，但必须代表整个社会对公共事务进行管理。正如马克思所言："随着城市的出现，必然要有行政机关、警察、赋税等等，一句话，必然要有公共的政治机构［Gemeindewesen］，从而也就必然要有一般政治。"① 国家是公共职能的独立化，作为最高形式的公共权力，其存在以完成公共职能为前提。恩格斯指出："问题仅仅在于确定这样的事实：政治统治到处都是以执行某种社会职能为基础，而且政治统治只有在它执行了它的这种社会职能时才能持续下去。"② 对两种国家职能关系的阐释是深刻的，也符合历史逻辑与现实情形。特别是，提出国家公共管理职能，为"从统治到治理"、为国家理论发展预留了极大的空间，成为提出国家治理的理论渊源。"它遵循的是马克思主义国家理论逻辑，即国家的职能由政治统治与政治管理有机组成。社会主义国家的国家治理，本质上既是政治统治之'治'与政治管理之'理'的有机结合，也是政治管理之'治'与'理'的有机结合。"③ 当然，这不是对国家统治的全然取代和抛弃，相反，如同马克思主义对国家阶级统治、政治统治本质的揭示一样，只要国家存在，政治统治的

---

① 《马克思恩格斯选集》（第1卷），人民出版社1995年版，第104页。
② 《马克思恩格斯选集》（第3卷），人民出版社1995年版，第523页。
③ 王浦劬：《全面准确深入把握全面深化改革的总目标》，载于《中国高校社会科学》2014年第1期。

职能就不会缺席，只是表现方式出现了变化，或是将统治融入管理、治理之中。从这个意义看，中国共产党提出推进国家治理现代化的任务，就是对马克思主义国家职能理论的拓展。

第二，从认识论看，推进国家治理现代化，是改革开放以来党领导人民治国理政的经验总结。以中共十一届三中全会为起点，中国的改革开放已经走过了整整41个年头。作为党的一次伟大觉醒，改革开放实现了伟大创造、取得了伟大成就、实现了伟大飞跃。中共十九大报告就指出："从那时以来，我们党团结带领全国各族人民不懈奋斗，推动我国经济实力、科技实力、国防实力、综合国力进入世界前列，推动我国国际地位实现前所未有的提升，党的面貌、国家的面貌、人民的面貌、军队的面貌、中华民族的面貌发生了前所未有的变化，中华民族正以崭新姿态屹立于世界的东方。"① 显然，改革开放推动的变化是全方位的，也是显而易见的。但是长期以来，一些人认为，中国的改革主要是经济领域的，不承认政治领域的变革。确实，如果按照西方政治模式，即三权分立、政党竞争、普选制的标准来衡量，中国政治确实没有发生实质性变革。这也是西方一些学者仍把中国政治归入"威权政治"，甚至是"集权专制"政治范畴的原因。

这样"变"与"不变"的认识困惑，其实是解释范式的问题。在"不变"的背后，是西方政治学传承数千年的政体思维、政体范式；而在"变"的背后，是一种治理思维、治理范式。两相对比，其中的奥秘不难解开。换言之，中国政治领域的改革在根本上是治理改革，体现在党、国家与社会，政府、企业与公民关系等各方面各领域的改革。习近平总书记在庆祝改革开放40周年大会的讲话中总结："从以经济体制改革为主到全面深化经济、政治、文化、社会、生态文明体制和党的建设制度改革，党和国家机构改革、行政管理体制改革、依法治国体制改革、司

---

① 《党的十九大报告辅导读本》，人民出版社2017年版，第10页。

法体制改革、外事体制改革、社会治理体制改革、生态环境督察体制改革、国家安全体制改革、国防和军队改革、党的领导和党的建设制度改革、纪检监察制度改革等一系列重大改革扎实推进，各项便民、惠民、利民举措持续实施，使改革开放成为当代中国最显著的特征、最壮丽的气象。"① 这些变化特征注解了中国国家治理现代化的进步。由此可以定论，改革开放以来中国的转型发展主要得益于国家治理改革的成功。

运用治理理论、治理范式解释中国的改革发展是很有价值的。有人就明确指出："治理和善治理论作为一种分析框架，对于研究、总结和展示我国改革开放以来政治发展的成就极为有用。"② 这也是治理理论引入中国后不久，就进入国家公共政策议程，并成功转化为党治国理政的重要理论方略的原因。"比较近年来引入的其他政治学理论，治理理论的引入可以说是非常成功。"③ 这种判断是有道理的。在党领导人民治国理政中，治理理念的运用集中表现为具体公共事务领域中，随处可见的治理改革与实践探索。如公共决策、公共服务、信息公开、行政效能、公共预算、权力监督、党的建设、协商民主、网络管理等方面，政府基本破除了传统的管控、统治思维，越来越重视政党、政府、市场、非权力组织、公民的协同参与，并就这样的民主参与、合作互动不断进行制度机制创新。

多年来，备受社会关注的地方政府创新就能够说明这一点。在全国层面，由中共中央编译局、中共中央党校和北京大学于2000年联合组织发起了"中国地方政府创新奖"评选。这虽然只是学术机构而非官方组织的民间奖项评选，但还是受

---

① 习近平：《在庆祝改革开放四十周年大会上的讲话》，新华网，2018年12月18日。
② 何增科：《治理、善治与中国政治发展》，载于《中共福建省委党校学报》2002年第3期。
③ 熊光清：《治理理论在中国的发展与创新》，载于《江苏行政学院学报》2018年第3期。

到了地方政府的积极响应,到目前已举办了八届,先后有数百项政府创新项目申报,数十项获奖。该项目"旨在发现、激励和推广各级地方政府改革创新的先进经验,以此推进中国特色社会主义民主法治的进步和国家治理体系的现代化。"在地方层面,如上海市由政府部门组织的"社会建设创新"评选,已先后举行了三届,每次评选出十大创新项目。再如,由复旦大学发展研究院传播与国家治理研究中心,每年评选并发布中国网络理政创新案例,也是为了激发政府运用互联网治国理政,实现数字治理,推进公共事务有效治理、公共利益全面增进。这些改革创新本就是治理理论在中国语境和环境中的运用发展而本土化的过程。

正是总结了改革开放以来治理改革的经验,中共十八届三中全会提出、中共十九大重申了全面深化改革的总目标。要指出的是,从现代国家建设和国家治理进行思考,国家治理现代化已超越全面深化改革总目标的定位。这对中国在实现了站起来、富起来的基础上,全面建设社会主义现代化强国、实现国家强起来具有深远的战略意义。

第二,从行动论看,推进国家治理现代化,为新时代党领导人民治国理政提供了新思路新举措。中国特色社会主义进入新时代,改革也步入攻坚期和深水区,改革发展稳定任务之重前所未有、矛盾风险挑战之多前所未有。有人概括指出:制度风险、阶层风险、组织风险、心理风险等,贫富矛盾、干群矛盾、劳资矛盾,以及腐败问题、网络安全问题、流动人口问题、失地农民问题、就业问题等。[①] 从本质看,这些问题、矛盾、纠葛都属于人民内部矛盾,主要是治理领域的问题,而非政治、政权建设问题。习近平总书记强调:"我们的国家治理体系和治理能力总体

---

① 吴忠民主编:《新形势下中国重大生活矛盾问题分析》,中共中央党校出版社2014年版。

上是好的，是有独特优势的，是适应我国国情和发展要求的。同时我们在国家治理体系和治理能力方面还有许多亟待改进的地方，在提高国家治理能力上需要下更大气力。"① 这说明，中国的治理改革虽然成效明显，但改革中也积累并存在不少问题，至少还没有完全建立起适应市场经济与国家现代化发展的治理体系，并形成相应的治理能力。

也正因此，党提出了全面深化改革、推进国家治理现代化的任务。对此，俞可平指出："现存的治理体系和治理能力还相对落后，跟不上社会现代化的步伐，不能满足人民日益增长的政治经济社会文化生态需求。如果不采取突破性的改革举措解决国家治理中存在的紧迫问题，那么我们目前的局部性治理危机有可能转变为全面的统治危机和执政危机。化解治理危机的根本途径，就是以巨大的政治勇气，推进国家治理体系和治理能力的现代化。"② 从一些地方、一些领域社会矛盾多发频发的实际状况看，这绝非危言耸听。还有学者阐述了推进国家治理体系和治理能力现代化，主要是为了回应中国转型发展中出现的矛盾集中凸显、利益结构分化、价值观念多元化的问题或趋势。这主要表现为四方面的矛盾：公共需求的不断多样化与政府组织有限容量的矛盾；经济高速发展与改革目标全面性的矛盾；威胁国家安全稳定的因素越来越多与责任主体相对单一的矛盾；国家间竞争越来越取决于"软实力"与中国的制度优势还没有充分发挥出来的矛盾。③ 这些分析是符合事实的。

在行动上，如何化解改革中积累的结构性矛盾和问题，这需要遵循国家治理现代化的新思维新要求新路径，当然也要结合中

---

① 《习近平谈治国理政》，外文出版社2014年版，第105页。
② 俞可平：《推进国家治理体系和治理能力现代化》，载于《前线》2014年第1期。
③ 郑言、李猛：《推进国家治理体系与国家治理能力现代化》，载于《吉林大学社会科学学报》2014年第2期。

国国情，特别是坚持中国特色社会主义制度和发展道路。

从目标任务看，治国理政要以公众需求为导向，服务于公共利益最大化。治理的出发点和落脚点都是增进公共利益，是适应时代变迁和社会发展，让人民过上美好生活，这与党的性质宗旨、政府的职能任务都是一致的。因此，无论是政党、政府等公共权力组织，还是企业、社会组织、公民等非权力要素，参与公共管理的所有活动与安排，都要围绕这样的目标展开。特别是，政府和执政党在公共决策和执行过程中要始终秉持服务公共利益这一中心目标，否则治国理政就会出现偏差。

从结构关系看，不同于统治，治理现代化意味着国家或政府不再是唯一的权威，公共管理不再是单一的力量，无论是公共机构，还是私人组织，都可以参与社会公共事务管理。进而，这要求要正确处理好政党与社会、政府与社会的关系，积极有序培育各类社会组织的成长，适应社会利益多元化的需要，进行利益表达和整合，弥补市场、政府缺陷，提供公共服务、管理公共事务，避免体制外力量的非制度化集结，对秩序构成伤害。当然，社会组织建设也要依法依规，不鼓励社会组织的"野蛮生长"，避免社会组织向"黑社会组织"蜕化的风险。

从原则要求看，治理现代化强调主体的多元化、多样性，参与者之间的合作、平等、协同、包容、责任关系等。虽然中国共产党处于领导地位、政府发挥主导作用，但具体管理活动中，政府不能高高在上，应当富有平等精神，才能更顺畅地形成合作、协同与共治。治理内含契约、法治理念，崇尚责任，参与者在平等协商的基础上，达成共同行动信念和框架，并要求遵循法治，履行公共责任。

从基本框架看，国家治理现代化无论如何都应当具有民主的内涵、方向与结构，治理也称为民主治理。缺乏信息公开、公民参与、协商、政治沟通、权力监督等制度体制机制安排，国家治理现代化只能是一句空话。法治与民主是一个硬币的两面。以民主和法治为主干，推进基础性制度体系建设，是国家治理现代化的关键。

从方式方法看，如果说以往的政府统治主要是自上而下的命令、管控，那么国家治理则更多关注自下而上与自上而下的互动。治理是讲求效率的，它要求激活所有参与者、所有资源的最大效能。为此，这要求综合利用政治、行政、法治、技术等多种手段，以及协商、对话、互惠、合作等多样方式，以期实现共赢；这既要用好法律法规等正式规则，也要充分运用非正式的约束方式，实现对社会公共事务的有效管理。

第一章

从统治到治理：
治国理政的变迁

一、统治与治理：治国理政的两种形式

人类的共同生活确实存在过"自治"状态。如中国古代就曾有"鸡犬之声相闻，老死不相往来"的社会生活景象，并在"皇权不下县"的权力结构下形成了以乡绅等民间力量为基础的自治秩序；在俄国，大量的农村公社也带有不同程度的村社自治特征。这是历史事实。但是，"国家是文明社会的概括，它在一切典型的时期毫无例外地都是统治阶级的国家，并且在一切场合在本质上都是镇压被压迫被剥削阶级的机器。"[①] 即使到今天为止，国家也仍是最高形式的政治共同体。比较而言，在传统社会，国家更主要通过自上而下的官僚体系施行统治与管理职能。这是典型的"官治"，本质是政治统治，王亚南就此概括提出了"官僚政治"[②]。

在统治秩序下，统治者与被统治者、管理者与被管理者的区

---

① 《马克思恩格斯选集》（第4卷），人民出版社1995年版，第176页。
② 王亚南：《中国官僚政治研究》，中国社会科学出版社1980年版。

隔比较清楚。精英主义者认为，所有社会中都可以区分出精英与大众两个群体，或是统治与被统治两个阶级。如莫斯卡就指出："前一个阶级总是人数较少，行使所有社会职能，垄断权力并且享受权力带来的利益。而另一个阶级，也就是人数更多的阶级，被第一个阶级以多少是合法的、又多少是专断和粗暴的方式所领导和控制。被统治阶级至少在表面上要供应给第一个阶级物质生活资料和维持政治组织必需的资金。"① 在很大程度上，这是由传统社会与国家、臣民与政府的一元从属关系决定的，也契合了当时的自然经济、臣民文化、身份社会等对国家管理提出的内在要求。

　　社会政治进步的总趋势难以阻挡，尤其是作为人类历史上最深刻社会运动的现代化，释放了极其强大的形塑功能。但凡走上现代化道路的国家，其经济、政治、文化、社会结构都势必发生实质性变化，差异只在于节奏快慢、时间先后、程度大小等方面。这自然会推动国家治理现代化，即治国理政从统治转向治理。有人从社会与国家关系的框架，区分传统和现代治理体系认为，支撑传统社会延续的是国家统治和管理体系（governing system 或 government system），这种体系下，国家对社会施行权力支配、控制和命令，社会基本没有自主性；现代社会尤其是 20 世纪中叶以来形成的现代治理体系，"是一个实行自由、平等的权利与权力双向交换与合作关系的体系（governance system）。"从传统治理形态向现代治理形态的转变即是从"管理或曰管治"向"治理"的转变。② 概而言之，这种转变轨迹，即社会与国家、社会体系与政治体系的关系，从传统的一元从属逐步走向现代的二元分立与互动。社会与国家的分立与互动关系，不仅改变了国家权力的传统性，使它来自社会，并受制于社会，国家权力

---

　　① ［意］加塔塔·莫斯卡著，贾鹤鹏译：《统治阶级：政治科学原理》，译林出版社 2002 年版，第 97 页。
　　② 施雪华：《论传统与现代治理体系及其结构转型》，载于《中国行政管理》2014 年第 1 期。

的公共性凸显出来；而且国家权力的运行范围也开始从无限走向有限，给社会让渡了必要空间，使社会获得了自主发展的条件与可能。于是，以往社会受制于国家的政治逻辑，开始被社会决定、制约国家的现代政治逻辑所取代。这是国家治理现代化的本源结构。在这样的条件下，尽管国家仍然是管理社会公共事务的中坚力量，但国家必须充分汲取社会的信息与能量、考虑社会的利益和权利、倾听社会的声音与诉求、赢得社会的认同和支持。因此，有必要在社会与国家、公民与政府之间形成一种规范化、程序化、制度化的关系。这就提出了推进国家治理体系、基础性制度体系建设的要求。

历史总是复杂的。国家统治体系转向治理体系是一个过程，不可能一朝一夕完成。实际情形可能是：传统治理体系中有现代治理要素，现代治理体系中也有传统统治的因子；统治体系向治理体系的转变，并不意味着现代社会、现代国家就不施行统治、管理职能，而是指国家公共事务处理的重心从统治、管理向治理的位移。但是，在政治学上，治理是不同于统治、管理的一种治国理政新结构新形式。作为该理论主要提出者，美国学者詹姆斯·N.罗西瑙认为："治理与政府统治不是同义语，它们之间有重大区别。它将治理定义为一系列活动领域里的管理机制，它们虽未得到正式授权，却能有效发挥作用。与统治不同，治理指的是一种由共同的目标支持的活动，这些管理活动的主体未必是政府，也无须依靠国家的强制力量来实现。换句话说，与政府统治相比，治理的内涵更加丰富。它既包括政府机制，同时也包括非正式的、非政府的机制。"[1] 这明确了治理的一个典型特征，即主体多样化和参与多元性。国内有人概括了两者五方面的区别:[2] 从

---

[1] ［美］詹姆斯·N.罗西瑙等著，张胜军等译：《没有政府的治理》，江西人民出版社2001年版，第10页。
[2] 俞可平：《推进国家治理体系和治理能力现代化》，载于《前线》2014年第1期。

主体看，统治权归属相对单一，主要为政府或其他公共权力机构；治理主体则是多元的，除政府之外，还包括企业、社会组织、自治组织、公民个人等。从来源看，统治权源于国家法律的强制性，以国家机器为后盾；治理则不仅源于法律，还包括非正式的规则、契约等。从方式看，统治表现为强制与管控；治理包括强制性，但更多是通过协商、沟通、对话发挥作用。从运行看，统治主要是自上而下的；治理可能是自上而下的，但更常见的是横向的合作互动。从边界看，统治以政府权力领域为边界；治理则要宽泛得多，主要以公共领域为范围。正因为这些不同，治理才呈现为公共事务管理的一种新思维、新活动、新体制、新状态，并代表了治国理政变迁的历史趋势。

虽然治理体制、治理行为更偏向于国家公共事务管理的工具性，但它同样是国家建设与政治发展的重要内容，也具有价值性。因为，任何管理者都期待以较低的成本，实现良好的治理，即善治（good governance）。有别于中国传统社会的"善政""仁政"，善治是国家与社会关系的理想状态。从政治学看，国家治理如果能够具有这些特征就可认为是善治：合法性、法治、透明性、责任性、回应、有效、参与、稳定、廉洁、公正。① 要实现善治目标，就必须进行治理结构改革、治理功能优化，推进治理现代化，这关键在于制度体制机制建设，在于建立健全以民主和法治为取向的基础性制度体系，以规范公共权力、保障公民权利、实现公共利益。

如果回到社会变迁原点即现实的人，那么与制度现代化相伴随的是人的变化，是社会与国家关系变化中人的现代化。马克思主义认为，人的本质是一切社会关系的总和，人的发展是社会形态变迁的重要标志。这主要包括三阶段，即"人的依赖关系"占支配地位的阶段、"物的依赖性为基础的人的独立性"阶段与

---

① 俞可平：《论国家治理现代化》，社会科学文献出版社2014年版，第27~30页。

"建立在个人全面发展和他们共同的社会生产能力成为他们的社会财富这一基础上的自由个性"的阶段。① 可以说,人的发展在第一阶段处于传统社会,而后两个阶段属于(近)现代社会。推进民主、法治建设,实现国家治理现代化,源于人的需要、人的本性和人的类本质变化,是人为了摆脱诸如自然、宗教、意识形态、权力、组织等束缚,而走向自由、自主的过程。现代化研究中,也有人充分认识到了人的现代化的重要性,并总结指出:"那些先进的现代制度要获得成功,取得预期的效果,必须依赖运用它们的人的现代人格、现代品质。无论哪个国家,只有它的人民从心理、态度和行为上,都能与各种现代形式的经济发展同步前进,相互配合,这个国家的现代化才能真正能够得到实现。"② 就此而言,国家治理现代化要求人是独立、自主和自由的个体,而非依附性的。这是传统与现代社会、传统与现代治理体系的根本分殊。

可以说,国家治理现代化是以人的现代化为内核、制度现代化为根本的,是人类政治变革的普遍趋势。比较而言,欧美早发内生型的现代化国家,为矫治市场失灵、政府失灵等,实现良好治理,率先探索推进了"多一些治理,少一些统治"的变革。也正因此,西方理论家和政治精英提出,治理与善治是发展中国家走出经济政治发展困境的药方,世界银行还建立了一套衡量指标,其他国际机构也纷纷效仿,设立相关部门,并将治理评估纳入实际援助计划中。这样,治理理论被贴上了西方标签、意识形态化了,特别是与西方自由民主政治体制联系在一起,主张多中心、无中心甚至是"无政府"治理等。这样将西方国家治理指标普遍化,用来评价发展中国家,是典型的西方中心论,也很难

---

① 《马克思恩格斯全集》(第46卷)(上),人民出版社1979年版,第104页。
② 英格尔斯著,殷陆君编译:《人的现代化——心理·思想·态度·行为》,四川人民出版社1985年版,第5~6页。

符合实际情况。可能情形是，治理指数高的国家并非发展就好，而指数低的国家也不一定发展就差。于是，人们开始反思治理。如2017年世界银行发表的《世界发展报告：治理与法治》中，第一部分标题是"为了发展，反思治理"。有人认为："主流治理研究基本上是宣扬一种规范性主张，即新自由主义的主张，没有什么扎实的实证性根基，只是一个'空洞的能指'"，需要对治理理论正本清源，"应当回归本源，形成自己的话语体系。"①这是有道理的，与其说人们是在反思治理理论，倒不如说是在拷问西方治理理论的普遍适用性。其实，如同任何事物一样，治理也是共性与个性、普遍性与特殊性的统一。如果说从统治到治理是人类政治发展和治国理政变迁的普遍趋势，但是这在不同历史文化、社会结构与政治环境中，又有特殊性，有不同呈现。

就中国来说，走上现代化道路经历了艰辛探索，而真正开启国家治理现代化是改革开放以来的事情。这也正是习近平总书记指出的："改革开放以来，我们党开始以全新的角度思考国家治理体系问题。"② 这里的"全新角度"，可以从不同维度理解。从实践看，这就是要超越苏联为代表的传统社会主义模式的国家治理，走自己的路，探索中国特色社会主义的国家治理道路、理论和制度；从时代看，这就是要学习借鉴人类先进文明，实行对外开放，在融入世界体系中推进国家治理；从主线看，这就是要在国家制度体系下，推进基础性制度体系建设，不断创造国家治理实践、推动国家治理进步。

在此，从历时态上，以中共十一届三中全会为分水岭，将中国治国理政的历史嬗变大体分为两段：新中国成立到改革开放前，与总体性社会相契合，治国理政呈现的面貌和本质是国家统

---

① 王绍光：《治理研究：正本清源》，载于《开放时代》2018年第2期。
② 习近平：《切实把思想统一到党的十八届三中全会精神上来》，载于《人民日报》2014年1月1日。

治；与改革开放以来转型社会发展相适应，党领导下以全新视角探索并推进了治理改革，中共十八届三中全会正式提出推进国家治理体系和治理能力现代化，是国家治理现代化的一种理论自觉。有人认为："国家向着治理发展的变迁路径，可以概括为'管制—管理—治理'三种状态，即管制状态（传统行政）、管理状态（新公共管理）、治理状态（治理现代化）。在我国的国家发展进程中，大致也经历了这三种状态。"① 也即改革开放前主要为"统治"和"管制"，改革开放之后则是"管理"，近年来又提出"治理"。这当然不是直线性的历史关系，在国家统治和管理格局下，也存在治理的因素，而提出国家治理也不是对国家管理、国家统治的截然否定。但必须承认，治国理政从统治到治理的历史性嬗变，集中折射了社会与国家、公民与政府关系的变革轨迹、方向与目标。中国共产党提出国家治理现代化的命题，不是简单的话语修辞革新，而是对现代国家建设规律的进一步认识，是治国理政的一种新观念、新方略。

二、改革开放前的总体性社会与政治统治

（一）总体性社会的总特性

1949年中华人民共和国的成立，在近代中国和中华民族的历史上，都是具有里程碑意义的事件。这为中国的现代化建设创造了根本条件，也是党领导人民治国理政的前提和基础。道理很明白，没有主权独立、政权建立和党执政地位的确立，治国理政无从谈起。

新中国成立到改革开放前，党治国理政有一些现象性特征。

---

① 许耀桐、刘祺：《当代中国国家治理体系分析》，载于《理论探索》2014年第1期。

如经济上的计划、公有、平均、短缺、赶超；政治上的全能、集权、斗争、人治；意识形态上的动员、强势、刚性等。有人将该时期的中国社会称为"总体性社会"，即"社会的政治中心、意识形态中心、经济中心重合为一，国家与社会合为一体以及资源和权力的高度集中，使国家具有很强的动员和组织能力，但结构较为僵硬、凝滞。"① 应当说，政治、经济与意识形态三中心合一的总体性社会，其形成是现代化赶超压力下的一种"条件反射"。也就是在社会资源总量异常贫乏、社会整合程度极其低弱的情况下，中国共产党为快速实现工业化现代化，有效巩固新生政权、整合社会力量、集聚各种资源，在社会政治上的一种适应性选择。或者说，这是中国当时环境下的历史合力的产物，并在社会动员、秩序建构、权威塑造等方面都发挥了重要作用。当然，总体性社会也有一些现代性因素，如1954年宪法框架中的一些制度设置、经济发展的工业化现代化取向等。但是，用现代化的一般特征衡量，这基本上还是典型的传统社会。尤其是那个时代的政治生活，突出表现为单中心、一元化的权能结构，政治制度化水平低下，民主法治缺失，人治因素膨胀，与现代社会的政治生活仍存在较大差距。

总体性社会中经济、政治、意识形态三中心合一，意味着本就稀缺的资源被集中起来，由国家权力统一控制，资源无法流动，社会自由空间自然缺乏。这主要是通过身份制、户籍制、单位制，以及党的组织网络、意识形态动员等实现的。于是，任何社会成员只有依附于既有体制，才能生存、生活，否则生命都难以得到有效保障，而民主法治的稀缺性、权力行使的随意性，让这种依附关系与国家政治统治紧密关联。这就是政治统治的集中表现。

根据简约主义认识论，即从官与民关系结构看，总体性社会

---

① 孙立平：《转型与断裂：改革以来中国社会结构的变迁》，清华大学出版社2004年版，第1页。

中两者在本质上是一种单向度的统治关系。掌握权力的官员、干部处于支配地位，起着主导作用，单方面对民施行统治、管理、组织、动员等，而民则基本没有与官进行讨价还价、博弈对话的机会、渠道、条件和能力。按照当时的政治逻辑，国家与社会，政府与民众、党群、官民之间并非制度性、契约性关系，虽然双方基于党的性质与使命也在心理上构造了一种隐性契约关系。但客观情形是，官民之间基本没有形成现代政治条件下的双向互动关系，更不存在民通过制度化参与对官的抵制、约束或控制；而最能够展现官民之间统治与被统治、管理与被管理、动员与被动员关系的是依附性关系，即民对官的全面依附。这展现了总体性社会的政治统治本质。

（二）国家统治的实际展开

在政治学上，马克斯·韦伯区分了两种政治统治形式，即凭借利益的统治和强制性（命令）统治。照此，总体性社会的政治统治无疑是将经济控制与政治命令结合起来，形成了全面统治。如果结合历史现象学，这可从全能政治、革命政治、动员政治、人治政治等角度去认识，也正是这些政治实现形式密切联系、互为条件，共同建构了新中国成立后较长时期内党治国理政秩序。

1. 全能政治

回顾新中国成立后的前 30 年，人们会有这样的印象：政治无处不在、国家无所不能，这就是全能政治的基本图景。邹谠曾从宏观历史与微观行动两个维度考察中国政治，认为 20 世纪中国政治的显著特征是全能主义。这是指："政治机构的权力可以随时地无限制地侵入和控制社会每一个阶层和每一个领域的指导思想。全能主义政治指的是以这个指导思想为基础的政治社会。"[①] 他

---

① ［美］邹谠：《二十世纪中国政治：从宏观历史与微观行动的角度看》，牛津大学出版社 1994 年版，第 25 页。

认为，这种政治不同于中国传统君主专制政治，也有别于德国和意大利在20世纪三四十年代的集权主义和个人独裁政治，而是一种独特的政治形式；它的兴起源于20世纪初国家与社会遭遇的全面性危机，是解决危机、推进革命的必要手段。新中国成立后，在政权巩固、社会改造、经济建设等国家重建的过程中，全能主义政治发挥了重要作用，并得到了强化与放大。

具体而言，全能政治表现为：一是政党、国家与社会一体化，权力高度集中。邓小平曾概括指出："权力过分集中的现象，就是在加强党的一元化领导的口号下，不适当地、不加分析地把一切权力集中于党委，党委的权力又往往集中于几个书记，特别是集中于第一书记，什么事都要第一书记挂帅、拍板。党的一元化领导，往往因此而变成了个人领导。"①

二是政治权力的无限性。全能体制下，政治权力无时不在、无孔不入、无所不能。权力集中从党内扩展至党外，从政治与行政领域延伸至其他领域，无原则地进入经济、文化、教育等几乎所有领域，甚至渗透于家庭与私人生活，成为整个国家政治统治的运行机制。

2. 革命政治

何为革命？毛泽东的经典言说是："革命不是请客吃饭，不是做文章，不是绘画绣花，不能那样雅致，那样从容不迫，文质彬彬，那样温良恭俭让。革命是暴动，是一个阶级推翻一个阶级的暴烈的行动。"② 可见，革命与阶级斗争紧密关联，或者说革命就是阶级斗争。而阶级斗争的前提是区分敌与我，也是实行政治统治的前提。

在取得执政地位，特别是基本完成社会主义改造后，党的总体判断是：急风暴雨式的阶级斗争已经结束，社会主义制度已经

---

① 《邓小平文选》（第2卷），人民出版社1994年版，第328页。
② 《毛泽东选集》（第1卷），人民出版社1991年版，第17页。

建立，应将政治从革命与斗争转向建设与管理，将发展与保护生产力作为政府工作中心，由此满足人民群众对经济文化发展的需要。但是，这种正确认识没坚持多长时间就发生了变化，即重新肯定阶级斗争为社会主要矛盾。现在看来，在社会主义与资本主义两大阵营对峙的世界政治格局中，由于国内国际因素影响，阶级斗争在一定范围内还会长期存在，甚至在某些条件下还可能激化，这是事实；但是，当时的阶级斗争的存在范围、表现形式以及斗争方法等，都应当与民主革命时期不同，这应当是理性选择。如果说民主革命时期广泛、深入且富有成效地开展阶级斗争，是敌我斗争的需要，是革命实践的需要，那么在夺取政权后仍然沿用阶级斗争、推行革命政治，就成为破坏政治秩序的恶性力量。更关键的是，阶级斗争本身所固有的暴力性、强制性和破坏性，使它非常容易甚至必然超出限度而走向极端，甚至转向自己的对立面。

3. 动员政治

在总体性社会中，无论是全能政治，还是革命政治，都需要相应的工具与方式才能有效实现，这就是政治动员。政治学上，政治动员是指政治权威为实现特定目标，通过精神或物质诱导、权力压迫和操控等方式，发动人们参与集体行动的行为与过程。就革命战争年代的共产党而言，政治动员具有特殊意义。这是因为，党领导的革命只有广大民众的参加才能取得胜利。毛泽东曾说："如此伟大的民族革命战争，没有普遍和深入的政治动员，是不能胜利的。"[①] 也正是通过广泛的政治动员，广大底层民众中所蕴藏的革命积极性转化成了现实的革命力量，积聚了大量的革命资源，成为革命胜利的伟力根源。中国共产党因此积累了非常娴熟的政治动员经验。

夺取政权后的中国共产党面临着巩固新生政权、兑现革命承

---

① 《毛泽东选集》（第2卷），人民出版社1991年版，第480页。

诺、构建社会秩序、推动经济发展等繁重任务。这些任务的完成需要大量资源支撑和广大民众的认同和参与。在历史惯性与思维定势影响下，党将革命战争时代成型的政治动员经验纳入了新中国的治国理政中。那个时代的政治动员构成了党治国理政的惯常机制，作为一种权力技术和统治手段，动员的广泛运用和有效展开是建立在总体性社会和全能主义体制基础之上的，并在与全能体制的互动中形成了彼此互强的态势，对中国社会的改造、控制和管理产生了深远影响。

政治动员的使命，在于积聚赶超现代化和治国理政所需的人财物等资源，获得广大民众的认可，形成集群性的参与能量。毛泽东曾强调："社会主义革命和社会主义建设，必须坚持群众路线，放手发动群众，大搞群众运动"，"什么工作都要搞群众运动，没有群众运动是不行的。"① 从现象史学看，改革开放前30年党发动了太多的群众运动，几乎遍及社会、经济、政治文化等所有领域。如土地改革运动、婚姻法贯彻运动、知识分子思想改造运动、"三反""五反"运动、农业合作化运动、人民公社运动、"知识青年上山下乡"运动等。阿尔蒙德与鲍威尔研究发现，后发现代化国家通常会采用赶超战略来实现发展，这与全能体制有着高度契合性与互适性，体现为频繁发动各种形式的政治运动。② 因为，全能体制"必须不断地运动并把周围的一切都卷入到运动中来，只有这样才能使自己维持下去"③。各种形式的运动特别是像"文化大革命"那样极端的运动形态，将整个社会卷入其中，严重冲击了政治秩序、破坏了社会生活。

当然，对动员政治应辩证分析，首先应承认它在特定时段上

---

① 《建国以来毛泽东文稿》（第七册），中央文献出版社1992年版，第433页。
② ［美］阿尔蒙德、鲍威尔著，曹沛霖等译：《比较政治学：体系、过程和政策》，上海译文出版社1987年版，第438页。
③ 引自川崎修著，斯日译：《阿伦特——公共性的复权》，河北人民出版社2002年版，第136页。

的意义。大规模政治动员为巩固新生政权、实现社会整合,推动社会主义改造和建设提供了强大动力支持和政治基础。但是,全能体制下的动员政治具有鲜明的阶级斗争倾向,至少是构成阶级斗争扩大化的助推器。同时,动员政治在激发人的主观因素的同时,却忽视了经济社会发展客观规律,如人民公社化运动和全民大炼钢铁运动,都违背了经济规律,造成了重重困难;而政治动员以群众运动为表现形式,对法治环境也造成了极大破坏。

4. 人治政治

法律是国家意志的体现,法治是治国理政的基本方式。马克思主义认为:"所有通过革命取得政权的政党或阶级,就其本性说,都要求由革命创造的新的法制基础得到绝对承认,并奉为神圣的东西。"① 也即新生政权应将法律视为神圣的东西,依法而治。但中国是一个有着漫长封建专制历史的国家,人治传统根深蒂固。新中国成立后到改革开放前,党治国理政总体上表现为人治政治。这与当时的全能政治、革命政治、动员政治高度契合、相互支持。因为,全能政治下权力的无限性正体现为它不受法律制度的约束限制,革命政治是为了破坏"旧世界",具体行动是不断对法律规则的解构,动员政治不是常规性、制度化的,它的频繁发动也是对法律规章与制度规范的破坏。这几方面结合起来,构成了当时支撑人治政治的条件与环境。

当然,人治政治也并非完全没有法律、法制,但确实没有法治。前者强调法律制度,重点是要求法律的严格执行与依法办事,后者主旨是法律的权威性与至上性,关键是强调任何人和组织,包括最高统治者、管理者也不能超越法律,必须在法律范围内活动。这是人治政治有别于法治政治的根本点。

事实上,从新中国成立前夕到1957年党领导下的治国理政,还是非常重视法制建设的,并取得了相应成就。这主要表现为:

---

① 《马克思恩格斯全集》(第36卷),人民出版社1974年版,第238页。

制定了《中国人民政治协商会议共同纲领》《中华人民共和国土地改革法》《中华人民共和国婚姻法》等，特别是1954年全国人大通过的《中华人民共和国宪法》及《中华人民共和国全国人民代表大会组织法》《中华人民共和国地方各级人民代表大会和各级人民委员会组织法》《中华人民共和国国务院组织法》《中华人民共和国人民法院组织法》《中华人民共和国人民检察院组织法》等法律、法规和规范性文件。全国人大比较有效地行使了立法权、监督权和重大决定权，如组织了民法、刑法和刑事诉讼法的起草工作，审议和决定了"一五"计划。同时，政法及法纪监督机构得以建立健全，司法机关总体上能做到依法办事，社会政治生活初步纳入法制轨道，等等。这与当时党内一些领导人的认知分不开，包括彭真、谢觉哉、董必武等老一代领导人与法学家钱端升、王造时等，都非常强调法律制度在治国理政中的重要性。如董必武早在1948年就强调："建立新的政权，自然要创建法律、法令、规章、制度。我们把旧的打碎了，一定要建立新的。否则就是无政府主义。如果没有法律、法令、规章、制度，那新的秩序怎样维持呢？因此新的政权或国家建立后，就要求按照新的法律规章制度办事。"① 他在中共八大上又系统阐释了有法可依、有法必依、依法办事，并作为加强法制建设的基本环节。中共八大报告也汲取了依法办事的精神，为社会主义法制建设奠定了理论基础。对此，薄一波曾评价说："八大展示的探索成果，在经济领域以外，要算董必武同志关于法制建设的观点最为重要。……在群众运动一个接着一个的年代，他对法制建设的认识达到这样高的境界，是很可贵的。"② 这是那个时代治国理政的一个方面。

---

① 《董必武政治法律文集》，法律出版社1986年版，第41页。
② 薄一波：《若干重大决策与事件的回顾》（上册），中共中央党校出版社1991年版，第496页。

但是，从1957年反右斗争严重扩大化起，人治观念与法律虚无主义占据上风。于是，人民代表大会无法正常召开，立法工作基本停止，人大制度陷入瘫痪；最高人民法院、人民检察院与公安部联合办公，司法部被撤销，律师制度、辩护制度、公证制度名存实亡，司法体制遭到严重破坏。这让社会主义民主和法制受到了空前损毁，法律完全被领导人指示和政策取而代之，形成了高度集权的人治局面，加之屡屡发动的群众运动、大民主，广大民众和干部的合法权利没有保障。

显然，全能体制下的革命政治、运动政治与人治政治的耦合，带来的只能是治国理政的挫折，使政治形态发生了根本形变，整个社会在实际上处于无政府状态。也正因为如此，党在吸取教训的基础上，痛定思痛，果断开启了从人治走向法治的改革开放新时期。

（三）政治统治的微观运行

政治总是从宏观与微观两个层面呈现出来。总体性社会既有宏观上的政治统治特质，也有其微观运行基础。从微观领域看，这最集中体现在城市的单位与农村的人民公社中，尤以单位社会最具有"全息"特征，集中展现了总体性社会的权力秩序与政治统治本质，也彰显了那个时代的社会整合、权威塑造与意识形态动员机制。也可以说，单位是总体性社会的一个"缩影"，一个"经过压缩后的社会模型"[①]，借此可审视改革开放前的国家政治统治。

在总体性社会中，如工厂、商店、学校、医院、党政机关、科研机构等单位都是"微型社会"，与人们的生老病死、吃喝拉撒、婚丧嫁娶等息息相关，是每个人难以摆脱的安身立命之地。

[①] 刘建军：《微型社会：计划经济下单位的构成》，载于《南京社会科学》2000年第1期。

这也就是常说的"单位办社会"现象，是那个时代治国理政在微观领域的社会政治组织创新，它能够快速吸纳、有效利用有限而分散的资源，并体现了强大的社会动员、秩序构造、权威塑造等功能。诸多单位现象研究成果认为，单位是一种独具中国特色的社会政治现象，它既是"一种特殊的社会组织形式"[1]，也是"一种特殊的社会生活空间"[2]。这种"特殊性"在于，单位既非简单的生产部门，也非独立的法人实体，而是集生产、生活，融经济、社会、政治多重关系为一体的齐全划一的封闭性共同体。单位组织的复杂结构在实际运行中衍生出了复合性的社会政治功能，表现为组织动员、社会控制、资源分配等。但是，这些功能机制都是围绕并服务于单位本质的，即单位作为一种组织化的统治形式，是国家实现政治统治的中介环节。

单位所承载的国家政治统治功能，也即构造微观社会中有序的权力结构与统治秩序，主要是通过依赖性结构和交换机制来实现的。在总体性社会中，国家垄断一切资源，通过单位组织渠道有计划地配置，包括工资收入、住房，以及子女教育、退休养老等，几乎囊括单位人生活的所有。只要一个人进入单位，其衣食住行、生老病死就由单位承担几乎无限的义务。从这个角度看，单位堪称"小福利国家"。但人们在享受单位提供全部福利、赋予社会身份的同时，也受到了来自单位全方位的控制；除了物质资源外，单位还通过档案制度、组织制度等控制着诸如入党、提级、培训、升迁等组织和政治资源，决定着个人的社会流动机会，以及由此确立起来的社会地位和身份。这样，单位人的生活不可避免地处于一种依赖性结构之中。

按照社会交换理论，"通过按别人的要求提供服务，一个人

---

[1] 路风：《单位：一种特殊的社会组织形式》，载于《中国社会科学》1989年第1期。

[2] 揭爱花：《单位：一种特殊的社会生活空间》，载于《浙江大学学报》（人文社会科学版）2000年第5期。

确立了对他们的权力。如果他定期向别人提供在别处不能轻易获得的服务，那么他们就会因为这些服务而依赖和感激他。"① 单位体制下的依赖和依附结构，为国家与单位人之间的交换关系奠定了基础。这就是，为了维护政治秩序、塑造政治权威，国家向单位人提供资源来交换服从和支持；为了生存与发展，单位人则通过服从单位安排，实质上也就是服从国家的要求和意志，来交换并占有单位提供的资源。有人通过实证研究发现，即便是存在相对剥夺感的情况下，人们依然对单位保持有依赖性，目的是为了交换资源。这样的交换有三个特点：一是全面性，即交换资源依赖关系的全面性；二是强制性，即交换和依赖的无可选择性；三是政治性，也是最重要的特征。这就是："国家政权的统治机构深深地扎根于单位组织之中，国家通过单位组织贯彻自己的统治意志。因此，单位成员对单位组织的依赖或服从，不仅仅是对一个有优势地位的资源占有者的依赖和服从，同时还是对国家政权的依赖和服从，任何在单位组织中生活的人，都经常会遇到这些有形或无形的国家意志。单位组织的制度和结构特征、决策和行为方式、单位组织内的资源分配等，都因此不同于那些非单位组织。单位组织的实质决定了，个人和单位组织之间的交换关系有可能超出一般的资源交换关系，而由此形成的依赖关系也有可能转变为对国家的服从。"② 正是凭借交换的全面性、强制性和政治性，单位组织中的交换机制使依赖结构具有了很强的政治统治功能。

　　而总体性社会的交换原则是：不服从者不得食。对单位人来说，要想获取资源，就必须交换，要想交换，就必须服从。"社会交换的过程——它可能以纯粹自身利益的形式出现——通过它

---

① ［美］彼德·布劳著，孙非、张黎勤译：《社会生活中的交换与权力》，华夏出版社 1988 年版，第 138 页。
② 李汉林、李路路：《资源与交换——中国单位组织中的依赖性结构》，载于《社会学研究》1999 年第 4 期。

们的周期性和逐步扩大的特性在社会关系中产生信任。"① 任何形式的社会交换,都可不同程度地促成政治支持,否则这种交换机制就不可能长期维持。在总体性社会民主法治严重缺失的情况下,单位权力运行的民主化、制度化水平自然也不会很高,而有着典型的人治色彩。单位的权力结构包括职位与关系权力,"具有正式和非正式的两种形式"②。其中,单位的领导或官员凭借社会关系所形成的权力,或非正式权力,在单位这样的"社会化家族系统"中,可能更有助于形成服从与支持关系。有人认为:"由于单位是依附在国家行政等级体系中的一个链条,而且单位成员也是依附在单位内部组织体系中的一分子,所以,国家对于单位、单位对个人都有一种父爱主义的色彩。换言之,单位是国家机体上的一个细胞,个人是单位机体上的一个细胞。国家对单位具有无限的责任,单位对个人也具有无限的责任。保护这个细胞的生长构成了一个连续性的'爱护机制'。"③ 集中表现就是单位职工在权威规则面前表现出服从的意识。这可能是自觉服从,即对某些规则和长官意志的服从,也可能是不自觉服从,即长期单位生活养成的一种习惯性盲从。④ 于是,单位社会的依赖结构和交换机制,就对政治统治秩序不断强化。换言之,单位如同"训练场""大本营",成为总体性社会中国家构造统治秩序的微观基础。

这样,微观与宏观政治之间就形成了一种交相呼应、相得益彰的局面,总体性社会中政治统治运行的链条就形成了,整个政权的统治基础就建立起来了。

---

① [美]彼德·布劳著,孙非、张黎勤译:《社会生活中的交换与权力》,华夏出版社1988年版,第111页。
② 路风:《单位:一种特殊的社会组织形式》,载于《中国社会科学》1989年第1期。
③ 刘建军:《微型社会:计划经济下单位的构成》,载于《南京社会科学》2000年第1期。
④ 于显洋:《单位意识的社会学分析》,载于《社会学研究》1991年第5期。

三、改革开放以来的社会转型与治理改革

（一）改革开放与社会转型

在中国语境中，"文革"与改革虽然只有一字之差，但本质却千差万别。"文革"在将全能政治、革命政治、动员政治、人治政治推向极端的情形下，也走到了自己的对立面，成为吞噬总体性社会的负能量，让其内在危机充分暴露出来。经济上，濒临崩溃边缘，人民生活陷入困难，"这实质上就是一种经济危机"[①]；政治上，民主法制衰败受损，党和国家机器失灵失效，社会秩序失序失范；文化上，个人崇拜、迷信之风盛行，本本主义、教条主义突出，思想观念僵化。

物极必反，这是哲学辩证法的道理。既然党治国理政遭遇了全面危机，那就必须进行全方位变革。从内部看，既有的体制难以维系，不改革只能是一条死路。邓小平强调："如果现在再不实行改革，我们的现代化事业和社会主义事业就会被葬送。"从外部环境看，当时的世界虽然还处于两大阵营对峙状态，但经济发展迅速，科技革命日新月异，特别是周边国家的现代化建设都取得了巨大成就。如果还自我封闭，不实行对外开放政策，同样是死路一条。

在面临何去何从的重大历史关头，为让党和国家从危难中走出来，中共十一届三中全会召开并作出了改革开放的历史性决策。习近平总书记在庆祝改革开放40周年大会的讲话中指出："改革开放是我们党的一次伟大觉醒"，这样的决策源于"四个

[①] 中共中央文献研究室编：《三中全会以来重要文献》（上册），人民出版社1982年版，第106页。

基于"："是基于对党和国家前途命运的深刻把握，是基于对社会主义革命和建设实践的深刻总结，是基于对时代潮流的深刻洞察，是基于对人民群众期盼和需要的深刻体悟。"① 改革开放的确是一种觉醒，是在危机倒逼下，经过深刻反思作出的理性选择。"一般情况下，当出现合法性危机时，政府或社会将设法恢复原有的合法性或是寻求新的合法性基础，而重建合法性的过程也就是一般意义下的'改革'或'革命'，通过'改革'或'革命'，政府或社会可以走出合法性危机。实际上，1978 年以来的改革，就是中国政府在'文化大革命'时期合法性严重受损后重建合法性基础的过程，也是中国政府回应合法性危机挑战的行动。"② 可以说，修复并重构合法性与深化改革、对外开放在过程上是一致的、功能上是一体的。

中共十一届三中全会将党和国家的工作重心从阶级斗争转至经济建设和现代化建设上来，重新确立了正确的思想路线、组织路线和政治路线，以此为标志中国进入了改革开放新时期。在党的领导下，各领域、各方面、各环节的改革与开放有步骤、有秩序地渐次推进、逐步展开、有效实施。从高度集权的计划经济体制到建设社会主义市场经济体制，从单一公有制到发展民营经济、深化国有企业改革、发展混合所有制，到公有制为主体、多种所有制经济共同发展，从经济体制改革到经济、政治、文化、社会、生态文明和党的建设改革，从兴办经济特区到开放沿海沿边沿江沿线，到加入世界贸易组织、参与全球治理等，让改革开放成为自 1978 年以来中国社会最显著的时代特征。

事实也说明，改革开放以来是中国历史上发展最快最好的时期，社会从根本上活跃起来、发展起来、繁荣起来了。事实胜于

---

① 《习近平：在庆祝改革开放 40 周年大会上的讲话》，新华网，2018 年 12 月 18 日。
② 康晓光：《权力的转移——转型时期中国权力格局的变迁》，浙江人民出版社 1999 年版，第 151~152 页。

雄辩，也最有说服力。当下的中国，"是世界第二大经济体、制造业第一大国、货物贸易第一大国、商品消费第二大国、外资流入第二大国，我国外汇储备连续多年位居世界第一。"① 从改革开放的伟大觉醒、实践探索与非凡成就看，这就是一场革命，所推动的社会进步、国家变革是极为深刻的，也是全方位的，其意义无论如何估量都不过分。

从现象学看，改革开放以来的中国已经发生并将持续发生的最典型特征莫过于一个"变"字。比较而言，这样的变是前所未有的，也是全面深刻的。在中共十六届六中全会通过的《中共中央关于构建社会主义和谐社会若干重大问题的决定》中有集中表述："经济体制深刻变革，社会结构深刻变动，利益格局深刻调整，思想观念深刻变化"。这些"变"共同展现并构成了国家与社会结构的"三千年未有之大变局"。特别是，这是与现代化联系在一起，由传统社会向现代社会演进的过程，是社会的传统因素逐步减少、现代元素日益增多的过程，表现为从农业的、乡村的、封闭的向工业的、城镇的、开放的社会转变，最主要的是社会结构的转型；它是整体性的社会变革，而不是局部性、碎片性的变动；它是结构性的，包括政治结构、经济结构、文化结构、社会结构等，而不只是某个领域的功能性变迁。

就这些结构与功能的变化，人们从理论上概括为社会转型。社会转型促生转型社会。马克思主义认为："一切社会变迁和政治变革的终极原因，不应当到人们的头脑中，到人们对永恒的真理和正义的日益增进的认识中去寻找，而应当到生产方式和交换方式的变更中去寻找；不应当到有关时代的哲学中去寻找，而应当到有关时代的经济中去寻找。"② 改革开放以来，社会转型发

---

① 《习近平：在庆祝改革开放40周年大会上的讲话》，新华网，2018年12月18日。

② 《马克思恩格斯选集》（第3卷），人民出版社1995年版，第741页。

展最集中的表现形式是经济结构的变迁,即从计划经济向社会主义市场经济的转变。作为商品经济的实现形式,市场经济代表着一种新的社会运行模式与文明形态,它在改变社会生产和交换方式的同时,也从根本上改变着人们的生活方式、行为方式、思维方式与价值观念。这样的转型,直接促进了自由流动的资源和自由空间的不断增长,进而改写了社会与国家、民众与政府的关系,即从以往统治秩序下的一元从属关系逐渐转型为二元分立与互动,这正是转型社会的底层结构。随着改革开放与社会转型的深入,这种互动的制度化、程序化、规范化水平在不断提高,这正是国家治理体系进步和治理能力增强的集中体现。与改革开放前总体性社会相比,这是全新的。

(二)转型社会的治理改革

就改革开放以来的中国转型社会,以往更多强调从"阶级斗争为纲"转向以经济建设为中心,关注经济体制改革与经济领域的深刻变化。从现代化建设中经济的先导性看,这当然是必要的,但并非历史的全貌。

我们知道,在邓小平等领导人的直接推动下,中共十一届三中全会召开前的"真理标准问题大讨论"成为改革开放决策的思想先导。还有,中共十一届三中全会前的中央工作会议原本议题主要是国民经济建设,后来转向思想路线、组织路线、政治路线等的讨论问题。这在邓小平在会议上发表的《解放思想,实事求是,团结一致向前看》的讲话中有集中体现。讲话指出:"目前进行的关于实践是检验真理的唯一标准的讨论,实际上也是要不要解放思想的争论。……一个党,一个国家,一个民族,如果一切从本本出发,思想僵化,迷信盛行,那它就不能前进,它的生机就停止了,就要亡党亡国。""从这个意义上说,关于真理标准问题的争论,的确是个思想路线问题,是个政治问题,是个关系到党和国家的前途和命运的问题。"① 这篇讲话实质上是改革开放宣言书。最初邓小平起草的提纲主要为七个方面:(1)解放思想,开动机器;(2)发扬民主,加强法制;(3)向后看为的是向前看;(4)克服官僚主义、人浮于事;(5)允许一部分先好起来;(6)加强责任制,搞几定;(7)新的问题。这个讲话最后是四部分,即解放思想是当前的一个重大政治问题;民主是解放思想的重要条件;处理遗留问题为的是向前看;研究新情况,解决新问题。从这几方面看,聚焦点是思想解放与民主问题,现在看来也就是国家基础性制度体系和治理体系问题。

可以认为,中共十一届三中全会不只是经济领域变革的起点,更主要是思想解放推动下的政治体制变革,是治国理政的全方位变革,是国家治理现代化的新起点。从改革推进看,即使是家庭联产承包责任制的改革,也不能简单认为就是经济体制改革。因为,随之而来的是人民公社解体与农村基层政权组织的重建,进而也就有了村民自治与基层民主发展。这显然是全面、深刻的变化。如果说改革开放以来中国转型社会的变革,并非西方政治学意义上的政治制度改革,那么这就是在坚持党的领导、人民代表大会制度等根本政治制度前提下推进的,是适应社会变迁、时代变化,治理结构的优化、治理方式的改进、治理能力的提升,其本质是国家治理改革。

在改革开放、社会转型深刻变动的环境中,就中国这样超大规模国家,如何在党的领导下通过改革治好国、理好政,并还必须坚持社会主义道路、不能犯颠覆性错误,确实需要在实践中进行探索。这决定了中国的治理改革不可能"另起炉灶",只能是渐进式的增量改革,也就是通常说的"摸着石头过河"。亨廷顿研究指出:"对于一个志在对社会——经济结构和政治制度方面

---

① 《邓小平文选》(第2卷),人民出版社1994年版,第143页。

实行一系列重大变革的改革者来说,理论上有两种大战略可供选择。一种是尽早地把所有的目标公之于众,然后尽量争取逐个实现,以图尽可能有所收获。另一种是所谓藏而不露的战略,隐匿自己的目标,把改革分开来实现一事一办。前者是一种全面的、'斩草除根'的、或曰闪电站的战略;后者则是一种渐进的、'枝节'的、或费边式的战略。"① 比如苏联选择闪电式变革,在短时间内破坏既有权力秩序与政治框架,去建构一种持续稳定的新结构,这是有很大风险的。与此不同,中国选择渐进改革战略蕴含了高超政治智慧,并被证明是有效的,当然也积累了一些负面效应。

而历史前提是,总体性社会塑造了一种高度集权的政治统治秩序,这规定了治理改革首先要破解高度集权的结构。因此,与转型社会发展要求相适应,治理改革体现了权力转移的特征,这在执政党、国家与社会之间展开,表现为执政党主动向国家政权和社会两大领域输送权力,即中央向地方,政府向单位、企业和个人转移。这也就不难理解邓小平在启动改革开放的讲话中,特别强调民主的意义。当然,以放权为逻辑的治理改革是对以往体制的纠偏,并非对中央集权的否定,甚至在转型发展中、在中央与地方博弈中,结构性的权力下放与集中是同时存在的。这奠定了中国治理改革的民主取向,也可直接称为治理民主,符合以民主法治为框架的国家基础性制度体系和治理现代化的总态势。

在当代中国的语境中,与民主、法治联系在一起的还有专政、法制等话语。中国共产党处于领导和执政地位,党的报告又是治国理政的关键文本。为此,通过对新中国成立以来历次党代会报告中这些话语的词频统计(如表1-1所示),似乎可

---

① [美]亨廷顿著,王冠华等译:《变化社会中的政治秩序》,生活·读书·新知三联书店1989年版,第319页。

以窥看从总体性社会的政治统治到转型社会的治理改革的历史嬗变。

表1-1 新中国成立以来历次党代会报告中关键话语词频变化统计

单位：次

	时间（年份）	民主	专政	法治	法制
中共八大	1956	86	29	0	4
中共九大	1969	7	54	0	0
中共十大	1973	4	11	0	0
中共十一大	1977	62	59	0	1
中共十二大	1982	49	7	0	9
中共十三大	1987	51	5	1	14
中共十四大	1992	39	5	0	11
中共十五大	1997	54	3	9	14
中共十六大	2002	58	2	11	13
中共十七大	2007	69	0	16	8
中共十八大	2012	70	0	18	4
中共十九大	2017	62	1	54	1

以上统计可发现，改革开放前后治国理政的变化：

（1）改革开放前尤其是1956年中共八大对"民主""法制"还是非常重视的，这与当时党基于国际国内形势的判断和治国理政的基本主张是一致的。

（2）改革开放以来的治国理政越来越重视民主、法治建设，而作为法治建设支撑的法制自然也不断被提及。而从中共十五大第一次完整提出"法治"起，"法治"开始进入党治国理政的视野，并不断得到强化，越来越成为党治国理政的基本方式，这已成党内外的共识。

（3）"专政"虽然内含于中国人民民主专政的国体中，但这个话语的前提是将社会人群从政治上划分为敌和友两类,对敌人实行专政,因此它更多与阶级、革命等话语结合在一起。于是,契合改革开放前的政治统治,"专政"话语出现频率很高,特别是中共九大、中共十大、中共十一大报告分别出现 54 次、11 次、59 次。这与当时革命政治、动员政治的主基调紧密相关。而改革开放以来适应国家的民主治理改革,这一话语使用越来越少,也就不足为奇。

(4) 比较而言,"民主"与"法治"话语的不断增加,从一个侧面反映了国家治理改革的内涵与方向,也折射了治国理政历史嬗变的总体面貌与轨迹。如果说改革开放以来国家发展取得的成就是多方因素合力作用的结果,那一个很重要的方面就是民主治理改革与转型社会发展形成了良性互动。

(三) 治理改革的重要成就

从历史现象学看,适应转型社会发展的民主治理改革,与以往的政治统治确实有很大差异,并代表了国家治理现代化的成果与方向。有学者在改革开放 30 周年时,以 1978 年底的改革开放为界总结了中华人民共和国 60 年的政治发展,归纳为这些基本的趋势:从革命到改革,从斗争到和谐,从专政到民主,从人治到法治,从集权到分权,从国家到社会。[①] 现在从改革开放 40 年看这些分析与结论同样可以成立,从总体上反映了国家治理现代化的发展轨迹与变迁态势。

如果结合党、国家与社会,政府、企业与公民的关系,可以发现改革开放以来中国政治生活的变化是根本性的,治理现代化的进步是实质性的,并通过党的建设、公共服务、依法治国、基层民主、责任政府等领域的基础性制度的建设和进步体现出来。

[①] 俞可平:《中华人民共和国六十年政治发展的逻辑》,载于《马克思主义与现实》2010 年第 1 期。

俞可平在分析改革开放以来中国"发展之谜"或"成功之谜"的基础上，认为这背后是治理改革，并从九个方面阐释了民主治理的变化与进步。① 遵循历史与逻辑统一的原则，这里将改革开放以来的民主治理改革的成就，重点概括为以下五方面：

1. 党的建设

共产党是中国的领导党、执政党，一身兼二任。办好中国的事情关键在党，党的认识、定位、能力等直接关乎治国理政的方向、遵循和未来，如果没有党的治理现代化，国家治理现代化只能是一句空话。伴随改革开放进程的，是党的建设的改革，是党领导方式、执政方式、治国理政能力等的不断探索与变革。这主要表现为：在认识上，随着内外环境的深刻变化，党对执政规律的认识不断深化，越来越认识到"党的执政地位不是与生俱来的，也不是一劳永逸的"。相应地也就提出了管党治党的很多要求，于是就有了党的纯洁性、先进性教育等。在地位上，适应环境、使命等变化，党充分认识到："我们党已经从一个领导人民为夺取全国政权而奋斗的党，成为一个领导人民掌握着全国政权并长期执政的党；已经从一个在受到外部封锁的状态下领导国家建设的党，成为在全面改革开放条件下领导国家建设的党。"② 虽然目前还经常提及党要进行自身革命、推进社会革命等，但与以往革命政治环境下革命党的思维方式、行动逻辑等已有着本质性的差异。于是，治国理政中也更强调民主执政、依法执政、科学执政，发展党内民主，强调构建社会主义和谐社会、推进社会主义民主政治、建设社会主义法治国家等。在组织上，适应社会阶层结构变迁，党提出"三个代表"重要思想，为吸纳改革开放和社会转型发展中的新生社会阶层提供了理论支撑。这样的要

---

① 俞可平：《中国的治理改革（1978～2018）》，载于《武汉大学学报》（哲学社会科学版）2018年第3期。
② 江泽民：《在庆祝中国共产党成立八十周年大会上的讲话》，新华社，2001年7月1日。

求付诸实践，极大地拓展了党执政的组织基础，也是整合社会的集中体现。在党际关系上，越来越强调多党合作、政治协商，并不断完善新型政党制度。这些变化与转型发展中不断变化的新环境新方位、出现的新情况新问题是吻合的，也说明党自身适应性、自主性的不断提升，这正是党的治理现代化的表现。

2. 社会组织与基层民主

为摆脱总体性社会困局，推动社会组织变迁、再造社会，构造一种政党、国家与社会关系的新型格局，是民主治理改革的重要主题。在市场经济与转型社会发展环境下，资源自由流动和社会自主空间开始不断形成，两相结合不仅动摇了传统的集权体制，而且各种社会组织开始发育成长。这包括具有自主权的地方政府、企业单位和日益独立的社会个体，构成了推动社会组织结构变迁的根本动力。于是，不同于政府与政党组织，散布于现代社会的志愿组织、基层自治组织、非政府组织等各式各样的非政府组织纷纷建立并发展起来，社会自组织化的发展速度之快，令人吃惊，组织网络基本形成。有人称之为"社团革命"。当然，中国各类民间社会组织成长的政治与行政色彩还比较浓厚，依附性还很明显。除了工会、共青团、妇联、工商联等政治性社团外，基层自治组织的政治化也比较突出，其他不少社会组织也具有官方或半官方属性。但无法否认的是，各种社会组织的蓬勃发展已拥有了相当的社会空间，并已推动政党、国家与社会关系由高度一体化的结构逐步走向分离，不同程度上重构了现代社会治理、国家治理的社会基础。

在社会组织变迁的版图中，基层民主的发展最引人瞩目，主要是指农村的村民委员会和城市的居民委员会。与其他非政府组织不同，基层群众性自治组织作为基层社会的一种新生事物，其发展在相当程度上是党和政府自上而下推动的。但作为社会民主的基本形式，村民自治和居民自治的发展也具有内在动力，这就是基层社会组织结构的变迁。在农村，家庭联产承包责任制推动了农村商品经济的发展,使得广大农民成为自主生产、自主经营、自负盈亏的市场主体,瓦解了农村的计划经济体制。计划经济时代的人民公社丧失了其存在的基础,代之而起,村民委员会成为农村基层社会的组织形式。在城市,20世纪80年代末和90年代以来随着单位制度日益解体,原来的"单位人"逐渐转变为"社会人"。这种变革肢解了原有社会结构,要求城市基层社会有一种新的组织出现,去解决城市中滋生出来的社会问题,于是居民委员会这一自治组织应运而生。可见,中国基层民主正是适应社会组织结构变迁而产生并发展起来的,这也被一些西方学者誉为90年代以来中国最重要的民主治理改革之一。中共十七大报告中,明确将基层民主制度作为中国的基本政治制度,并要求"作为发展社会主义民主政治的基础性工程重点推进"。其后,历次党代会报告都会就基层民主的发展提出要求。必须承认,基层民主的发展仍存在诸多问题,甚至说这些年还有陷入"停滞不前"的说法,但基层民主发展对整个国家民主治理的示范性、基础性意义是不容忽视的。

3. 信息公开与公共政策

与总体性社会政治统治条件下政府信息的高度集中和秘密状态相比,改革开放以来政府信息公开不断推进,政治透明度不断提高。与此相应,知情权也越来越频繁地进入人们的视野,透明政府成为服务型政府建设的重要目标。尤其是2003年开始,政府信息公开步入了"快车道";自2008年5月1日起实施的《中华人民共和国政府信息公开条例》,第一次为法律层面公民知情权提供了回归和尊重的制度土壤。另外,《关于深化政务公开加强政务服务的意见》《关于审理政府信息公开行政案件若干问题的规定》《关于进一步加强政府信息公开回应社会关切提升政府公信力的意见》等,以及政府文件公开、政府网站建设、新闻发言人制度、政府信箱、各类政务新媒体发展等措施和制度纷纷推出,形成了公众获取信息、监督政府,构造服务型政府的制度保障与实践形式。虽然政府信息公开现状与公众知情需求之间仍存在差距,甚至在一些公共事件中信息公开还存在较大问题,但是公开是常态、不公开是例外,让权力在阳光下运行,打造阳光政府,已成为社会共识。这本就是民主治理制度的进步。

基于信息公开流动,公共政策过程的改革进步也是显而易见的。可以说,信息沟通渗透于治国理政的全过程,而公共政策也就是一个信息传输、交流、反馈的沟通过程。这主要表现为利益表达与公共决策两个环节。改革开放以来,利益表达制度和机制也得到了不断完善,已有的途径得到了恢复,如人大代表选举、信访、群众路线,一些新机制得以建立,如听证机制、协商机制等。这在总体上呈现为一种多元化、制度化的发展态势,主要可分为两种：一是组织化表达,即通过既有组织和制度安排向政策中枢逐级传递利益要求;二是个体性表达,即通过特定方式直接向政策中枢提出利益要求。利益表达机制的健全、渠道的拓展,极大地增强了公共政策的民主化、合法性。与此相应,党和政府进行公共决策,更强调政策议程设置的公共性、多元化,从以往单一的经济建设转向经济、政治、文化、社会和生态文明建设"五位一体"的公共政策体系,满足人的全面发展和社会的全面进步需要;更强调问政、问需、问计于民,加强沟通、协商、对话,减少决策的随意性、碎片化,推动决策的制度化、体系化;强调决策的开放性、民主化、科学化与法治化等,不断改进决策机制,建立了政策听证制度、决策咨询制度、重大决策失误责任追究和政策风险评估制度等;强调公共决策过程中政府与社会组织、媒体、公民的合作,提倡多元参与、多方合作,以及媒体尤其是网络新媒体、自媒体对公共决策的影响。应当说,公共决策改革已取得了很大进展,构成了治理改革的重要方面。如果否认这一点,就无法解释改革开放以来诸多公共政策的科学制定与有效实施,也无法解释中国社会大稳定、大发展的基本格局。

4. 法治建设

基于法治传统的缺乏、后发国家的赶超发展战略，中国选择政府推进型法治建设模式，并取得了明显进步。特别是1997年中共十五大正式提出法治之后，党和政府围绕"什么是法治""为什么要建设法治""如何建设社会主义法治"等问题，不断探索并取得了重大成就。这具体表现为：在认识上，从人治到法制，再到法治，不断深化，建设社会主义法治国家越来越成为全党全国的普遍共识。在立法上，不断加大力度、提高质量，特别是出台《中华人民共和国立法法》，形成了立法体制，规范了立法程序，划分了立法权限，明确了不同法律规范的效力等级及其适用原则。至2011年为止，基本做到了有法可依，形成了以宪法为核心的中国特色社会主义法律体系，为依法治国奠定了基础。在依法执政上，提出依法治国是党领导人民治理国家的基本方略，要求党要善于使党的主张通过法定程序转换为国家意志，从制度上、法律上保证党的路线、方针政策的贯彻实施，要求党的组织特别是党的领导干部要牢固树立法治观念，坚持在宪法和法律范围内活动，带头维护宪法和法律权威。在政府法治上，政府先后提出政府法治建设的时间表、任务书、路线图，并取得了不小的进展。在司法上，中共十五大提出从制度上保证司法机关依法独立公正地行使审判权和检察权的要求，中共十六大明确提出推进司法改革并要求："按照公正司法和严格执法的要求，完善司法机关的机构设置、职权划分和管理制度，进一步健全权责明确、相互配合、相互制约、高效运行的司法体制。"2004年中央启动新一轮司法体制改革。中共十七大提出"深化司法体制改革"的要求。在实践层面，完善了刑事司法制度，改革了工作机制，加大了司法救助和法律援助力度，改革和完善了司法干部管理体制和经费保证机制，司法效率进一步提高，诉讼难、执行难问题得到有效缓解。在普法教育上，自1985年开展普法教育以来，广大民众的法律意识普遍增强，知法、尊法、守法和用法的社会氛围基本形成，法治精神已被社会认可。中共十八届四中全会就全面依法治国、建设社会主义法治国家进行部署，标志着法治发展进入了新阶段。可以说，对人治传统深厚的中国社会来说，法治在这些方面进步是明显的，成为改革开放之后治理改革最鲜明的特征。

5. 政府改革与公共服务

从主体看，政府还是国家治理的"火车头"，是最重要的力量，没有良好的政府治理，政府效能低下，机构臃肿，无法提供优质公共服务，那治理现代化就难以实现。改革开放进程中的民主治理改革，始终伴随着政府自身的改革，而狭义的政府本就是指行政机关。这样的改革是多方面的，包括政府权能、政府地位、政府结构、管理方式、内部结构、财政预算等，既有结构优化、功能改进与能力提升，也有制度、体制和机制的变革。其中，机构改革最为显著，并具有放大、延伸性特征，并可联动或是倒逼其他改革，形成整体改革效应。适应转型社会发展对政府体制、政府治理改革形成的需要，政府机构先后经历多次改革，政府结构和功能不断创新，改革也不断向纵深发展。有人分析改革取得了三方面显著成效：[①]（1）中国经济体制改革是市场经济导向的。随着认识的不断深化与经济社会的不断发展，政府机构改革也不断跟进，裁减合并设立机构、增加减少人员等，两方面基本同步，基本建立起一套适应市场经济体制的政府机构体系，虽然机构改革永远在路上。（2）在经历了多次"精简—膨胀—再精简—再膨胀"的循环怪圈后，人们深刻认识到机构改革的根本不是简单的人员裁减，而是政府职能的转变。为此，政府开始将属于市场的问题交给市场，而社会能够承担的交给社会，政府的管理不断从微观走向宏观，从直接管理转向间接调控，从行政

---

① 许耀桐：《中国政府机构改革40年来的发展》，载于《行政论坛》2018年第6期。

手段管理为主转向以经济法律手段管理为主，从管理转向监督和服务，做好政府应该做并能够做好的事情，目标就是公共服务型政府。(3) 机构改革要围绕行政效率、服务质量和治理能力提升展开。这要求改革对政府管理体制、管理方式、行为模式等的综合性改革，非常注重机构设置的科学性、职能定位的适应性等，不断增强政府的透明性、责任性、回应性、法治化水平和服务能力建设。经历过几轮改革后，与改革开放初相比，今天的政府是截然不同的，表现在职能定位、治理能力、管理方式等方面。

改革是手段，不是目的。改革开放以来的政府机构改革贯穿了一条主线，即从管制型政府转向公共服务型政府，也就要不断增强政府的责任性、公开性、回应性、廉洁性，提高政府的法治化水平，建设人民满意的服务型政府。换言之，政府机构改革是公共服务型政府建设和政府治理现代化的推动力，这涉及政府与市场、政府与社会、政府与公民、政府与全球治理关系的深刻调整。"这不仅仅是一种形式上的变革或管理风格的细微变化，更是在政府的社会角色及政府与公民的关系方面所进行的改革。"① 这方面改革取得了很大的进展。总体而言，适应经济体制和行政体制改革发展，20世纪八九十年代的公共服务体系改革，实现了供给主体从单一到多元的转变，从国家免费提供到人们付费获得的转变。与总体性社会整体性短缺相比，公共服务供给效率与能力得到提升。但是这一时期公共服务的城乡二元化特征明显，不平衡不充分问题突出，并积累了不少社会矛盾。进入21世纪，适应推进科学发展与构建和谐社会目标的要求，公共服务体系改革不断提速，质量也不断提高。《2005年国务院政府工作报告》中将"建设服务型政府"正式确立为政府改革目标，并提出了

---

① [澳] 欧文·E. 休斯著，彭和平译：《公共管理导论》，中国人民大学出版社2001年版，第1页。

相应举措。2006年中共十六届六中全会将"基本公共服务均等化"作为核心目标提上议事日程,其目标就是要实现公共服务的机会均等、投入均等、结果均等。此后,随着国家治理民生取向的不断强化,公共服务体系改革越来越成为治国理政的重要内容,体现在历次党代会报告、政府工作报告中。同时,围绕服务均等化、服务供给机制及公共财政体制、公共政策体系等方面的改革不断推进,初步构建起了覆盖全民的国家基本公共服务制度体系,构成改革开放时代民主治理改革的重要成果。

第二章

国家治理现代化的特征：比较分析

一、以社会主义与人民民主为取向

(一) 现代化与社会主义

到目前为止，在社会形态上的现代化主要有两种：一是资本主义的；二是社会主义的。前者的现代化已经实现，塑造了西方式的现代社会与现代国家，并成为一种模式。在资本主义与社会主义共存的世界格局中，这种模式对社会主义现代化具有很强示范效应。在理论上，社会主义应当是资本主义社会内在矛盾演化的结果，以现代化和现代社会充分发展为前提，是对资本主义的超越和扬弃。但是，历史的展开并非如此，社会主义实践率先发生在经济社会发展落后的国家。于是，要建设社会主义现代化国家，推进国家治理现代化，必须以现代化运动、现代社会发展为前提。这意味着，社会主义国家建政立制后，治国理政必须处理好现代化与社会主义的关系。俄国十月革命后，从实施"战时共产主义政策"转向推行"新经济政策"，正说明处理好社会主义与现代化关系的重要性。

对现代化、现代国家，马克思的研究是整体性的。特别是，就现代国家与现代社会的关系认识很清楚，即现代国家建设必须以现代化运动为前提，并适应现代社会需要不断进步，而不是相反。马克思区分了两种形态的国家："在古代国家中，政治国家构成国家的内容，其他的领域都包含在内，而现代的国家则是政治国家与非政治国家的相互适应。"① 这里的"非政治国家"就是基于现代化发展所形成的现代社会。在马克思看来，1648年的英国革命与1789年的法国革命，共同呼唤了"新社会制度"的到来，前者促生了现代社会，后者则促生了现代国家，而现代国家是适应现代社会产生的。马克思曾草拟了《关于现代国家的著作的计划草稿》，明确将法国大革命与现代国家的源起联系在一起。② 从历史进步看，虽然马克思充分肯定资产阶级国家的现代进步性，但他又批判资产阶级国家的"异化"现象，认为现代国家产生于现代社会，但又反过来成为宰制社会的力量。在《法兰西内战》一文中，他将国家机器比作缠绕和窒息社会的蟒蛇，并认为："这个庞大的政府机器，像蟒蛇一样地用常备军、等级制的官僚、驯顺的警察、僧侣、卑贱的法官把现实社会机体从四面八方缠绕起来。"③ 于是，马克思形成了对无产阶级革命的深刻理解，认为工人运动要推翻旧的资产阶级国家机器，更要改造国家机器，以无产阶级专政的方式将社会和劳动从国家的奴役下解救出来，真正让社会发展起来。正因此，巴黎公社的使命是解放社会，被认为是"社会解放的政治形式"④，也成为马克思所设想的资产阶级国家统治被推翻后，社会主义、共产主义的国家制度样本。

在中国，人们以往更多用革命范式认识近代历史，其实也可

---

① 《马克思恩格斯全集》（第1卷），人民出版社1956年版，第267~294页。
② 《马克思恩格斯全集》（第42卷），人民出版社1979年版，第238页。
③ 《马克思恩格斯选集》（第2卷），人民出版社1974年版，第434页。
④ 《马克思恩格斯选集》（第2卷），人民出版社1974年版，第416页。

第二章　国家治理现代化的特征：比较分析

用现代化范式认识。这样，一部近代史就是一部现代化史。罗荣渠概括了中国近代社会变革发生的"四重奏"，即衰败化、半边缘化、革命化和现代化。其中，所谓现代化，"这是中国在世界发展大潮的推动下，实现现代经济增长、制度革新、文化复兴的各种努力引起的社会变革趋势。"① 与欧美早发内源型现代化不同，中国是现代化的后来者，是在世界现代化冲击下发生的，因此现代化行动的初期表现就是"学习模仿"。这是一个过程。1923年梁启超在《五十年中国进化概论》一文中曾概括中国学习西方的三个时期："第一期，先从器物上感觉不足"，这是指从鸦片战争到甲午战争；"第二期，是从制度上感觉不足"，这主要为甲午战争到五四运动前；"第三期，便是从文化根本上感觉不足"，这是指五四运动之后。由此看，中国现代化经历了一个"器物—制度—文化"的探索过程。

历史的"巧合"是，中国五四运动前后，世界形势发生了深刻变化。一是第一次世界大战爆发，资本主义国家的内在矛盾与弊端充分暴露；二是俄国十月革命爆发，建立了世界上第一个社会主义国家。两件大事都对中国现代化进程产生了影响。毛泽东后来总结指出："十月革命一声炮响，给我们送来了马克思列宁主义。十月革命帮助了全世界的也帮助了中国的先进分子，用无产阶级的宇宙观作为观察国家命运的工具，重新考虑自己的问题。走俄国人的路——这就是结论。"② 这不是说十月革命前，马克思主义在中国没有传播，也不是说中国的马克思主义只是从俄国传入，而是指在当时传播的众多思潮中，中国的先进分子选择了马克思主义、社会主义，并与中国的现代化和国家命运结合了起来。孙中山的转变很有代表性，辛亥革命前后，他对西方资

---

① 罗荣渠：《现代化新论——世界与中国的现代化进程》（增订本），商务印书馆2004年版，第495页。
② 《毛泽东选集》（第4卷），人民出版社1991年版，第1471页。

本主义世界存在的问题是有认知的,而社会主义的出现更让他改变了革命主张,转向社会主义;其民生思想就是社会主义性质的,当然与马克思的科学社会主义有本质差异。李泽厚研究中国近代思想史认为,孙中山之前的仁人志士如梁启超等,向西方资本主义学习,是存在美好幻想的,与此不同,"孙中山却是在帝国主义诞生时代,接受和提出了避免西方资本主义道路的社会主义"①。十月革命后,中国发生了五四运动,随后共产党创立。中国共产党更是接受了社会主义思想,并在此后的革命运动中将马克思主义原理与中国革命实践结合起来,领导人民进行革命,其取向始终是社会主义的。党为实现社会主义进行的革命非常成功,这是历史证明的事实。

整个革命时期,党对未来的国家与社会是有构想的。1940年毛泽东在《新民主主义论》中提出,中国革命的目标是"建设一个中华民族的新社会和新国家"②。1945年中共七大上,毛泽东强调:"在新民主主义的政治条件获得之后,中国人民及其政府必须采取切实的步骤,在若干年内逐步地建立重工业和轻工业,使中国由农业国变为工业国。"③ 而在1949年中共七届二中全会上,毛泽东更是提出:"在革命胜利以后,迅速地恢复和发展生产,对付国外的帝国主义,使中国稳步地由农业国转变为工业国,把中国建设成为一个伟大的社会主义国家。"④ 这里将现代化即农业国变为工业国,与建设社会主义,两者共同作为夺取政权后建设新国家的目标。

要指出的是,共产党是通过革命取得政权的。这预设了党执政后的治国理政可能有两种行为方式:一是延续娴熟的革命逻辑,二是遵循革命后的建设逻辑。两者有根本差异,用于现代化

---

① 李泽厚:《中国近代思想史论》,人民出版社1979年版,第334页。
② 《毛泽东选集》(第2卷),人民出版社1991年版,第663页。
③ 《毛泽东选集》(第3卷),人民出版社1991年版,第1081页。
④ 《毛泽东选集》(第4卷),人民出版社1991年版,第1437页。

与社会主义关系的处理是有张力的。即革命以理想至上,如果照此逻辑,那就意味着以未来理想社会形态的社会主义制度为切入点,建设现代化;建设则需要遵循规律,关照中国"一穷二白"落后国家的客观现实,如果照此逻辑,那就意味着以现代化建设和现代社会发展为切入点,展开社会主义建设。历史情形是,党虽然取得了执政地位,但并没有在总体上从革命逻辑转向建设逻辑,而选择未来理想的社会主义形态为治国理政出发点。不是理想回归现实,而是现实屈从于理想。这是因为建设新国家新社会的经验缺乏,也与当时国内环境变化有关。虽然那时党治国理政的谋划与行动中,也提出了实现"四个现代化"和现代化工业国家目标,但是将现代化简单等同于工业化,甚至是重工业发展,其丰富内涵被抽象掉了。1958年的全民大炼钢铁运动就是集中表现。如果说那个年代革命仍然具有正当性、合理性,但现在看来,治国理政还是违背现代化规律的,急于求成,去实现社会主义理想,将社会主义与资本主义对立,甚至在消灭资本主义的运动中将资本也彻底消灭了。其后果必然是:理想的国家制度由于缺乏现代社会的基础而成为空中楼阁、成为"乌托邦"。与此相应,那时的总体性社会,全能政治、革命政治、动员政治、人治政治等,都是围绕理想的社会主义展开的治国理政行动,折射的是社会主义理论逻辑与现代化实践逻辑之间的错位,"大跃进""文化大革命"等严重挫折也因此而生。

就发展规律来说,马克思在《资本论》序言中曾明确指出:"一个社会即使探索到了本身运动的自然规律,……它还是既不能跳过也不能用法令取消自然的发展阶段。"① 改革开放前党治国理政的探索超越了现代化规律,"归根结底,是在对社会主义的认识这个根本问题上发生了偏差。"邓小平后来总结说:"问题是什么是社会主义,如何建设社会主义。我们的经验教

---

① 《马克思恩格斯选集》(第2卷),人民出版社1995年版,第101页。

训有许多条，最重要的一条，就是要搞清楚这个问题。"① 凡事都是辩证的。"过去的成功是我们的财富，过去的错误也是我们的财富。……没有'文化大革命'的教训，就不可能制定十一届三中全会以来的思想、政治、组织路线和一系列政策。"② 也正是深刻吸取了教训，中共十一届三中全会将党和国家工作重心转移至改革开放与社会主义现代建设，意味着治国理政从革命逻辑真正转向了建设逻辑。

为了系统回答"什么是社会主义，如何建设社会主义"的根本问题，1982年邓小平提出："我们的现代化建设，必须从中国的实际出发，……把马克思主义的普遍真理同中国的具体实际结合起来，走自己的道路，建设有中国特色的社会主义，这就是我们总结长期历史经验得出的基本结论。"③ 相较于以前的治国理政，这里提出"从中国的实际出发"，后来还明确了社会主义初级阶段及基本路线、社会主要矛盾、中心工作、任务目标等；虽然这里的现代化建设还以社会主义为取向，但不是未来理想形态的社会主义，而是中国特色社会主义。这就回归到了落后国家的基本现实，也遵循了马克思对现代化与社会主义关系的科学认识。

经过40多年的改革开放，我国的现代化建设取得了非凡成就。中国从落后农业国到稳居世界第二大经济体，从"洋字号"到世界上最完整的工业门类体系，从百姓温饱不足到中等收入国家行列，从与世隔绝到越来越接近世界舞台中心，不断创造着发展奇迹，在短短几十年间成功实现了从跟跑、并跑到一些方面领跑的转变，实现了人类迄今为止最伟大的经济社会变革。正因此，我国的经济实力、科技实力、国防实力、综合国力进入世界

---

① 《邓小平文选》（第3卷），人民出版社1993年版，第116页。
② 《邓小平文选》（第3卷），人民出版社1993年版，第272页。
③ 《邓小平文选》（第3卷），人民出版社1993年版，第2~3页。

前列，国际地位和国际影响力实现了前所未有的提升，党的面貌、国家的面貌、人民的面貌、军队的面貌得以极大的改变。与此同时，在社会转型发展与国家治理改革中，党始终高举中国特色社会主义旗帜，既不走封闭僵化的老路，也不走改旗易帜的邪路。适应社会变迁与时代发展要求，党还不断推进制度、实践和理论创新，持续赋予其新内涵、新要求。中国特色社会主义也在坚持中得到与时俱进发展，在发展中得到一以贯之坚持，并先后形成了中国特色社会主义道路、理论、制度和文化，中国特色社会主义特就特在这些方面。这是一个结合了实践形态、理论形态、制度形态和价值形态的"四位一体"立体形态。正因此，中共十九大报告提出中国特色社会主义是改革开放以来党的全部理论和实践主题。在庆祝改革开放40周年大会讲话中，习近平总书记指出："中华民族迎来了从站起来、富起来到强起来的伟大飞跃！中国特色社会主义迎来了从创立、发展到完善的伟大飞跃！中国人民迎来了从温饱不足到小康富裕的伟大飞跃！"① 这"三大飞跃"既是现代化建设的成就，也是坚持和发展中国特色社会主义的成就，是治国理政中二者良性互动形成的。

中共十九大提出，经过长期努力中国特色社会主义进入新时代。全面深化改革总目标的完整表述是："完善和发展中国特色社会主义制度，推进国家治理体系和治理能力现代化。""这是两句话组成的一个整体"，只讲"推进国家治理体系和治理能力现代化"，而不讲"完善和发展中国特色社会主义制度"，是不完整、不准确的，甚至是危险的。在新时代新环境下，推进国家治理现代化，是在中国特色社会主义根本制度和基本制度框架下、在国家制度体系下，建立健全基础性制度体系和国家治理体系，更好实现有效发展、有序治理，更好满足人民美好生活需

---

① 习近平：《在庆祝改革开放40周年大会上的讲话》，新华网，2018年12月18日。

要，目的是完善和发展中国特色社会主义制度，让其优势更充分地发挥出来、展现出来。因此说，全面深化改革，"改什么、怎么改必须以是否符合完善和发展中国特色社会主义制度、推进国家治理体系和治理能力现代化的总目标为根本尺度，该改的、能改的我们坚决改，不该改的、不能改的坚决不改。"① 当然，推进国家治理现代化要借鉴人类制度文明的有益成果，但绝不能照搬西方制度模式。这是改革开放40多年治国理政的经验总结，也是新时代党领导人民推进国家治理现代化的基本遵循，不可违背。

（二）社会主义与人民民主

从本质看，民主就是"人民的统治"；从现象看，不同时空中的民主，又表现为不同的制度形式。通过比较，马克思从社会与国家、人民与国家的关系解释了民主制度的本质。"在君主制中，整体，即人民，从属于他们的一种存在方式，即政治制度。在民主制中，国家制度本身只表现为一种规定，即人民的自我规定。在君主制中是国家制度的人民；在民主制中则是人民的国家制度。民主制是一切形式的国家制度的已经解开的谜。在这里，国家制度不仅自在地，不仅就其本质来说，而且就其存在、就其现实性来说，也在不断地被引回到自己的现实的基础、现实的人、现实的人民，并被设定为人民自己的作品。国家制度在这里表现出它的本来面目，即人的自由产物。"② 简言之，民主制度决定于人民，是人民的自我规定，是人的自由产物；相反，国家制度在形式上无论看起来多么"民主"，都很难说就是民主的。

人民既是一个个体范畴，也是一个集合概念。与此相应，民主制度也就有两种形式：一是个人为本位的民主，即个人为

---

① 习近平：《在庆祝改革开放 40 周年大会上的讲话》，新华网，2018 年 12 月 18 日。

② 《马克思恩格斯全集》（第 3 卷），人民出版社 2002 年版，第 39~40 页。

自己做主；二是人民为本位的民主，即作为整体的人民为自己作主。① 其实，这也是民主理论中自由民主与共和民主的差异。制度设计上，理论家就两种民主的区分与论说是清楚的。如洛克主张代议制民主，是前者的代表，而卢梭论证了"公益"与人民主权，是后者的代表。② 近代以来，自由主义在资本主义世界占据上风，西方国家在政治发展中形成了个人本位的民主制度。因为，在现代化推动下，西方国家出现了社会与国家关系从一元从属到二元分立的转变，二元分立带来的是社会独立性、国家自主性的发展，是现代社会的产生，集中表现为"独立个体"的出现。这是人的类本质的变化，也是自由民主制度的社会基础。问题只在于，个体为本位的自由民主在西方话语主导权下被神话了，被认为是民主的标准，成为后来者学习的民主制度样本。

近代以来，特别是从辛亥革命开始，中国的政治建设贯穿了一条主线，即从传统国家走向现代国家，使命是推动"家天下"转变为"民天下"，从"皇权国家"转变为"民权国家"，从"君主国家"转变为"民主国家"，也即走向共和、建构民主。但是，与以个人独立为起点的西式民主不同，中国走向民主的前提是传统社会，而非现代社会。马克思认为："我们越往前追溯历史，个人，从而也是进行生产的个人，就越表现为不独立，从属于一个较大的整体：最初还是十分自然地在家庭和扩大成为氏族的家庭中；后来是在由氏族间的冲突和融合而产生的各种形式的公社中。"③ 就中国而言，现代化发展与民主建构的历史起点只能是作为"整体"的人民，而非独立的个人。既然如此，那

---

① 林尚立：《论以人民为本位的民主及其在中国的实践》，载于《政治学研究》2016年第3期。
② ［意］萨尔沃·马斯泰罗内著，黄华光译：《欧洲民主史——从孟德斯鸠到凯尔森》，社会科学文献出版社1990年版，第14页。
③ 《马克思恩格斯选集》（第2卷），人民出版社2012年版，第684页。

就只能建构以人民为本位的民主。孙中山领导辛亥革命要建立的是"中华民国之主权，属于国民全体"的共和民主，虽然没有取得实质性成功，但是，"辛亥革命使民主共和国的观念从此深入人心，使人们公认，任何违反这个观念的言论和行动都是非法的。"① 以此为基础，中国共产党创造性地提出了人民民主，并在根据地政权建设中有所实践。在《论人民民主专政》中，毛泽东概括28年的经验指出："总结我们的经验，集中到一点，就是工人阶级（经过共产党）领导的以工农联盟为基础的人民民主专政。这个专政必须和国际革命力量团结一致。这就是我们的公式，这就是我们的主要经验，这就是我们的主要纲领。"② 中国共产党要创建的人民民主，是对孙中山开创民权制度的继承发展，但也有本质差异，即它以社会主义为取向。毛泽东指出："人民的国家是保护人民的。有了人民的国家，人民才有可能在全国范围内和全体规模上，用民主的方法，教育自己和改造自己，使自己脱离内外反动派的影响（这个影响现在还是很大的，并将在长时期内存在着，不能很快地消灭），改造自己从旧社会得来的坏习惯和坏思想，不使自己走入反动派指引的错误路上去，并继续前进，向着社会主义社会和共产主义社会前进。"③ 既然是"人民的国家"，也即以人民为本位的共和民主制度，那国家权力就要由人民共同掌握，不可落入任何个人与集团之手，当然其目标取向是实现社会主义。

1949年中华人民共和国政权的建立，是建设人民民主的重要成果。人民民主开始与社会主义共同成为党建设国家政权、推进治国理政的原则，这是各国家机关、公共部门名称前大多冠以"人民"二字的理由，在1954年第一部宪法中，两大原则有集中

---

① 《刘少奇选集》（下卷），人民出版社1985年版，第135页。
② 《毛泽东选集》（第4卷），人民出版社1991年版，第1480页。
③ 《毛泽东选集》（第4卷），人民出版社1991年版，第1476页。

体现。1982年宪法同样如此，后来宪法经过多次修改，但两大原则的坚持始终没有改变。2018年十三届全国人大一次会议修正后的《中华人民共和国宪法》第一条明确规定："中华人民共和国是工人阶级领导的、以工农联盟为基础的人民民主专政的社会主义国家。社会主义制度是中华人民共和国的根本制度。"①在政治学理论中，作为国体与国家制度的基本规定，这两大原则理当落实在治国理政的各方面、各环节。

要说明的是，党的话语体系和宪法文本中的表述既有"人民民主"，更有"人民民主专政"。对此，毛泽东解释为："对人民内部的民主方面和对反动派的专政方面，互相结合起来，就是人民民主专政。"②强调"专政"，其对象是区别于人民的敌人。在革命战争时期，区别谁是敌人、谁是朋友，是革命的首要问题。即使在取得政权后，保障人民民主、保护人民，也要对敌人施行专政，以防对新生政权的破坏。新中国成立前后，帝国主义势力、国民党反动派依然在活动，国内阶级对立状况也仍然复杂。这样的环境就提出了对敌人专政的必要性，"我们实行人民民主专政，或曰人民民主独裁，总之是一样，就是剥夺反动派的发言权，只让人民有发言权"，否则，"革命就要失败，人民就要遭殃，国家就要灭亡"。③适应环境需要，这是必要的。如果没有人民对敌人施行专政，新生政权巩固就难以想象。

无论是个人本位的民主，还是人民本位的民主，两种民主存在各有其现实基础，但都应当兼顾不同价值原则，不能偏激一方，走向绝对化。西方国家以个人为本位的民主建设，在制度体系、组织体系和价值体系等方面确实取得了成就，甚至被认为形成了可复制、可推广的模式。但是，这种强调个人权利的自由民主发展在第二次世界大战后也出现了困境，主要表现为在民主不

---

① 《中华人民共和国宪法（2018修正）》，第一条。
②③ 《毛泽东选集》（第4卷），人民出版社1991年版，第1475页。

断扩展、个人权利不断张扬的同时,个人的公共责任严重缺失。要明白的是,权利与责任本就相辅相成,是一个硬币的两面,两者失衡的后果就是民主危机。当时,"三边委员会"研究就发现了"民主过剩"的问题,"政治民主的无限扩大也潜在地存在着一些合乎需要的限制",如果民主要持续下去,"在很大程度上需要节制"。① 如何"节制民主",必须平衡权利与责任,但是到目前为止,这一问题也没得到很好的解决,似乎成为西式民主难以突破的"症结"。于是人们嘲讽民主已经"破碎"②,质问"西式民主怎么了"③ 也就不难理解。

同样的道理,中国的人民民主专政的发展,必须平衡两重关系:一是民主与专政;二是整体权利与个人权利。由于党在取得政权后,在对什么是社会主义、怎么样建设社会主义这个问题上出现了错误,并依然沿用了革命党的思维逻辑与行动方式,更多从"专政"的角度切入来保障人民民主,甚至将作为整体的人民"绝对化",通过革命政治、动员政治,发动"大民主"。如果说在政权初创与巩固阶段,这是必要的,那么在社会主要矛盾转化、社会主义改造完成之后,这就无益于人民民主发展,甚至释放出破坏性能量。在"文化大革命"期间,为适应"无产阶级专政下继续革命"的需要,1975年《中华人民共和国宪法》中将"人民民主专政"直接改为"无产阶级专政",不切实际地放大了人民民主专政的"专政"职能,必然削弱其民主职能。事实也说明,通过"专政"保障人民民主,非但没能促进其实践发展,反而是遭遇严重挫折;将"人民"绝对化,忽视个人权利,其后果只能是作为个体的正当权利被严重侵犯,而作为整

---

① [法]米歇尔·克罗齐、[美]塞缪尔·P.亨廷顿、[日]绵贯让治著,马殿军、黄素娟、邓梅译:《民主的危机》,求实出版社1989年版,第100~102页。
② [法]皮埃尔·卡蓝默著,高凌瀚译:《破碎的民主——试论治理的革命》,生活·读书·新知三联书店2005年版。
③ 《西式民主怎么了》编写组:《西式民主怎么了》,学习出版社2014年版。

体的人民的权利也被架空。这教训是极为深刻的。

改革开放的启动，必须抛弃用"专政"保障人民民主的逻辑，形成用"民主"推动人民民主的发展思路。事实正是如此。邓小平在《解放思想，实事求是，团结一致向前看》中提出："当前这个时期，特别需要强调民主"，"我们要创造民主的条件"，要"发扬经济民主"，"要切实保障工人农民个人的民主权利，包括民主选举、民主管理和民主监督"。① 特别是，他还提出："为了保障人民民主，必须加强法制。必须使民主制度化、法律化，使这种制度和法律不因领导人的改变而改变，不因领导人的看法和注意力的改变而改变。"② 这篇讲话从多维度强调民主和民主制度化的重要性，甚至可以说，改革开放是以民主为先导的，提出个人的民主权利，丰富发展了人民民主的内涵，是对整体的人民权利与个体权利的平衡；提出民主与法制的共同发展，是对"专政"逻辑与民主逻辑的平衡。虽然改革开放以来的治国理政中，人民民主专政的说法依然存在，但使用的频率、范围已经逐步减少，越来越直接强调人民民主。中共十七大报告提出人民民主为社会主义的生命，这是很高的定位。中共十五大报告则提出，要进一步扩大社会主义民主，健全社会主义法制，依法治国，建设社会主义法治国家。从法制到法治、从法制国家到法治国家，并将法治与社会主义民主建设结合在一起，中国的治国理政、国家治理现代化开始建立起了民主与法治的基本框架。

在政治学理论中，有关于国家主权与治权、政治与行政等的区分。牟宗三曾提出过政权与政道、治权与治道两组概念，其中政道就是关于政权的道理，治道即关于治权的道理，是处理公共事务的"运用之道"。与国体、政体等事关国家政权政道不同，

---

① 《邓小平文选》（第2卷），人民出版社1994年版，第144~146页。
② 《邓小平文选》（第2卷），人民出版社1994年版，第146页。

治权、治理则更多是公共权力实际运行的边界限度、体制机制、方式方法等。从比较政治看，西方社会从古希腊开始就形成了从国家政体出发认识问题、解决问题的深厚传统；相反，中国注重治道的文化传统根深蒂固，认识政治更多从治道入手，通过统治、管理和治理方式方法的改进来推动政治进步。正可谓："自古帝王，受天明命，继道统而新治统。"① 有学者研究提出西方政体思维与中国政道思维，并批判了"政体决定论"，政道"是指为政之道，就是治理的'道'"，是"政治体制运作的目标与途径"②。如果将这些分析概念用来分析民主，可以认为，民主既是一种国家制度，是国家政权、政道层面的制度安排，也是一种具体制度体制机制，是国家治理层面的制度设计。也就是有学术论证的政道民主和治道民主，在现代国家建设的历史行动中，这分属国家制度体系与国家治理体系的内容。如果说人民民主与国体、政体等根本政治制度结合在一起，属于国家制度体系，那么它要真正能够发挥民主的制度力量，就必须进入国家治理体系，即建构一套支撑人民民主的基础性制度体系，推动人民民主从一种民主政治原则转化为具体制度体制机制，实现民主的制度化、法律化和程序化。这是根本性的。

经历改革开放40多年的中国特色社会主义民主建设，人民民主越来越进入国家治理体系，其制度化、程序化、法制化水平不断提高，并呈现出新内涵、新态势：一是人民民主的发展完全走出了用"专政"巩固民主的思维与路径，而是着力"扩大社会主义民主"，通过社会主义民主和法治建设来发展人民民主，从以往的"民主与专政"的结构转向"民主与法治"结构。随着法治成为党领导人民治理国家的基本方略，以及全面依法治国、建设社会主义法治国家的深入推进，这个结构更加稳固，并

---

① 叶帆：《道统、治统与现代转型之艰》，载于《人民日报》2016年11月14日。
② 王绍光：《西方政体思维和中国政道思维》，载于《经济导刊》2014年8月5日。

越来越形成了中国特色,即党的领导、人民当家作主与依法治国三者的有机统一。这是人民民主发展的基本遵循,也是治国理政的总体框架。二是人民民主从过去实现理想社会形态的建设社会主义的工具,转向成为中国特色社会主义发展的重要内容和目标,并被纳入全面建设社会主义现代化国家的价值目标体系。三是适应时代发展与社会结构变迁,人民民主建设不断寻找平衡点,既考虑作为整体的人民利益,也越来越关注作为个体的权利,兼顾人的全面发展、人民当家作主、社会发展和国家进步等使命。四是人民民主建设中不断拓展新渠道、创新新方式、建构新制度,表现为选举民主和人民代表大会制度、政治协商制度与协商民主、基层民主制度、党内民主等制度的不断进步;人民行使知情权、表达权、参与权、监督权以及民主选举、民主决策、民主协商、民主管理、民主监督的渠道不断拓展、方式不断改进、效能不断提升;尤其是民主建设与民生保障、公共服务、社会进步等结合在一起,越来越具有坚实的基础。五是在社会转型与国家民主治理改革推动下,总体性社会中形成的社会与国家、公民与政府一体化的结构已经被打破,出现了二者的分化独立与良性互动。治国理政的逻辑由此发生了深刻变化:从国家决定社会到国家决定于社会,这是民主成长的动力,也是国家治理现代化的动力。

二、以使命型政党为领导

(一)历史境遇与党建国家

传统中国是一个超稳定的帝国,虽然社会群众间有职业分殊,是一个士、农、工、商的"四民社会",但在总体上是一个结构简单、组织化程度低的社会。钱穆研究认为:"这一种社会之最大缺点,则在平铺散漫,无组织,无力量。既无世袭贵族,又无工商大资本大企业出现,全社会比较能往平等之路前进。"①考察历史会发现,传统社会呈现出来的超稳定、高秩序化特征,与士绅和官僚两个群体密切关联。要明白的是,他们的生存、发展又和皇权统治、官僚制度结合在一起,通过一套帝国统治制度发挥作用。这意味着,如果帝国体系发生危机,制度失效,支撑社会发展的组织力量也将随之瓦解。

1840年之后在现代化冲击下,中国的帝国体系快速陷入全面危机:国家主权沦丧、政权破碎,社会一盘散沙、四分五裂,文化分崩离析、认同迷失。落后必然挨打,是国人得出的深刻结论,尤其是在与历史上"天朝大国"的比照中,这样的危机感显得特别强烈。为摆脱危机,志士仁人为救亡图强,开展了一系列的自强运动,目标都是要实现国家独立和民族复兴。有学者总结说:"自晚清帝制衰落以后,'强国'一直是全体中国人民的普遍要求。1840年后西方的侵略和挑战,使中国人预感到国家分裂和殖民化的可怕前景。晚清的洋务运动、1898年的百日维新以及1919年的五四新文化运动和科学民主运动都是对这一民族危机的回应。"② 甚至,清王朝也曾动员社会力量进行了变革维新,如洋务运动、戊戌变法,甚至还推动了"预备立宪"运动,试图改变传统帝制、建立新的政治形态,但这些尝试和努力最后都失败了。辛亥革命虽然推翻了君主专制统治、终结了帝制,建立了民主共和,但是共和国有名无实,不仅国家主权不独立、不完整,出现了宪法虚文化、议会边缘化,而且还发生了皇权复辟,受到军阀割据的挑战。究其原因,主要是社会的低组织化状态,进而是缺乏重建国家权威的主导力量。这就是中国走向

---

① 钱穆:《国史新论》,生活·读书·新知三联书店2001年版,第32页。
② 王正绪:《国家建设、现代政府和民主之路:六十年来中国的政治发展》,载于《马克思主义与现实》2010年第1期。

第二章　国家治理现代化的特征：比较分析

现代国家的历史境遇。

就中国与日本、俄国的现代化，罗兹曼比较分析认为："概言之，中国的组织状况看上去大不同于日本和俄国……中国人有时能在重大问题上成功地动员起来，但国家却从未认真地建立起组织构架，以便持久地集聚资源。组织的延续性是与缓慢演进的（甚至在地方上是繁荣而自由发展的）前现代社会相适应的，但这个社会并非广泛动员起来的社会，因而无法对现代变革作出进一步的有力反应，更谈不上能应付现代化势力的挑战了。"① 对此，当时的先进中国人都认识到，唯有"组织起来"，才能摆脱危机，解决内外困境，并提出了相应方案，如梁启超的"新民团体说"、毛泽东的"民众大联合"等。这也是那个时代中国社会接受外来的团体主义、社会主义，而不接纳个人主义、自由主义的原因所在。与社会的低组织化相关，"从社会主导力量方面而言，近代中国并不存在能够独立领导国家建设的社会阶层。"② 总之，近代中国的落后挨打反映了传统帝国政治在现代文明冲击下的不适应，是政治失败、制度失效的体现，根本上是缺乏具有适应现代化的组织化力量，无法超越传统与现代的鸿沟，实现自我转型、建设现代国家。这最紧要的是，解决政治危机的问题，也就是实现国家主权独立、重建政治权威。于是，有组织化的力量来承担新国家建设使命就显得非常必要。

在现代政治条件下，这样的力量只能是政党。意大利思想家葛兰西认为，如果说古代政治离不开君主，那么现代政治就离不开政党。他把政党称为"现代君主"并指出："现代的新君主主人公不会是作为个人的英雄，而只能是政党。"③ 20世纪初的中

---

① ［美］吉尔伯特·罗兹曼主编：《中国的现代化》，江苏人民出版社1988年版，第228页。
② 刘晔：《知识分子与中国革命》，天津人民出版社2004年版，第53页。
③ ［意］安东尼奥·葛兰西著，陈越译：《现代君主论》，上海世纪出版集团2006年版，第23页。

国,适应社会"组织起来"的呼声,加之西方政治观念的传入,通过政党形式将中国人联合起来成为社会共识,中国开始进入政党时代。但是,民国初年政党政治失败了,其原因是竞争型政党体制软弱无力,根本无法承担起组织社会、挽救危机的使命,出路只能是组织起更强大的政党。孙中山经历革命实践后真切看到了强大政党的力量,认为辛亥革命以及民主共和受挫,根本原因就是缺乏有组织、有力量、有理想的政党。而在饱受多党政治失败之痛后的国民党,在苏俄和共产党的帮助下,"以俄为师"进行了改革。为此,孙中山充分认识到将政党与现代国家重建结合起来的意义,并规划了国家重建之路。他明确指出:"现尚有一事可为我们模范,即俄国完全以党治国""我们现在并无国可治,只可说以党建国。待国建好,再去治他""其实我们现在何尝有国?应该先由党造出一个国来,以后再去爱之""党有力量,可以建国"。① 应当承认,孙中山以党建国的构想是很有远见的,符合近代以来中国社会发展和国家重建的内在要求。但遗憾的是,孙中山去世后,国民党在蒋介石领导下背离了政党建设国家的道路,没有把国民党整合成为一个统一而强大的政党,表现为腐败无度、纪律废弛、离心离力、能力不足等,那自然也无能承担国家重建的使命,也无法有效解决中国面临的危机。王奇生研究国民党的治理结构认为:"国民党党治体制的法理序列依然是党→政→军,而实际序列却是军→政→党;名义上是以党统政,以党统军,实际上是以军统政,以军控党。"② 就此而言,国民党的失败源于自身,在根本上是偏离了孙中山开创的政党建设国家模式。

以上分析表明,中国走上政党建设国家(党建国家)之路,

---

① 《孙中山文集》(上),团结出版社1997年版,第392~393页。
② 王奇生:《党员、党权与党争:1924~1949年中国国民党的组织形态》,上海书店出版社2009年版,第170页。

第二章 国家治理现代化的特征：比较分析

是由其独特的历史境遇所决定的。对此，有研究指出："中国二十世纪初期，国家在军阀混战中解体，社会中的各个领域的传统制度都在崩溃，日常生活中涌现出不少问题不能以传统的思想和常规的方法去解决。在国家生死存亡的时候，有些仁人志士认为只有社会革命才能从根本上克服整个国家、整个社会和各个领域中的危机。他们看到只有先建立一个强有力的政治机构或政党，然后用它的政治力量、组织方法，深入和控制每一个阶级、每一个领域，才能改造或重建社会国家和各个领域的制度与组织，才能解决问题，克服全面危机。"[①] 从这个意义看，党建国家是中国的历史"定制"，是一种比较特殊但又符合历史情势的形态。当然，近代中国社会催生了两大政党，除国民党外还有共产党，两者都是按照列宁式而非西方式政党结构建立起来的，也都施行党建国家战略。这在本质上是 20 世纪中国在现代化压力之下，通过组织动员社会、摆脱全面危机，进而建设现代国家的必然选择。

比较而言，国民党失败也是因为共产党的存在和强大。虽然两大政党都是使命型政党，都为了建设新国家、新社会，但差异在于共产党代表了劳动大众的利益，特别是共产党通过其组织机制、价值理念将中国基层社会的劳动大众从根本上组织起来、动员起来，整合成了强大力量。历史最终选择了共产党作为支撑中国现代国家建设的组织力量和领导主体。这是因为，在当时的历史条件下，共产党不仅供给了中国社会急需的意识形态，构造了有效社会动员的政党结构，而且还建立了纪律严明、绝对服从政党领导的军队，并正确运用了有效的战略和策略，即武装斗争、统一战线和群众路线等。也正是在共产党强有力的领导下，中国人民经过艰苦奋斗，实现了国家统一和人民解放，建立了人民共和国的新政权，中国人民从此站起来了。有人认为，由于革命战

[①] 《思想家》编委会：《思想家：跨世纪的探险》，华东化工学院出版社 1989 年版，第 19 页。

争的内在逻辑和现代化压力的历史境遇，中国建设现代国家的路径，"不同于原发内生型现代化国家直接以民族作为国家建构的基础，它是由组织严密的政党作为国家建构的基础。因此，古典国家形态转变的结果不是从文化—国家到民族—国家，而是从文化—国家转变为政党—国家。"① 从比较政治的视角看，西方发达国家的政党大多是现代国家制度运行的产物，而中国共产党则是挽救社会危机、建设现代国家的政治力量。这样，党在国先、以党建国，政党建设国家就体现了中国现代国家建设的内在逻辑。汤森等指出："中国共产党在清朝覆灭之后精良地组织了起来，并全身心地投入革命的进程中，它必然要面对那个时代的主要问题。在此过程中，它成了中国革命的一个代表者，并且是它未来的一个主宰者。"② 就党建国家而言，"'没有共产党就没有新中国'不仅是一种意识形态话语和政治宣示，还是中国民族国家建设制度变迁历程的真实写照。"③ 这是被事实证明的历史。

（二）党的领导与治国理政

1949年中华人民共和国成立，这是党建国家的历史性战略成果，也是党领导人民治国理政的起点。然而，中国是一个资源极度贫乏、人口规模庞大、工业基础薄弱的国家，而且新生政权还受到国外势力封锁包围和国内敌对势力强烈抵抗。这意味着，实现经济现代化发展的条件是非常欠缺的，环境是极其恶劣的，更不要说，中国还是在世界现代化潮流打破经济社会发展原生次序的条件下启动现代化的。如此状况让党领导人民治国理政、建

---

① 任剑涛：《政党、民族与国家——中国现代政党—国家形态的历史—理论分析》，载于《学海》2010年第4期。
② [美]詹姆斯·R.汤森、布兰特利·沃马克著，顾速、董方译：《中国政治》，江苏人民出版社2005年版，第34页。
③ 杨光斌：《政治变迁中的国家与制度》，中央编译出版社2011年版，第226页。

第二章　国家治理现代化的特征：比较分析

设社会主义现代化，从一开始就对国家权力形成了内在诉求，要求国家主导并快速实现现代化。有研究认为："西方国家现代化是以现代经济与社会的自然发育为现代化的历史起点的；而后发现代化国家则是以建构现代国家权威力量为历史起点的；西方社会的现代国家是现代社会发展的结果，而后发现代化国家现代社会则是现代国家发展的结果。所以，对后发现代化国家来说，建构一个有权威的现代国家体系是其现代化的重要前提。"① 也有人认为："'党治国家的兴起'实际上反映了中国现代化要求重建中央集权的历史趋势。"② 所以说，重建现代国家权威是后发现代化国家推动现代化建设的首要任务。那么，由谁来承担现代国家建设的使命呢？亨廷顿认为，政党是非常有效的力量。"一个没有政党的国家没有产生持久变革和化解变革所带来的冲击的制度化手段，其在推行政治、经济、社会现代化方面的能力也就受到极大的限制"。③ 这是对现代化历史比较研究证明的结论。

纵观大国兴衰和世界各国的现代化发展史，都有一个强有力的、开明领导者或领导集团的推动，至少是在现代化早期是如此。如西班牙和葡萄牙虽然在人口、领土等方面并不具备成为世界性大国的条件，但这两个国家最早建立了民族国家，形成了强有力的领导者或统治集团，并成为那个时代的现代化强国。就后发外生型的现代化国家来说，这个更是常见逻辑，更是共同规律。道理并不复杂，因为通常而言，后发现代化国家在世界格局中处于不利地位，经济发展的环境和条件无法与早发国家比拟，为改变这种境况就需要实现经济的赶超发展。这决定了落后国家走向现代化对国家权力和政治权威的内在需求是非常强烈的，如

---

① 林尚立等：《政治建设与国家成长》，中国大百科全书出版社2008年版，第34页。
② 陈明明编：《革命后社会的政治与现代化》，上海辞书出版社2002年版，第240页。
③ ［美］亨廷顿著，王冠华等译：《变革社会中的政治秩序》，生活·读书·新知三联书店1989年版，第372页。

果主权不独立、政府没权威、制度无效能，那推动经济社会发展就只能是一句空话。这些命题从拉丁美洲、东亚各国的转型发展以及第二次世界大战后这些地区出现的威权主义政治和发展型国家的大量案例可得到证实。当然，强调落后国家经济发展需要有效政治权威和政治制度，并非肯定"政治万能论"，只是说明政治力量在后发现代化国家实现经济现代化转型中的特殊作用。

就现代国家治理，学术上多用国家—社会关系分析范式，以此对中国共产党领导下的治国理政进行考察，可能会有失偏颇，因为撇开共产党这一重要政治力量确实无法对社会政治形态进行恰当解释。尽管说中国共产党的领导权、执政权与国家权力之间具有结构和功能的对称交叠，大体也可将党作为政治力量归入国家体系，但政党还通过其组织体系广泛分布和渗透于社会，是横跨国家与社会两个领域的政治因素。为此，考察中国的治国理政，就需要将国家—社会二分关系现实性地转换为政党、国家与社会的三角关系。在中国，由于共产党建立国家并领导了社会主义革命与建设，因而对国家权力的诉求就转化为对强党领导的诉求。

执政后的中国共产党，适应中国社会内在需求，根据自身的价值理想与组织体系，对国家和社会进行了全面改造。其中，对国家通过两种方式：一是体制内领导，主要通过党员直接掌握国家权力，并在国家机关内建立党的组织来实现；二是体制外领导，主要通过党对干部和组织人事权的控制，以及以民主集中制为基础的集体决策制来实现。① 对社会的改造，除了凭借单位制、户籍制、身份制、行政制、刚性意识形态以及各种形式的群众运动等社会控制机制进行，更主要是通过强大而又严密的政党组织网络实现的。党的组织网络不仅包括其自身组织和辅助组

---

① 林尚立：《当代中国政治形态研究》，天津人民出版社 2000 年版，第 317~322 页。

第二章 国家治理现代化的特征：比较分析

织，即从中央、地方一直到基层的金字塔式的各级组织，除了党在各级人民代表大会、政府、政治协商会议和军队等国家机关内建立的组织，还包括在社会组织和企业单位中建立的组织。这共同构成了党的组织网络体系，几乎覆盖了国家及社会的每个角落。通过这种庞大的组织网络，党既能够对国家与社会进行纵向与横向领导，将近乎一盘散沙的社会整合为一个高度组织化的社会，也能够对社会进行政治的、组织的和意识形态的渗透、干预和控制。加之，经济上社会主义改造运动与指令性计划体制、公有制的建立，思想文化领域的社会主义教育改造运动，建立了党对政治、经济、文化等的全方位的控制体系。"在改革开放前的中国社会和中国政治形态中，党、国家与社会的关系是：党领导国家，国家主导社会，党通过国家或自身组织主导社会。在这样的关系格局下，只要党加强控制，党就能迅速积聚权力，从而拥有绝对的权力。"① 这样，党的"一元化"领导体制迅速建立，一种高度组织化的总体性社会得以形成。如前所述，这种社会形态下的治国理政以全能政治、集权政治、动员政治、人治政治等呈现出来，本质是政治统治。

从新中国成立后到改革开放前这段时期，党领导下的总体性社会建构与政治统治施行，用革命党的思维和行动搞现代化建设，用未来形态的社会主义理想框定社会主义建设，用"专政"保障人民民主实践。这在走向极端的情况下，反过来成为侵蚀党、国家与社会的力量，严重损毁了党的形象、动摇了合法性基础，破坏了国家机器、瓦解了制度运行，束缚了人们的思想、窒息了社会发展、扰乱了公共秩序，现代化建设与治国理政已取得的成果也遭到破坏。更不用说，基于政党组织而建构的总体性社会，其有效运行是有条件的，包括社会的低分化和低流动，组织的生命力和战斗力，利益的均质性和一体性等。如果这些条件发

---

① 林尚立：《当代中国政治形态研究》，天津人民出版社2000年版，第322页。

生变化，总体性社会必然会受到挑战、冲击而发生变迁或调整。改革开放应运而生。

改革开放以来，中国的国家治理依然处在政党国家的空间之中，在政党建设国家、政党治理国家的框架下展开。不论是市场经济和对外开放驱动下的社会转型与转型社会建设，是改革发展稳定、治党治国治军、内政国防外交，还是中国特色社会主义的不断完善发展，是现代化建设的战略目标的不断实现，无不是在党的领导下有组织、有步骤地推进的。党领导下的社会转型与国家治理改革，坚持转型的力度、速度和社会承受度之间的协同与统一，从而避免在转型过程中出现重大危机与挫折；这也对转型社会的政府治理、市场治理、社会治理等提出了很高的要求，要求执政党必须是强有力的，具有高超的组织能力、发展能力、整合能力、创新能力与制度化能力。这也是治国必先治党的道理。有学者将共产党在治国理政中的领导核心作用概括为：① 整合了社会，即党通过其组织网络、意识形态等，把整个社会整合为一个有机整体；提供了领导，即党成为现代化的领导核心和指导力量，成功推进了中国社会的进步与发展；保证了发展，即党通过政策供给、人才队伍、制度建设等有效保证了社会变革与发展。改革开放以来社会转型发展与国家治理改革，形成的大发展、大变革、大稳定的格局，都可以在这一点上找到依据。

如果说过去办好中国的事情，关键在党，党的领导和执政水平，关乎国家的命运，事关人民的福祉，那么在新时代新环境下，治好国、理好政，关键仍然在党、在从严治党。换言之，在中国，推进国家治理现代化必须坚持党的领导，以党组织为主导，在党建国家、党治国家的框架中进行，这是历史定制，也是现实必须。如果说西方国家的治理主张社会中心主义、多元主义、去权威主义，这体现了鲜明的西方社会政治结构特征，那么

---

① 林尚立：《中国共产党与国家建设》，天津人民出版社2009年版，第26页。

中国的国家治理则强调党的领导地位和政府的主导作用，这恰恰是中国社会与政治发展的要求，也是治理理论本土化的集中体现。在新时代，"我们的国家治理体系需要改进和完善，但怎么改、怎么完善，我们要有主张、有定力。"① 这里的"主张""定力"的根本要求之一，就是在党的领导下推进治国理政，否则国家治理现代化必将走上歧路，并可能犯颠覆性错误。

当然，中国的国家治理也主张多元参与，但绝非是西方的多中心、无中心治理，而是在党总揽全局、协调各方的多元合作共治。有人指出，全面深化改革总目标中的国家治理现代化，"实际上是指在我国现行宪法规定的人民民主专政的国体的前提下，在中华人民共和国一切权力属于人民的人民主权原则下，中国共产党代表、组织和领导人民执掌政权、运行治权的体系和过程。"② 这是基于中国国情和政情作出的判断，也是基于使命型政党领导治国理政的逻辑形成的结论。

三、以悠久历史文化传统为前提

（一）传统政治统治的文化特性

中国是一个具有悠久历史传统的国家，而与其他文明相比较，中华文明没有发生过实质性中断。历史无不积淀为文化，文化又无不是历史的。近代以前的中华文明，历经数千年演化发展得相当成熟，形成了独具特色的文化传统。正因此，传统中国在共同体形态上更像一个以文化为纽带的生活系统，也正是文化纽

---

① 《习近平谈治国理政》，学习出版社2014年版，第105页。
② 王浦劬：《全面准确深入把握全面深化改革的总目标》，载于《中国高校社会科学》2014年第1期。

带与认同,构成了传统中国的超稳定结构。从本质看,传统文化是一种发育于"农业—宗法"社会,以儒家学说为核心,兼容法、道、佛等众家思想的伦理型文化。它曾造就了古代辉煌于世的文明形态,是一种高度成熟、渗透性很强的文化;它经历了长期的社会化过程,成为积淀于民众心理的价值认知与思维取向,是政治统治的观念依托。

归纳起来,传统社会的政治统治,其文化特征可主要阐释为以下几方面:

1. "大一统"的政治观念与专制集权

历史上,自汉代"罢黜百家、独尊儒术"后,中国开始逐步形成了"大一统"的政治传统,虽然也曾因少数民族入侵而出现过短暂的分裂,但"统一"是总的历史大势。在政治认知上,"统一"就被认为是符合历史前进的趋势,"分裂""割据"则被认为是违背历史发展方向的。正可谓"天下翕然,一口颂歌",甚至,"天下归于一统""大政出于一元"在历史演进中逐渐定型为一种原则,积淀为一种政治观念。也正因此,"在中国历史上的任何时候都未曾分裂和瓦解过。即使在内忧外患的危急存亡关头,在政治纷乱、国家分裂的情况下,它仍能够保持完整和统一,这一特征是世界任何民族的文化中都难以找到的。"[①]有人归纳了中国社会崇尚统一的原因:[②] 一是来自"天""天意""天理";二是"统则兴、不统则乱"的历史实践逻辑;三是两者结合起来,在中国人的民族情感里融入了统一和整体的民族情结,而一代一代地延续强化,成为主要文化习性,沉淀至民族心理、民族情感、民族意志之中。可以说,这样的文化传统造就了中国人求"中心"、讲"统一"、重"集中"的政治认知和思维。

正是受到"大一统"观念的影响,中国人形成了对国家统

---

① 李中华:《中国文化概论》,华文出版社1994年版,第146~147页。
② 徐宗华:《现代化的政治文化维度》,人民出版社2007年版,第190~191页。

一性、权力一元性的强烈认同。正因此,中国政治结构最典型的特征就是专制集权,政治运作则体现为权力的高度集中统一。梁启超曾将专制政治传统描述为:"专制政治之进化,其精巧完美,举天下万国,未有若吾中国者也。万事不进,而惟有专制政治进焉。"① 这大体是符合历史的。特别是,"大一统"的政治结构与大家族的社会结构相互支撑、彼此强化,构造了"家国同构"的整合性统治体系,成为传统社会超稳定结构的重要支撑。如此政治传统在历史进程中日益成熟,不断强化,使得注重"集中"与"统一"成为文化基因。与此不同,西方至古希腊起,就有着浓厚的民主传统,并形成了民主基因链,即使是在中世纪也有"恺撒的归恺撒,上帝的归上帝"的权力制衡文化传统。西方现代国家制度建设与这样的文化传统密不可分。

2. 崇尚"和谐"与无对政治

中国传统文化特别强调"和合""合作""和谐"。国人的人生态度也在于,追求人自身和谐、人与人和谐以及人与世界和谐,这被梁漱溟称为无对;而西方人的人生态度为有对,形成了人与物对、人与人对的格局,这是西方近代民主发生的文化依据。美国学者费正清、赖肖尔揭示了儒家思想中的中庸特征,佐证了梁漱溟的"无对"思想。他们认为:"内在的美德和外在的文雅保持适度的均衡,体现出孔子思想里中庸的特征。在印度和西方,哲学家和宗教领袖通常处事绝对,也就是说他们趋向于强调逻辑和数学上的绝对。孔子是个相对主义者,按照社会和人文的思想方法考虑问题。他确定了东亚的那种总是寻求妥协和中间道路的模式。""和(谐)"这个术语,在儒学传统中的理解清晰地表明,各不相同的成分必须和谐相处。② 追求"和谐"的文化

---

① 潘一禾:《观念与体制:政治文化的比较研究》,学林出版社2002年版,第343页。
② [美]费正清、赖肖尔著,陈仲丹等译:《中国:传统与变革》,江苏人民出版社1992年版,第102页。

传统为孕育中国"无对"政治模式提供了土壤。

在西方,基督教对人性恶的揭示,使人们对权力可能导致罪恶的认识非常深刻,于是也就形成了"公民不服从""忠诚反对派""无赖假设"等政治文化传统。这种对权力的怀疑态度为西方法治及宪政的产生奠定了文化基础。有人这样解释:"西方的法治以防恶为逻辑起点,以保障个体权利为归宿。公法之设,在于防范公共权力的滥用;私法之设,一方面是为了抵御公共权力对社会个体权利的侵犯;另一方面是为了防止社会个体权利的滥用。贯穿西方法治的一条主线是对人性和权力的不信任。即人的本性是恶的,权力更加恶,是恶的平方。"① 与此不同,中国政治是以信任为基础的。"中国人对个人与权威的关系明显是非对抗性的,就如同个人与家庭的关系是非对抗性一样,这是根深蒂固的。"② 信任的文化塑造"无对"的政治制度也就不足为奇。

3. 王权主义与权威崇拜

中国传统文化是一种以王权为核心、为王权服务的政治文化。传统社会的君王是国家创立者,"惟王建国,辨方正位,体国经野,设官分职"。君王通天经地、主宰万物,是百姓之父母,是礼义制定者和维系者。"君子者,天地之参也,万物之总和也,民之父母,无君子,则天地不理,礼义无统"。君王影响并决定着国家兴衰,其权力至高无上,臣民就像孝敬父母那样忠于君王,"移孝入忠"。不过,王权主义的推行主要是通过庞大的官僚体系实现的,即雇佣大量官僚,由官僚来治理国家、统治社会。所以,王亚南将中国传统政治称为"官僚政治"。应当承认,王权主义在造就社会秩序、国家认同等方面的积极意义,但也形成了独一无二的集权制、官僚制,特别是权威拜权现象。现

---

① 郝铁川:《"性善论"对中国法治的若干消极影响》,载于《法学评论》2001年第2期。

② [美]郝大维、安乐哲著,何刚强译:《先贤的民主:杜威、孔子与中国民主之希望》,江苏人民出版社2004年版,第117页。

实中，崇拜皇权还发展至崇拜一切权力，进而是依赖和依附权力，即老百姓总是把命运交给大大小小的官吏，企盼圣主清官替他们谋福利、主公道。孙越生在《中国官僚政治研究》一书序言中指出，中国老百姓"若非忍无可忍，铤而走险，总是逆来顺受，祈求'真命天子'和'青天大老爷'的保护"。① 这造成了中国人的权威主义人格，形成了厚重的权力崇拜心理和人身依附意识。

有人把古今政治观概括为截然不同的两种：② 一种认为政治生活和国家的目的是追求终极的善，它在心态上强调积极作为、伸张性的行动，具有浓厚空想色彩，可称为积极政治观；另一种政治观视追求至善为祸害，认为政治生活和国家的目的绝不应当是追求"至善"，而应是避免人恶之艺术，主张防恶政治，在心态上较为消极、讲究实际，注重设防的艺术，可称为消极政治观。比较而言，中西政治的一个重大差异体现为："中国人视政治为好事而西方政治人视政治为坏事。"有人用一个成语"抑恶扬善"，恰当地刻画了两种不同的政治观：中国政治的目的是扬善，西方则是抑恶。正因此，中国人政治心理的典型特征就是权力崇拜，甚至在特定条件下产生政治盲从、政治迷信。"中国人过于夸大权威的作用，无论从心理上还是在现实生活中都表现出无法离开权威的倾向。久而久之，权威观念已经深入中国人的人格之中。"③ 事实说明，权威崇拜的文化心态似乎已演化积淀为国人的一种心智习惯，根深蒂固、难以动摇。

4. 德治模式与政治自律

这是政治文化传统的最典型特征。在思想渊源上，中国传统的德治观念主要源于儒家，是一种主张为政以德、以德行仁的治

---

① 王亚南：《中国官僚政治研究》，中国社会科学出版社1980年版，序言。
② 刘军宁：《保守主义》，天津人民出版社2007年版，第59~60页。
③ ［丹麦］索伦森著，李酉潭、陈志玮译：《民主与民主化》，台湾韦伯文化事业出版社2000年版，第173页。

国观念和方式,在传统社会一直处于正统和主流地位,被归结为王道主义,以与法家所主张的霸道主义相区别。这当然是由农业经济、宗法文化、家国同构,甚至是地理环境等因素所规定的。德治作为治国方式,它重视德性和仁政,对传统帝国的维系和发展发挥了重要作用。李泽厚认为:"儒家的'仁',是建立在血缘基础上,以'人情味'(社会性)的亲子之爱为辐射核心,扩展为对外的人道主义和对内的理想人格,它确乎构成了一个具有实践性格而不待外求的心理模式。"① 这样的文化心理模式要求国家统治者应当成为道德上的楷模,在政治上要严格自律,这是被统治者政治服从的重要条件。与扬善政治相辅相成,传统社会的政治总被认为是积极的,充满伦理色彩的,而政治制度建设也往往偏重人治而缺乏监督制约机制。这与西方基于人性恶所形成的法治文化是截然不同的,在根本上塑造着独具特色的中国政治传统。

德治与自律的主要内容,可概括为:一是强调"为政以德"。传统国家统治认为:"道之以德,齐之以礼,有耻且格。"与此相反,"道之以政,齐之以刑,民免而无耻。"② 德治的本质就是人治,对从君主到普通官吏的道德水平提出很高要求。孔子曾提出:"为政以德,譬如北辰,居其所而众星拱之。"③ "政者,正也。子帅以正,孰敢不正?"④ 还有,"其身正,不令而行;其身不正,虽令不从。"⑤ 这些观念在历史发展中深入人心。

二是主张施仁政。与德治要求相一致,儒家特别强调"仁"的意义,视为"五常"之首,孔子用"爱人"解释仁。为此,强调政策制定与实施要符合道德要求,注重用"宽厚"

---

① 李泽厚:《中国古代思想史论》,人民出版社1985年版,第32页。
②③ 《论语·为政》。
④ 《论语·颜渊》。
⑤ 《论语·子路》。

第二章 国家治理现代化的特征：比较分析

"惠民"的方法控制民众。孔子说："听讼，吾犹人也；必也使无讼乎！"① 孟子提出了诸如"省刑罚，薄税敛"② 等以仁政为原则的治国思想。德政仁治的实践发展，历史地形成了独特的民本传统。早在商周时代，就提倡"敬德"，目的是"保民"，有"民惟邦本，本固邦宁"的思想。民本即以民为本。孟子通过对历史上治乱成败的分析得出民心向背是国家兴亡之根本，将民本思想推到了一个相当的高度。他说："桀纣之失天下也，失其民也；失其民者，失其心也。得天下有道：得其民，斯得天下矣；得其民有道：得其心，斯得民矣；得其心有道：所欲与之聚之，所恶勿施尔也。"③ 荀子则提出："君者，舟也；庶人者，水也；水则载舟，水则覆舟。"④ 等等。这样的民本思想源远流长，一脉相承，构成了中国历朝历代统治者治国理政的共识。

三是倡导"修身为本"。施行德治自然要求从每个人，特别是统治者从自身做起，修身以"成德"。如此内在德性和修养提高的过程，在儒家传统那里，又被看作是养成社会责任担当、追求社会正义的过程，也即"弘道"。于是，治国的基本逻辑就此而转换为："物格而后知至，知至而后意诚，意诚而后心正，心正而后身修，身修而后家齐，家齐而后国治，国治而后天下平。"⑤ 照此推理，国家统治状况如何，归根结底取决于"修身"，也就是通过政治人道德品质的提升、道德观念的塑造来实现的。

四是注重道德教化。为满足德治仁政的需要，教育地位就尤其重要，"教，政之本也。"⑥ 而教育的第一要务是，塑造统

---

① 《论语·颜渊》。
② 《孟子·梁惠王上》。
③ 《孟子·离娄上》。
④ 《荀子·王制》。
⑤ 《礼记·大学》。
⑥ 《春秋繁露·精华》。

治者个人的德性和品格,让他们"内圣",遵守社会道德,并上行下效,对民众起到模范带头作用,即"上老老而民兴孝,上长长而民兴弟,上恤孤而民不倍(背)。"① 就被统治者来说,主要是通过伦理教化,使他们形成相应的道德认知、伦常观念,成为恭顺的臣民。道德教化的另一个面向则是,主张以君为师、以吏为师,认为君主以及各级官吏应成为普通民众思想、言行的榜样,目的是要将统治集团的思想和要求转化为社会认可的东西,通过道德伦理来调节政治统治关系,获得政治合法性支持。

(二)现代国家治理的文化延续

中国的历史悠久,文化传统根深蒂固。在现代化的初期阶段,中国向西方学习先后经历了"器物—制度—文化"的过程,最后通过"打倒孔家店"与新文化运动,要解决"文化上根本感觉不足"的问题。虽然现在回头看,这样的文化革新将中西问题简单判定为是非好坏问题,批判的激情甚于理性,甚至有对中国传统文化全盘否定的倾向,存在明显偏见,具有激进色彩,但在当时的历史情境中是有合理性的,代表了那个时代最进步的认识。

特别是,"五四"时期的排孔反孔,也是针对民国初年尊孔崇圣活动而发的,也更聚焦于"孔子之道不合现代生活"的观念,适应了那个时代的历史趋势。在当时,李大钊、陈独秀等为代表的早期中国共产党人对东西方文明、新旧文化的认识更为深刻。李大钊的一个说法很有代表性:东西文化,"一个是新的,一个是旧的。但这两种精神活动的方向,必须是代谢的,不是固定的;是合体的,不是分立的,才能于进化有益"。② 这不仅从

---

① 《礼记·大学》。
② 李大钊:《新的!旧的!》,载于《新青年》第4卷,第5号。

第二章　国家治理现代化的特征：比较分析

性质上区分了新旧文化，还指出两者是新陈代谢关系，是动态的，不能融合为一体，而是新改造旧的结果。有人评价认为："新文化运动的狂飙猛烈地冲击了以儒家思想为轴心的文化传统，因此从一开始便具有反传统主义的品格。但它并不仅仅是反传统主义运动，更重要的是一场现代价值重建运动。在破坏旧传统与重建现代价值的过程中，新文化的倡导者们高举科学与民主两面大旗，用近代科学理性反对传统的实用理性，用近代的人文主义反对传统的仁礼禁忌，力图建立以自我为价值主体的宇宙观和人生观，并以之取代以家庭为本位的传统观念。所以，民主和科学不仅是'五四'反传统的理论依据，而且是现代价值重建的目标，集中地体现了'五四'的时代精神。"① 如同尼采所说的"重新估定一切价值"，"五四"时期对传统的批判是深刻的、全面的。也正是通过文化革新与价值重建，先进的中国人找到了中国走向现代国家的出路，当然还有其他因素，是历史合力形成的。

但是从长线历史看，这只是历史呈现的一个面向，同时还必须看到另外的情景，即文化传统的"惰性"。通常来说，文化可区分为物质文化、观念文化与行为文化三个层面。虽然通过革命方式可能摧毁物质形态的文化，但是由历史积淀而成的思维认知、情感态度、行为方式等观念与行为形态的文化，并不会因为革命、"文化革命"而迅速发生改变。特别是，"各种制度是观念、感情和习俗的产物，而观念、感情和习俗并不会随着改写法典而被一并改写。"② 例如，辛亥革命推翻了帝制，并仿照西方制度建立了"中华民国"，制定了宪法，但是民主共和有名无实，并没有形成深层心理与外在行动上的文化基础，袁世凯复辟帝制也

---

① 陈旭麓：《近代中国社会的新陈代谢》，中国人民大学出版社2012年版，第386页。
② ［法］勒庞著，冯克利译：《乌合之众——大众心理研究》，广西师范大学出版社2007年版，第99页。

就不难理解。这也就是鲁迅所说的,"无论是专制,是共和,是什么什么,招牌虽换,货色照旧,全不行的",需要改造国民性。无论如何,这绝非一朝一夕,或是一场革命、一次运动就可以达成的。

从比较的角度看,"各个共同社会的未来,毕竟是其自身现在的发展,而其自身的现在,又是以其特殊的过去为条件而形成的,这是无可回避的。已经在所有地方存在的各种制度,不是共同社会为了今天的需要这样明确目的的人为的预制,而是由过去及现在的实际需要所形成的。"① 历史传统与文化传承对国家制度变迁、治国理政的作用是显而易见的。国外比较政治学在研究中国政治时,通常会考虑到历史文化这个重要变量,认为:"当19世纪末中国统治者承认需要发展时,中国传统文化却表现出罕见的抗变性。直至今天,中国传统文化中多数的价值与信念都还持久不衰。中国文化虽遭受了外来价值的反复冲击,经历了急速的社会与经济变革,但还是保持着相当独特的'中国性'。"② 可以说,在近代以来的现代化进程中,在"新文化运动"和"文化大革命"中,传统文化虽然经受了前所未有的冲击,发生了深刻变化,但其中的思维方式、行为模式等,却如同"一只无形之手"在中国治国理政过程中产生了无形但有力的作用。

作为中国现代化和国家重建的领导力量,中国共产党清晰地认识到处理好传统文化与现代国家建设、与治国理政关系的重要性。毛泽东明确指出:"我们这个民族有数千年的历史,有它的特点,有它的许多珍贵品。对于这些,我们还是小学生。今天的中国是历史的中国的一个发展;我们是马克思主义的历史主义

---

① [日]佐藤功著,刘庆林、张光博译:《比较政治制度》,法律出版社1984年版,第6页。
② [美]劳伦斯·迈耶等:《比较政治学——变化世界中的国家和理论》,华夏出版社2001年版,第322页。

者，我们不应当割断历史。从孔夫子到孙中山，我们应当给予总结，承继这一份珍贵的遗产。这对于指导当前的伟大的运动，是有重要的帮助的。"① 在革命战争时期，在新中国成立后的政权巩固、社会主义建设中，在改革开放以来中国特色社会主义的不断完善发展中，传统文化的影子随处可见。有人研究指出："自中国共产党执政以来（1949年至今），中国文化在决定国家政策、问题及发展等事项中均起着举足轻重的作用"，共产党"只是修改了中国文化的某些方面"②。从这个角度看，正是连接了传统文化血脉，植根于传统文化土壤，中国共产党领导下的治国理政才体现了中国文化的特有偏好，形成了富有中国特色的政治结构和制度体系。

文化乃制度之母，两者在现实中又是互动、互构的关系。有研究深刻认识到："政治文化影响着政治体系中每一个政治角色的行动。同时，由现存政治结构所造成的机会和压力也影响着政治文化。"③ 不过，政治文化与国家制度并非总表现为一一对应的静态均衡关系，而更多表现为一种复杂的动态非均衡关系。这意味着，"政治文化和政治系统的结构可能相适应，也可能不适应。一种相适应的政治结构将是一种适合于政治文化的政治结构。"④ 传统文化对党治国理政的影响是双重的，既包括一些有利、有益的方面，也包含着不少无益、不利的因素，体现在政治发展和国家建设的价值目标、组织设计、制度安排等方面。

具体来说，从权力结构看，正因为"大一统"与集权传统，

---

① 《毛泽东选集》（第2卷），人民出版社1991年版，第533~534页。
② ［美］劳伦斯·迈耶等：《比较政治学——变化世界中的国家和理论》，华夏出版社2001年版，第324页。
③ ［美］阿尔蒙德和鲍威尔著，曹沛霖等译：《比较政治学：体系、过程与政策》，上海译文出版社1987年版，第229~230页。
④ ［美］阿尔蒙德、维巴著，马殿君等译：《公民文化——五国的政治态度和民主》，浙江人民出版社1989年版，第24页。

所以治国理政中，国家权力实际运行始终存在着一个中心，否则权力的强度和效能将会受到影响。有人评论说："这种强调'统一''核心'的民族政治心理在很大程度上影响了甚至可以说塑造了当今中国政治的基本形式。"① 这不仅体现为推行单一制国家结构形式，以维护共同体的统一稳定，而且表现为一元化的权力格局，即一个部门、一个组织体系，甚至整个国家都存在着一个主导性的权力中心来进行集中统一管理，这也是一直强调中国共产党领导核心地位的原因。集权体制既是效率和效能的保证，也适应了中国赶超发展的需要，但也面临着两个问题：一是权力效能的有限性，因为政党和政府权力再强，也会受到空间距离和权力半径的限制，超越该范围，就会失效，甚至出现真空；二是权力边界的模糊性，因为没有边界的限制，权力的扩张本性就可能发挥到极致，造成权力膨胀，产生各种越权现象。这是治国理政中存在的问题，需要通过体制改革和治理结构优化逐步解决。

从制度特征看，正因为"自由主义民主的理想和实践与中国文化是相当疏离的"②，所以"在中国，当人们谈及民主和民主改革等概念时，一般来说指的不是多党制、自由选举或轮流执政。"③ 理解了这些之后，也就不难明白党领导下的治国理政为何形成了中国共产党领导的多党合作和政治协商制度，而非西方国家三权分立的政治体制、竞争式或对抗性的政党制度、联邦制的国家结构制度。这背后无疑是"无对"文化、积极政治观等文化因素在起作用。

从治理形态看，正因为拜权心态和政治依附的文化基因，使

---

① 王邦佐等：《中国政党制度的社会生态分析》，上海人民出版社2000年版，第266页。
② [美]加布里埃尔·A. 阿尔蒙德等著，杨红伟等译：《当代比较政治学：世界视野》，上海人民出版社2010年版，第506页。
③ [西班牙]恩里克·凡胡尔：《关于中国共产党的八个关键问题》，载于《参考消息》2011年2月14日。

得中国社会的政治运作与国家治理中长期存在泛政治主义传统。其表现为：人们把政治视为"万能"，把政治生活当作人生主要内容，以政治尺度评判善恶是非和人生价值。这种泛政治主义文化对20世纪以来中国政治形态产生的影响，被概括为政治全能主义。虽然从全面性危机的历史境遇和后发国家的现代化逻辑看，全能主义是历史合力形成的，并对赶超现代化具有积极意义，但是在它走向极端的情况下，对现代国家、现代社会、现代公民的成长都造成了负面影响。

从治理方式看，德治与人治传统对共产党领导革命、建设和改革的影响是非常深刻的。新中国成立后总体性社会的治国理政，全能政治、集权政治、动员政治，在根本上都是以人治的面貌出现的，与现代国家治理的基本方式——法治，是背道而驰的。改革开放后的民主治理改革中，法治进步很快，并取得了不小成就，但德治与自律的文化传统依然"在场"。1997年中共十五大提出了依法治国，随后就提出了"以德治国"；中共十八届四中全会部署全面推进依法治国，提出推进法治体系建设基本框架的同时，认为依法治国与以德治国相结合是国家治理的基本原则。特别是在探索建设一个什么样的党、怎么建设党的过程中，共产党高度重视官德政德建设，这渗透在政治建设、思想建设、作风建设、组织建设等方方面面。如始终提倡德性和品格的重要性，要求党员领导干部能够以身作则，并率先垂范，成为社会学习的榜样；在领导干部选拔任用中强调又"红"又"专"，主张任人唯贤，坚持德才兼备、以德为先，并适应形势的发展对官员提出了不同的、更高的道德要求；在对公共权力的规范和约束方面，尽管也强调各种形式的监督，但更注重道德自律和教育的作用，等等。这正诠释了义化传统对治国理政的塑造。

如果说在现代化的早期阶段，治国理政中出现反传统是必要的，否则就无法为大胆革新开辟道路，那么随着现代国家建设的推进，就必须科学处理现代化与传统文化的关系，那种试图通过激进式的"文化革命"彻底抛弃作为思想遗产的传统文化的做法,对现代化是非常不利的。有人认为:"成功的现代化是一个双向运动过程,传统因素与现代因素相反相成。失败或不太成功的现代化则是一个单项运动过程,现代因素简单地摧毁传统因素,或被传统因素摧毁。"① 在中国,清晰认识这一点显得至关重要。道格拉斯·诺思说:"历史是至关重要的。它的重要性不仅仅在于我们可以向过去取经,而且还因为现在和未来是通过一个社会制度的连续性与过去连接起来的。"② 中国要实现现代化、推动现代国家建设,不应该也不可能彻底抛弃历史文化传统。钱穆曾明确指出,推行新政治建设有三个要点:(1) 自己的历史文化传统与民族个性,此即是一民族一国家之传统所在。(2) 自己社会的现实情况,此因时代而变。(3) 世界趋势。因有前一项,所以必要尊传统。因有后二项,所以传统虽要尊,但必须随时变。但无论如何变,不能丧失了自己的传统。③ 既尊重又变革,即扬弃,这是中国现代化发展和国家治理体系建设中,对待传统文化应当坚持的科学态度。正如习近平总书记指出的:"一个国家选择什么样的治理体系,是由这个国家的历史传承、文化传统、经济社会发展水平决定的,是由这个国家的人民决定的。我国今天的国家治理体系,是在我国历史传承、文化传统、经济社会发展的基础上长期发展、渐进改进、内生性演化的结果。"④ 既然如此,在中国特色社会主义进入新时代、在新的历史方位上,如何更好做到"古为今用""不忘本来",既延续传统文化,又开创未来,就构成全面建设社会主义现代化、推进国家治理现代化的题中之义。

---

① 罗荣渠:《现代化新论——世界与中国的现代化进程》(增订本),商务印书馆2006年版,第400页。
② [美] 道格拉斯·C. 诺思著,刘守英译:《制度、制度变迁与经济绩效》,上海三联书店1994年版,第1页。
③ 钱穆:《国史新论》,生活·读书·新知三联书店2005年版,第118页。
④ 《习近平谈治国理政》,学习出版社2014年版,第105页。

四、以超大规模与后发现代化为起点

(一) 超大国家治理的制度偏好

无论是国家统治还是国家治理,首先必须面对国家规模这个现实问题。如果说人类社会发展史就是一部大国兴衰演进史,那么兴衰成败的背后,无不存在着国家规模因素。在西方思想史上,人们大多将理想国家与小国寡民结合在一起,这或许与古希腊城邦国家的历史传统及相应的思想传统有关。如亚里士多德通过比较提出:"凡以政治修明著称于世的城邦无不对人口有所限制",而"一个城邦的地理环境应该是敌军难于进入而居民容易外出的"①。可以说,人口数量与地理空间是思考国家治理规模的两个向度。

后来,美国联邦体制确立,是对国家治理规模的突破,但并没有终结这一议题的长期讨论。比较而言,中国人历来思考的更多是超大规模国家的统治策略与制度设计问题,也就是《周礼》中所说的"体国经野"与"分设官职"。这背后隐含的信息很清晰:人口规模与地域空间是既定的、是常量,治国理政需以此为基础形成合理的管理单元、组织体系和制度机制。有学者研究指出:"在中国历史上,治理规模一直是困扰执政者的核心问题。"② 历史上关于郡县制、分封制的讨论就集中体现了这一点。

要指出的是,除了人口与空间的客观条件外,国家治理规模还有更丰富的内涵与外延。这最主要的为治理内容、治理形式

---

① [古希腊]亚里士多德著,吴寿彭译:《政治学》,商务印书馆1965年版,第353、357页。
② 周雪光:《中国国家治理的制度逻辑——一个组织学研究》,生活·读书·新知三联书店2017年版,第16页。

等，并会随社会变迁、时代发展而发生变化。就治理内容而言，它无疑是重要变量，即在人口与空间既定条件下，不同历史时期、不同制度体制、不同思想观念，或是不同治理技术，国家提供公共物品的数量与质量会有所不同，甚至是极大差异。这直接影响国家治理权能、边界、领域等，进而规定了不同的治理规模、负荷成本。如近代以来，西方国家在较长时期内坚持消极自由观念，实行自由放任政策，与此相应国家治理内容就相对有限，被认为是"守夜人政府"；但是，1929~1933年的经济大萧条直接推动观念的转变，认为"免于匮乏的自由"是政府应尽的责任，进而推行凯恩斯主义的政府干预政策，并建立起了相应的国家福利制度，于是国家治理内容不断拓展，治理规模不断扩张，治理负荷不断增加。

就治理形式而言，主要指国家治理的权责配置，涉及中央集权与地方分权、政府治理与社会自治等。例如，中国传统社会的国家统治，长期实行"皇权止于县政"的制度，但县级政权管辖的人口很多、空间也很大，这主要由乡村社会的民间绅士与宗法组织施行管理。对此，有学者研究认为，这是"中华帝国的简约治理遗产"，也是非常执着的特性，"这种行政实践诞生于一个高度集权却又试图尽可能保持简约的中央政府，在伴随人口增长而扩张统治的需要下，所作出的适应。"① 这是为了降低小农经济难以支撑的统治成本，与之配套的还有农耕社会发育比较完善的"家国同构"、礼俗治理、伦理纲常等。这也缩减了治理内容，但根本在于维护政治统治的合法性与有效性的需要，中央政府适应人口规模的不断变化，会对行政区进行调控，在中央集权条件下对中央与地方关系进行平衡。

回顾中国的历史会发现，近代以来的现代化无可选择地与超

---

① 黄宗智：《集权的简约治理——中国以准官员和纠纷解决为主的半正式基层行政》，载于《开放时代》2008年第2期。

第二章 国家治理现代化的特征：比较分析

大规模国家的现实条件结合在一起。有研究认为："世界历史上几乎所有大国所面临的问题，都不是简单地把小国的游戏规则放大就行的。"① 道理一样，中国的现代化发展、现代国家建设也绝非将世界上其他大国的游戏规则简单"拿来"就能够奏效。如同所有国家都是"特殊的"一样，中国超大规模的国家独一无二，集中表现为人口总量世界第一，国土面积较大，历史特别悠久，文化传统极为深厚，经济科技落后，发展很不平衡。这是中国现代化启动的历史起点、客观现实，其产生的影响无疑是多方面的、根深蒂固的。

大体而言，可以从社会条件与自然条件两方面对此阐释。从社会条件看，超大国家呈现的情景异常复杂。这主要为：（1）人口数量多，文化素质总体偏低。1840年中国人口约为4.1亿，占世界总人口比例为34.2%。改革开放以来随着计划生育国策的推行，人口增长速度下降，但基数大，绝对量仍居世界第一。人口数量大，当然可以为现代化提供丰富的劳动力资源，但质量素养相对偏低，势必增加国家治国负荷。（2）民族数量多、构成复杂，各民族大杂居、小聚居，不同民族地区间经济文化发展不平衡。这种状况内在地提出了维护民族团结与国家统一的重要性，要求治国理政能够建立健全社会政治整合的结构和能力。（3）发展不平衡。中国历史上，发展不平衡是常态。而近代以来现代化发展的空间差异、城乡二元结构、市场经济的区位偏好、改革开放的政策选择等因素，让现代化发展的不平衡难题显得更为突出。其景象是：前期现代、现代与后现代的发展成果和因素共存，经济较发达的东部南部、城市群与经济相对落后的中西部、广大农村地区共存，一些领域引领世界的高科技与不少地方较为原始的生产生活方式并存；社会主义市场经济、民主法治不断推

---

① 高全喜：《我的轭——在政治与法律之间》，中国法制出版社2007年版，第270页。

进与计划体制因素、封建主义思想观念和行为方式共存；等等。人口地理学上著名的"胡焕庸线"，虽然分析的是人口分布的不均衡问题，但数十年过去了如此发展不平衡现象并没有太大的改观。这些情况本就构成治国理政的内容，并是政治发展、制度建设的强约束、硬变量。

从自然条件看，这是现代化的物质前提，在现代化进程中、对国家治理的结构、方式等会形成结构性强制。思想史上有"地理环境论"，孟德斯鸠就有充分论证。他研究得出结论："如果从自然特质来说，小国宜于共和政体，中等国家宜于由君主治理，大帝国宜于由专制君主治理的话，那么，要维持原有政体的原则，就应该维持原有的疆域，疆域的缩小或扩张都会变更国家的精神。"① 这是就空间这个自然条件、这个最基本要素对政治影响的论说。马克思通过东西方比较发现，东方社会因为气候与土地条件的因素，农业发展对人工灌溉和水利工程产生了很大依赖性，但地域广阔、文明程度不高，社会又难以形成自愿联合组织，"因而需要中央集权的政府进行干预。所以亚洲的一切政府都不能不执行一种经济职能，即举办公共工程的职能。"② 也正因此，中国历史上形成了庞大的官僚集团、官僚政治。美国学者魏特夫研究中国历史，提出并论证的"治水社会"与东方专制主义也解释了相同的逻辑，虽然受到了不少质疑。应当说，国家发展与自然环境的关系是相互的，既仰赖于环境，又反过来影响改造环境。有学者就指出："地理既是历史的女儿，又是历史的母亲。"③ 这揭示了自然条件与历史发展的关系，而历史只有以地理提供的各种"可能"为条件才能前进。自然条件中，最主

---

① ［法］孟德斯鸠著，张雁深译：《论法的精神》（上卷），商务印书馆1961年版，第126页。
② 《马克思恩格斯选集》（第1卷），人民出版社1995年版，第762页。
③ ［法］迪韦尔热著，杨祖功、王大东译：《政治社会学》，华夏出版社1987年版，第45页。

第二章 国家治理现代化的特征：比较分析

要的是资源的数量、质量与人均占有量，说到底是人口与资源的关系问题。与人口总量相比，中国的自然资源人均占有量还是比较低的，土地、水、矿产等基础性资源都处在承载极限值之下。而随着现代化发展，支撑国家发展的资源日趋紧张，人口与资源的紧张关系在不断强化。按照戴维·伊斯顿的说法，政治的重要功能是进行各种价值的权威性分配，当然包括自然资源的配置协调。在比较意义上，中国的自然资源和人口关系状况，对国家发展模式和政治建设构成了特殊压力，提出了强制性要求，直接间接地对国家治理的制度体制产生影响。从发展模式看，"以中国社会规模之大，如果采取经典的发展方式，即以大量消耗不可更新的资源为基础，以实现国家的富裕和繁荣，那将是不可能的。"① 这就要求探索新的模式，并形成相应的制度支持；人口总量大，就要求建立相应的组织体系、政策体系进行人口的调控和规划。事实也表明，中国成功控制人口的能力，是世界上任何国家的政府都难以企及的。这在西方自由主义的观念和政策体系中，是无论如何都难以接受的，但构成了中国超大规模国家治理的刚性需要。

古人有"治大国若烹小鲜"之说。这种比喻主要考虑了治理方式方法，是有道理的，但增加其他因素后就会很复杂。特别是，治理规模与治理难度、治理成本成正比关系。通常而言，治理规模小，治理就相对容易；治理规模大，治理就会负荷重、成本高。世界现代化运动史上，曾出现过多个强国，但在人口与领土上大多是中等规模的国家，除美国之外，其实美国在现代化初期人口也不算多。当然，"说规模小容易治理，这并不意味着规模小的国家都治理得很好。"② 有太多案例能够说明，国家规模

---

① 方雷：《现代化战略与模式选择》，山东人民出版社1996年版，第41页。
② 欧树军、王绍光：《小邦大治：新加坡的国家基本制度建设》，社会科学文献出版社2017年版，第4页。

是影响治理效能的关键变量。近代以来，先进中国人对国家独立、民族复兴的思考总是以超大规模国家为出发点。如孙中山就曾构想了大国建设方略。中国共产党在革命、建设和改革中，更是就中国这样一个有着悠久历史文化传统、人口众多、疆域辽阔、发展不平衡的多民族大国的建国、富国、强国之路进行了接续探索。

客观而言，中国作为一个超大国家，治国理政在发展、市场、外交等方面也是有优势的，但大也有大的难处，如发展模式选择、改革开放路径、民主法治建设等就受到了封建传统文化影响，也必须充分考虑人口规模、资源环境压力、民族结构等因素。这就是人们常说的"巨国效应"。就中国超大国家的治理难题，有人曾进行比较描述："德国的疆域人口比之中国均不过大一些的省，中国有二十二个省。风气之开发，事业之推动，发轫于少数先知先觉的努力，而收果于多数人风云景从，潜移默化。地域愈广，人民愈多，则创导与同化均难，也不是一个单纯的数目比例。同化二十二个省的中国，比同化一省大小的德国，并不是二十二倍困难，比二十二倍更要多。有一万个先知先觉，一省大小的国家里，或者很可以创造一种风气，若在二十二个省大小的国家里，或许反过来，对一万个先知先觉包围消灭了。"① 这在客观上展现了治理规模与治理难度的关系。

在新的历史条件下，中国作为一个发展中的超大国家，要实现民族复兴、要强起来，必须探索一条适合国情的发展之路，其实质是走出一条"文明大国"发展"大国文明"之路。② 具体来说，根据党提出的治国理政战略目标、战略部署，这就是要建设富强民主文明和谐美丽的社会主义现代化国家，也即完善和发展

---

① 谷春帆：《中国工业化通论》，商务印书馆1974年版，第155页。
② 高民政：《探索大国发展之道：规模分析的维度与价值》，载于《探索与争鸣》2010年第1期。

中国特色社会主义制度、推进国家治理现代化。就这其中的民主政治发展问题，有学者曾就构筑中国特有的政治体系，提出民主发展要处理好五组关系，即民主政治与超大社会、与一党执政、与公有制、与社会资源总量以及伦理民主与法理民主之间的关系。而放在第一位的就是"超大社会与民主政治的关系"，并指出："超大社会不仅是人口问题，人口问题折射出错综复杂的政治、行政、经济、文化、宗教等问题，为民主设定了政治条件、组织条件、心理条件和文化条件等方面的难度。可以说，解决超大社会与民主的关系将是中国政治学的一大贡献，因为西方民主大多是中小国家的组织机制，美国算其中最大的社会，但它调控的社会仍不能与中国相提并论。从某种意义上说，西方各国的政治体系模式对中国的意义有限，无论从原则层次讲还是从操作层次上讲，原因就在于此，更不去说亚洲四小龙那样的小型社会。"① 这否定了孟德斯鸠"大国不适宜民主"的论断，但也充分注意到了中国社会主义民主的发展难题，是以超大国家为约束条件思考民主发展的制度体制机制需求的，很有现实意义。

以上分析说明，超大规模社会构成了中国现代化的历史前提，这是多维的，在发展中衍生出的问题也是多面的。正因此，超大国家推进国家治理现代化，就必须充分考虑国家治理规模这个刚性约束条件。基于广土众民、历史文化悠久、发展不平衡、民族复杂等现实条件的超大治理规模，国家治理体系必须形成强大的平衡、协调、整合机制和能力，满足社会发展与有效、有序、安全治理的需求。这就是：必须有能力能将社会发展和治理中各种各样资源、利益和需求整合起来，吸纳并同化于治理体系中；必须有能力协调好各阶层、各群体、各行业、各地区、各民族以及政党国家与社会、政府企业与公民、中央地方与基层之间

---

① 王沪宁：《构筑中国特有的政治体系模式》，引自高民政：《中国政府与政治》，黄河出版社1993年版，序言。

的关系；必须有能力适应社会变迁，协调多元化、多样化因素，使经济、社会、文化、生态环境与政治协调发展；必须有能力结合问题导向与目标导向，合理统筹传统与现代、中国与世界、理想与现实，以及改革发展稳定、治党治国治军、内政外交国防等，实现有效发展；必须有能力协调常态发展与危机应对，形成强大的驾驭风险与处置、修复危机能力；等等。显然，这些需求必然对基础性制度体系、国家治理体系建设形成独特偏好。而治国理政中的政治发展与制度建设必须对接、适应这种偏好，并在实践中有效转化为发展和治理的动力、能力。

应当说，正是在与超大国家的现代化需求的适应性互动中，党领导人民治国理政取得了相应的制度建设成就，确立了中国特色社会主义制度。这其中，单一制的国家结构制度就能够有效确立中央、地方和基层的权责利关系，民族区域自治制度在中央集权的体制下又能够因地制宜实现发展，也是一种制度性平衡；人民代表大会与人民政协制度的共存，作为一种代议机制，它平衡了区域代议和精英代议，作为一种民主机制，它平衡了选举民主与协商民主；统一战线和政治协商制度，也是一种协调整合性的制度安排，发挥了独特的社会整合功能，可协调各党、各界、各族、各团体的利益，凝聚各方力量；中国共产党的领导是中国特色社会主义制度的最本质特征，是最大的制度优势，是超大国家治理现代化的政治保证。

尤其是，在治国理政中逐步形成了一系列体制机制，充分释放了平衡、协调、整合功能。例如，常说的对口支援、帮扶机制，体现在各领域、各方面，并既有常规性的，也有危机环境下的，主旨就是为解决超大国家发展不平衡不协调问题，或是危机环境下启用的一种统筹性制度安排。比较而言，这是独具中国特色的，集中体现了中国特色社会主义制度集中力量办大事的优势，满足了超大国家治理现代化的制度偏好。如2008年"5·12"汶川地震灾后重建，中央就启用对口支援机制。

据统计,当时有 20 个省份向地震受灾地区进行全方位的对口支援,如表 2-1 所示。

表 2-1 2008 年"5·12"汶川地震灾后重建对口支援情况

支援地区	接受支援地区
山东省	四川省北川县
广东省	四川省汶川县
浙江省	四川省青川县
江苏省	四川省绵竹市
北京市	四川省什邡市
上海市	四川省都江堰市
河北省	四川省平武县
辽宁省	四川省安县
河南省	四川省江油市
福建省	四川省彭州市
山西省	四川省茂县
湖南省	四川省理县
吉林省	四川省黑水县
安徽省	四川省松潘县
江西省	四川省小金县
湖北省	四川省汉源县
重庆市	四川省崇州市
黑龙江省	四川省剑阁县
广东省(主要由深圳市)	甘肃省受灾严重地区
天津市	陕西省受灾严重地区

同时也应当看到,这些制度体制机制能够在不断变动的社会中完善和发展,获得了社会适应性,并与现代化发展和治国理政初步形成了一种互强的格局态势。这正是改革开放以来超大国家

在快速推进现代化建设中实现大发展、大变革、大稳定的重要原因。习近平总书记强调指出:"中国是一个大国,决不能在根本性问题上出现颠覆性错误,一旦出现就无法挽回、无法弥补。我们的立场是胆子要大、步子要稳,既要大胆探索、勇于开拓,也要稳妥审慎、三思而后行。"① 既然如此,在新时代全面建设社会主义现代化国家、推进国家治理现代化,同样要从这个现实起点出发。

(二) 后发国家治理的体制需求

在发生类型学上,可大体区分为早发内源型与后发外源型两种现代化。在世界历史条件下、在世界现代化潮流的大环境下,一个国家开启现代化在时间序列上的先与后、早与迟,构成现代化的历史起点。研究共识是:"这些社会在现代化过程中不同的起点,极大地影响着这些社会发展的具体面貌及其所遇到的问题。"② 如果说发展不平衡是现代化运动的常态,那么先与后、早与迟的现象就必然存在,并也只是比较意义上的。即使是原初现代化的欧洲国家,也同样存在发展时序差异。但要清楚的是,不同类型的现代化在历史境遇、战略策略、动力基础等方面确实呈现为不同面向,并对国家治理的制度体制等形成了不同需求。

从历史看,现代化缘于西欧国家,是有独特条件的,也是历史合力推动形成的。对此,马克思指出:"资本主义生产方式是一种特殊的、具有独特历史规定性的生产方式""现代生产方式,在它的最初时期,即工场手工业时期,只是在现代生产方式的各种条件在中世纪内已经形成的地方,才得到了发展。"③

---

① 习近平:《深化改革开放 共创美好亚太——在亚太经合组织工商领导人峰会上的演讲》,载于《人民日报》2013年10月8日。
② [以色列] 艾森施塔德著,张旅平等译:《现代化:抗拒与变迁》,中国人民大学出版社1988年版,第2页。
③ 《马克思恩格斯全集》(第25卷),人民出版社1974年版,第372、993页。

恩格斯也明确强调:"包括整个资本主义生产方式的萌芽的雇佣劳动是很古老的;它个别地和分散地同奴隶制度并存了几百年。但是只有在历史前提已经具备时,这一萌芽才能发展成资本主义生产方式。"① 这就是说,现代生产方式和现代化发展是有历史条件和历史前提的。实际情形是,近代以来的现代化拓展到了西方世界之外,对后发国家形成了强大的示范和辐射效应,但是这些社会并不符合西欧国家现代化的初始条件,于是就不可避免会发生"后发效应"。

比较而言,后发外生型现代化对国家推进现代化建设的影响是多方面、多领域的,既有消极的,也有积极的。有学者分析认为,消极方面主要为:双重发展效应、同步发展效应、高速效应、超前效应、人口效应。② 具体来说,(1)双重效应,即后发现代化国家不仅要推动内部变革,完成早发国家已经完成的任务,还要应对外来示范效应影响,适应现代化发展新形势和大趋势。(2)同步效应,即特定区域内数个后发现代化国家之间,由于发展水平相似、产业结构互补性差等因素,彼此之间会形成竞争态势,甚至发生矛盾冲突。(3)高速效应,即在早发国家现代化的比较压力下,后发国家会采取赶超战略,将早发国家一二百年经历的渐进发展过程压缩至几十年间仓促进行;这就类似"时空压缩"效应,可能让早发国家现代化进程中出现过的种种失调与危机,以更为剧烈的方式爆发出来。(4)超前效应,即后发国家急于求成,在经济上效仿发达国家的发展模式,进行高规划、确立高指标,造成各种形式的激进发展,特别是经济增长严重超前于文化、社会、政治变迁,形成不协调不平衡现象,甚至出现文化、政治的依附性发展。(5)人口效应,即后发国家

---

① 《马克思恩格斯选集》(第3卷),人民出版社1995年版,第311页。
② 罗荣渠:《现代化新论——世界与中国的现代化进程》(增订本),商务印书馆2004年版,第215~219页。

现代化初期的人口快速增加，这在为工业化、经济现代化提供富余劳动力，但同时也可能严重过剩，成为现代化的压力。

按照唯物辩证，任何事物的发展都是对立统一体。后发外源型现代化既会遇到"后发效应"、负面效应，也会出现"后发优势"、积极影响。例如，一些后发国家和地区在遭遇西方殖民主义侵蚀的同时，也不同程度地打破了传统社会的封闭性和停滞性，加速了其解体的速度，自然也提高了现代化发展速度，这也可以认为是殖民主义所内含的"建设性"意义；随着全球化的进程，早发国家创造的先进生产力也得以传播运用，落后国家往往采取赶超战略，就一些基础性技术创新，没必要"从头再来"，采取"拿来主义"政策，其改革发展可吸取发达国家的经验教训，少走弯路，这可缩短或跳过工业化的初始阶段，甚至实现跳跃式发展，直接达到较高工业化发展水平；后发现代化国家还可以充分利用发达国家产业转移、技术转让、资本外溢等机会，引进新技术、引进外国资本，服务于现代化建设，甚至是利用劳动力低廉、低利率等有利条件提高国际竞争力；随着世界各国之间相互依存度的不断提高，后发现代化国家之间也开始联合起来共同应对发展难题，或是抵制由发达国家主导下建立起来的不合理的国际秩序，如"金砖四国"的联合就是典型代表。这些"后发优势"、后来者居上的发展规律，是有事实支撑的。如人均产出增长1倍，英国用了58年时间，美国用了47年时间，日本只用了34年时间；第二次世界大战后启动现代化的国家，这一时间进一步缩短，印度尼西亚为17年，韩国11年，中国则只用了10年的时间。①

当然，与经济现代化相比，后发国家的政治现代化发展可能遭遇的压力更大。如果说早发现代化国家的现代国家制度先后经

---

① 罗荣渠：《现代化新论——世界与中国的现代化进程》（增订本），商务印书馆2004年版，第220页。

第二章　国家治理现代化的特征：比较分析

历了民族国家、民主国家、福利国家建构等几大历史行动，那么后发国家则往往是同步进行的，在民族国家建设任务即国家主权独立、国家认同等还没有完成的情况下，民主国家、福利国家建设的任务接踵而至。这首先产生的是时间压力。随着生产力在世界范围内的传播，思想观念、制度文明也得以传播，虽然这样的制度可能只是西方式的。马克思认为："资产阶级，由于一切生产工具的迅速改进，由于交通的极其便利，把一切民族甚至最野蛮的民族都卷到文明中来了。……它迫使一切民族——如果它们不想灭亡的话——采用资产阶级的生产方式；它迫使它们在自己那里推行所谓文明制度。"[①] 这就意味着，在"西方中心论"的强烈影响和示范下，后发国家的政治建设自觉不自觉地会按照既有标准安排自己的发展道路，这样就可能失去自主性，形成依附性发展。

同时，这又会造成问题压力。阿尔蒙德等研究认为，这表现为一系列的矛盾冲突，"集权的需要与分权的要求相冲突；提取资源与经济增长及进行投资的需要又与增加福利的要求相冲突。在当代世界中，一个有效的国家建设战略，必须设法调解政治集权与分权、经济增长与分配之间的这些冲突。"[②] 如果与经济社会发展的"后发劣势"结合起来，就难免出现"政治欠发展"，出现政局动荡、行政不力、权力腐败等现象。

中国是名副其实的现代化后来者，这是现代国家建设的历史起点。历史起始点，也就是逻辑初始点。而中国处于非西方世界，在世界体系的边缘地带启动现代化，这种历史起点既意味着挑战，也意味着机遇，后发劣势与后发优势共存于近代以来的现代化进程，从初期的学习模仿到后来的自主探索，从民众一盘散

[①] 《马克思恩格斯选集》（第1卷），人民出版社1995年版，第276页。
[②] ［美］阿尔蒙德等：《比较政治学：体系、过程和政策》，上海译文出版社1987年版，第423～424页。

沙到社会大联合，从多党政治失败到共产党领导革命胜利，从半殖民地半封建社会到国家独立、民族解放，从革命、建设到改革开放，无不折射了后发外生型现代化国家走向现代化的艰辛。加之，中国现代化的任务是极为艰巨的，既要实现政治独立、民族解放，还要实现国家富强、人民民主，归结到一点就是中华民族的伟大复兴。在中国深度介入全球化的条件下，民族国家建构任务没有全面完成，民主国家建构就越来越提上日程，两者的耦合让治国理政的压力剧增。

中国后发外生型现代化的历史起点，以及在世界现代化总进程中所处的时空方位，两者结合起来，所隐含的约束性条件更为复杂。这包括：第一，它既不能像早发国家那样通过殖民主义的方式去掠夺别国的财富来加强自身的资本积累，又要在一个更为恶劣的环境中与早发国家竞争；第二，它既要追赶早发国家早已达到的历史目标，又要适应发达工业世界的当前发展趋势；第三，它既要依赖早发国家的资本、技术和市场等要素，又要忍受这些要素带来的不安定甚至某种危机，如金融危机的威胁；第四，早发国家的示范效应，不仅不断地扩大人们的"需求期望"，又要求由此产生的如环境、生态、人权、福利、民主等问题受到关注和解决。① 于是，中国的现代化发展与治国理政，必须充分利用现代化的"后发优势"，避免或尽力减少"后发劣势"的压力困扰。

如何做到这一点？这当然需要有充分的理论准备、战略选择，需要有高超的智慧、敏锐的洞察，但更形成了对国家治理特殊的制度需求。有学者研究很多后发现代化国家的发展战略后得出了一个结论：经济越落后的国家，现代化就越需要强力的政治来推动。并由此推出了五个命题：（1）一个国家的经济越落后，就越不可能从传统政治体制向现代民主体制直接过渡，而需要通

---

① 方雷：《现代化战略与模式选择》，山东人民出版社1996年版，第53页。

过若干中介阶段;(2)一个国家经济越落后,首先解决的问题是国权问题(民族解放)而不是民权(个人解放)问题,是民族的生存而不是个人的人权;(3)一个国家经济越落后就越需要强调权力集中,实行高度的政治运作,建立威权主义政府;(4)一个国家工业越落后,工业化的启动就越需要强大的国家导向与政治推动;(5)一个国家经济越落后,农村势力(上层地主阶级、下层农民阶级)在社会变革中就可能发挥更大的作用。[①] 这似乎是后发国家建设现代化在体制上的通则。

相应地,治国理政中最根本的制度建设需求,是形成支撑赶超发展战略的制度供给。作为后发现代化国家,中国近代以来形成的全能政治正体现了这一点。而与全能政治相通的是发展模式上的赶超战略,也即在国家和政府主导的推动下,能够凝心聚力、组织动员、聚合人财物资源、实现赶超发展,解决政治体系能力与社会内生要求的紧张关系。而在历史形成的政党建设、治理国家的模式下,适应赶超战略更是形成了一系列制度体制机制及政策举措,最主要的是建立了一个强大的领导体系。邓小平指出:"在中国这样的大国,要把几亿人口的思想和力量统一起来建设社会主义,没有一个由具有高度觉悟性、纪律性和自我牺牲精神的党员组成的能够真正代表和团结人民群众的党,没有这样一个党的统一领导,是不可能设想的,那就只会四分五裂,一事无成。这是全国各族人民在长期的奋斗实践中深刻认识到的真理。我们人民的团结,社会的安定,民主的发展,国家的统一,都要靠党的领导。"[②] 另外,其他不少制度机制安排,如中央集权体制、分税制度与转移支付制度、项目制、干部制度的下管一级等,也都是服务于中央集权、服务于赶超战略需求的。

---

① 罗荣渠:《现代化新论——世界与中国的现代化进程》(增订版),商务印书馆2006年版,第509页。
② 《邓小平文选》(第2卷),人民出版社1994年版,第341页。

说到底，这种体制的形成是源于后发现代化国家的赶超压力，集中折射了后发国家治理的制度需求。虽然中国特色社会主义进入新时代了，已经站起来、富起来，并站在了强起来的起点上，但中国还是发展中国家，还仍将长期处于社会主义初级阶段，后发外生型现代化仍然是中国现代国家建设的历史原点。既然如此，新时代的国家治理就必须以此为起点，并在治国理政实践中更好地建立健全国家治理体系，为将"后发效应"更好地转化为"后发优势"提供制度供给。

第三章

新时代的国家治理现代化：
新方位新环境新挑战

一、发展起来以后：治理迈入新阶段

（一）从站起来到富起来

1949年中华人民共和国成立，标志着中国人民站起来了，这为现代国家建设确立了前提、创造了条件。但是，党领导人民治国理政、进行社会主义现代化建设，是在百废待兴、一穷二白的情况下进行的。1956年中共八大预备会议上，毛泽东在《增强党的团结，继承党的传统》的讲话中有明确描述："六亿人口的国家，在地球上只有一个，就是我们。过去人家看我们不起是有理由的。……我们这个国家建设起来，是一个伟大的社会主义国家，将完全改变过去一百多年落后的那种情况，被人家看不起的那种情况，倒霉的那种情况，而且会赶上世界上最强大的资本主义国家，就是美国。……你有那么多人，你有那么一块大地方，资源那么丰富，又听说搞了社会主义，据说是有优越性，结果你搞了五六十年还不能超过美国，你像个什么样子呢？那就要从地球上开除你的球籍！所以，超过美国，不仅有可能，而且完全有必要，完全应该。如果不是这样，那我们中华民族就对不起全世界各民族，我们对人类的贡献就不大。"① 这就是常说的"开除球籍论"，其内含两层意思：一是作为超大国规模与后发国家，中国面临着现代化的巨大压力；二是正因为有压力，所以采取赶超发展战略，虽然在当时只是将钢铁产量作为赶超目标，今天看来是有缺陷的。如果说赶超战略是中国现代国家建设的内在需要，具有历史合理性，那么这也必须遵循经济社会发展规律才能真正形成赶超成果、赶超态势。由于治国理政经验不足、两大阵营对峙等因素影响，党治国理政探索中还是不可避免地出现了严重偏差。特别是，"文化大革命"期间发生了全局性危机，治国理政遭遇挫折。

应当说，改革开放前的治国理政虽然也取得了相应发展成就，即使在"文化大革命"时期也是如此，但贫穷落后的总面貌并没有发生根本性变化。据统计，1955 年中国国民生产总值约占世界 4.7%，到 1980 年，25 年过去了，非但没有增长，反而降低为 2.5%；1960 年中国与日本国民生产总值相近，至 1980 年只有日本的 1/4；1980 年中国人均国民收入为 343 元，约合 100 美元，而美国为 10 094 美元，日本为 7 672 美元；在 128 个国家中处于倒数第 20 的位置，与非洲索马里、坦桑尼亚相近。对此，改革开放前后邓小平有深刻认识："我们现在的生产技术水平是什么状况？几亿人口搞饭吃，粮食问题还没有真正过关。我们钢铁工业的劳动生产率只有外国先进水平的几十分之一。新兴工业的差距就更大了。在这方面不用说落后一二十年，即使落后八年十年，甚至三年五年，都是很大的差距。"② 在"北方谈话"中，他明确指出："我们太穷了，太落后了，老实说对不起人民。外国人议论中国人究竟能够忍耐多久，我们注意这个话。我们想一

---

① 《毛泽东文集》（第 7 卷），人民出版社 1999 年版，第 88~89 页。
② 《邓小平文选》（第 2 卷），人民出版社 1994 年版，第 90 页。

第三章 新时代的国家治理现代化：新方位新环境新挑战

想，我们给人民究竟做了多少事情呢？我们一定要根据现在的有利条件加速发展生产力，使人民的物质生活好一些，使人民的文化生活、精神面貌好一些。"① 这种警醒正反映了当时国家贫穷落后的实际情形。

摆脱危机，走向新生，势在必然。正是总结新中国成立后30年正反两方面经验教训，党开启了改革开放的历史新时期。从这个角度看，改革开放的历史性决策是问题倒逼而来的。这以中共十一届三中全会召开为标志，全会的公报指出："全会冲破长期'左'的错误严重束缚，彻底否定了'两个凡是'的错误方针，高度评价了关于真理标准问题的讨论，并且断然否定'以阶级斗争为纲'的指导思想，做出了把工作重点转移到社会主义现代化建设上来和实行改革开放的战略决策。"这里的"彻底""断然"说明改革开放历史性决策，确实如同习近平总书记指出的是一次伟大觉醒。于是，以经济建设为中心、搞现代化建设就成为根本任务，与治国理政、现代国家建设结合在一起。邓小平多次讲话可以说明这一点。1979年他在党的理论工作务虚会议上指出："我们当前以及今后相当长一个历史时期的主要任务是什么？一句话，就是搞现代化建设。能否实现四个现代化，决定着我们国家的命运、民族的命运。在中国的现实条件下，搞好社会主义的四个现代化，就是坚持马克思主义，就是高举毛泽东思想伟大旗帜。你不抓住四个现代化，不从这个实际出发，就是脱离马克思主义，就是要空谈马克思主义。社会主义现代化建设是我们当前最大的政治。"② 同年，他在省、自治区、直辖市委员会第一书记座谈会上的讲话中认为："经济工作是当前最大的政治，经济问题是压倒一切的政治问题。"③ 改革开放的突破口是

---

① 周锟：《历史转折：邓小平与十一届三中全会》，载于《湘潮》2014年第2期。
② 《邓小平文选》（第2卷），人民出版社1994年版，第162~163页。
③ 《邓小平文选》（第2卷），人民出版社1994年版，第194页。

农村家庭联产承包责任制，目标是解放和发展生产力，主要内容是上层建筑中不适应生产力发展的环节等，都是围绕并服务于经济建设这个中心。总之，"政治工作要落实到经济上面，政治问题要从经济的角度来解决。"① 既然经济建设是"最大的政治""压倒一切的政治问题"，那也就成为治国理政的中心工作，居于核心地位，具有统帅功能。

现代化的先导是经济现代化。在中国经济落后的条件下，强调经济建设为中心，"用经济政策来解决政治问题"，突出经济建设在现代化发展与治国理政中的基础性，反映了社会发展基本规律和广大民众迫切要求改变贫穷落后面貌的愿望。而治国理政的实践展开，也直接服务于经济建设这个中心。如很多地方在机构改革调整中，增设了招商引资机构；为适应经济市场化的需要，逐步建立宏观调控机制，培育市场体系，打击地方保护主义，惩治市场不轨行为，甚至在很长时间内政府成为参与微观经济活动的主体，使政府的经济建设职能得到了强化；一系列围绕市场经济建立、发展和完善的国家制度机制和法律政策的创新实施，为规范和调节经济运行提供了保障；生产力发展水平，经济增长尤其是 GDP 指标越来越成为衡量政府绩效的重要尺度。特别是，1992 年中共十四大将社会主义市场经济体制作为经济体制改革目标，极大地解放了生产力，释放了社会活力。正是党和政府牢牢抓住了经济建设的中心不动摇，大力发展生产力，人民生活水平不断改善，综合国力大幅提高，摆脱了被开除"球籍"的危险。

改革开放以来经济现代化发展和国家建设的成就，还得益于适应转型社会发展的国家治理改革。这是一个过程的两个方面，两者形成了良性互动。事实胜于雄辩，也最有说服力。改革开放以来，我国国内生产总值由 3 679 亿元增长至 2017 年的 82.7 万亿元，年均 9.5% 的经济增长，远高于同期 2.9% 左右的世界经

---

① 《邓小平文选》（第 2 卷），人民出版社 1994 年版，第 195 页。

济增速。① 如图 3-1 所示，2018 年增长率为 6.6%，总量突破 90 万亿元。

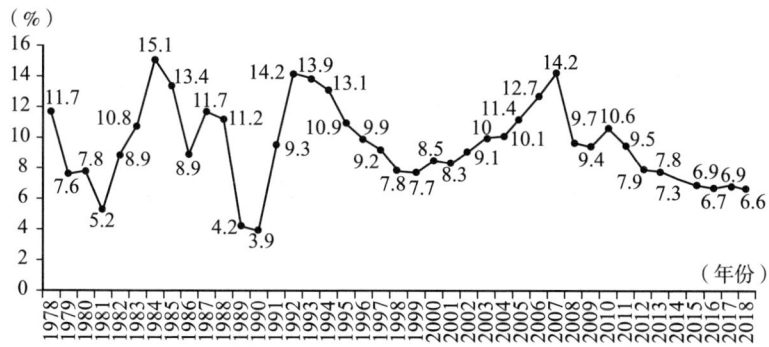

图 3-1　1978—2018 年中国 GDP 增长率

资料来源：世界银行、中华人民共和国国家统计局。

同时，中国的经济总量占世界的比重从改革开放之初的 1.8% 上升至 2017 年的 15.2%，如图 3-2 所示，这个比例在 2018 年达 18.7%。

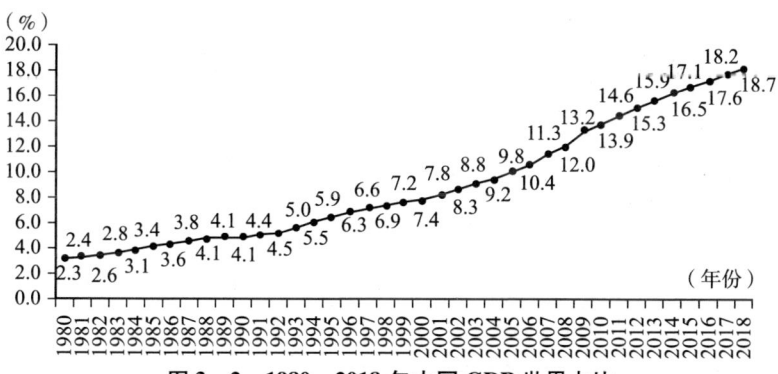

图 3-2　1980~2018 年中国 GDP 世界占比

资料来源：IMF，https：//www.imf.org/external/datamapper/PPPSH@WEO/OEMDC/ADVEC/WEOWORLD/CHN/USA。

---

① 习近平：《在庆祝改革开放 40 周年大会上的讲话》，新华网，2018 年 12 月 18 日。

另外,"中国的货物进出口总额从 206 亿美元增长到超过 4 万亿美元,累计使用外商直接投资超过 2 万亿美元,对外投资总额达到 1.9 万亿美元。"① 正可谓是改革开放成就中国。习近平总书记概括指出:今天的中国,"是世界第二大经济体、制造业第一大国、货物贸易第一大国、商品消费第二大国、外资流入第二大国,我国外汇储备连续多年位居世界第一。"② 这是改革发展成就的明证,也是综合国力的体现。"改革开放极大改变了中国的面貌、中华民族的面貌、中国人民的面貌、中国共产党的面貌。"③ 特别是,根据 2018 年 7 月 1 日世界银行发布的不同收入等级划分标准,中等偏上收入国家人均国民收入(GNI)在 3 986~12 055 美元之间。2018 年中国人均 GDP 约为 9 750 美元,已经进入中等偏上收入国家行列。也就是说,经过 40 年改革开放与现代化建设,中国已经发展起来了,实现了从站起来到富起来的飞跃,并为强起来奠定了基础。于是,治国理政迈上了新台阶、进入了新阶段,这对于中国超大国家的治理现代化而言意义重大。

就改革开放以来的转型发展与治理改革,党和政府从不认为,经济发展能够解决一切问题,更没有将经济发展简单等同于经济指标 GDP 的增长。如邓小平谈到经济建设与其他工作关系时就指出:"现代化建设的任务是多方面的,各个方面需要综合平衡,不能单打一。但是说到最后,还是要把经济建设当作中心。离开了经济建设这个中心,就有丧失物质基础的危险。其他一切任务都要服从这个中心,围绕这个中心,决不能干扰它、冲击它。"④ 很显然,这强调了经济建设的基础性地位,但并无意否认其他工作的重要性,他还多次提出"两手抓、两手

---

①②③ 习近平:《在庆祝改革开放 40 周年大会上的讲话》,新华网,2018 年 12 月 18 日。

④ 《邓小平文选》(第 2 卷),人民出版社 1994 年版,第 250 页。

第三章 新时代的国家治理现代化：新方位新环境新挑战

都要硬"的要求。虽然马克思主义强调经济生产的重要性，但并不存在所谓"经济决定论的贫困"。如恩格斯就曾认为："根据唯物史观，历史过程中的决定性因素归根结底是现实生活的生产和再生产。无论马克思或我从来没有肯定过比这更多的东西。如果有人在这里加以歪曲，说经济因素是唯一决定性的因素，那么他就是把这个命题变成毫无内容的、抽象的、荒诞无稽的空话。"① 但实际情形是，在强调"以经济建设为中心"、奉行"效率优先，兼顾公平"，认为"低速度就等于停步，甚至等于后退"② 的情形下，极容易出现一种倾向，即认为经济发展能够解决一切问题，甚至包括所有治国理政问题。现实中，一些地方、行业，甚至官员确实将经济发展等同于经济增长，将经济量的增加作为目标追求，认为只要经济增长了，其他一切问题都会迎刃而解。发展经济、实现经济增长由此从"中心"蜕变成了"唯一"，成了治国理政与现代化建设的"唯一"使命。这种"以 GDP 为本"、增长至上的现象具有鲜明的发展主义烙印，即认为："经济增长能够实现生活水平的提高、平等的扩大和社会的进步，也就是说，经济增长会导致更多美好价值的实现。于是，经济增长成为社会进步的先决条件。因为人们要追求社会进步，首先必然要追求经济增长，所以经济增长本身又成为发展的目的。"③ 发展主义的产生及其蔓延确实推动了经济繁荣，创造了"经济奇迹"，到 2010 年中国已发展为世界第二大经济体。

但是，在这种繁荣和奇迹的背后，是严重的结构失衡，即区域发展、城乡发展、产业发展、群体发展的失衡，是权力与权利、资本与劳动、人口资源与环境的失衡。随之而来的，是

---

① 《马克思恩格斯选集》（第 4 卷），人民出版社 1995 年版，第 695～696 页。
② 《邓小平文选》（第 3 卷），人民出版社 1993 年版，第 375 页。
③ 《马克思主义与发展主义的关系探析》，载于《哲学研究》2007 年第 5 期。

大量矛盾问题的滋生、积累与蔓延，是一系列的结构性紧张。更不要说，中国的现代化是后发外生型的，转型发展与治理改革是赶超型的，这必然有其独特性，体现为转型环境、动力、过程、效应等多方面。有人认为，中国社会转型有三个效应：① 一是晕轮效应。这是社会心理学范畴，意指对别人知觉的一种偏差倾向。用于社会转型是指，在比较的意义上形成强烈反差，容易把西方现代化国家的一切东西都看成是先进与美好的而盲目仿效的倾向。二是瀑布效应。这意味着平缓里蕴含危机，一遇到挫折，社会运行犹如脱缰野马呈失控之势，近年来国内外发展环境的深刻变革，人们讨论的"灰犀牛"和"黑天鹅"事件，以及各类社会风险的出现正说明了这种效应。三是葡萄串效应。主要指社会转型中每一结构的变动将引起其他结构及整个社会系统的变动，产生连锁反应，犹如葡萄串一样引发的矛盾问题一个接一个，旧矛盾问题没解决，新矛盾问题又不断涌现出来。

现实情形是，治理改革已步入了攻坚期和深水区，治国理政任务之重前所未有、风险挑战之多前所未有。而这些矛盾问题又直接或间接地与 GDP 偶像化、绝对化、神圣化相关，后果是问题叠加频发，已对社会和谐与公共秩序构成了挑战，让治国理政陷入了困境：经济增长了，但治理绩效降低了，合法性流失了。这非常类似于亨廷顿所说的"合法性困局"，即在大多发展中国家，"由于它们的合法性是建立在政绩的标准之上，威权政权如果不能有好的政绩，将失去合法性，如果政绩好了，也将失去合法性。"② 对于中国共产党的长期执政来说，这带来的挑战压力是很大的。

---

① 郑杭生、郭星华：《中国社会的转型与转型中的中国社会——关于当代中国社会变迁和社会主义现代化进程的几点思考》，载于《浙江学刊》1992年第4期。

② ［美］亨廷顿著，刘军宁译：《第三波——20世纪后期民主化浪潮》，生活·读书·新知三联书店1998年版，第64页。

第三章 新时代的国家治理现代化:新方位新环境新挑战

(二)治理需要新的发展

中共十九大报告明确指出,经过长期努力,中国特色社会主义进入新时代。这里的"新"有着丰富内涵,首先是指治国理政迈入了新的发展阶段,即从"未发展起来"的阶段进入"发展起来以后"的阶段。邓小平晚年曾提出过一个非常有远见的论断:"发展起来以后的问题不比不发展时少"①。习近平总书记也指出:"过去,我们常常以为,一些矛盾和问题是由于经济发展水平低、老百姓收入少造成的,等经济发展水平高了、老百姓生活好起来了,社会矛盾和问题就会减少。现在看来,不发展有不发展的问题,而发展起来后出现的问题并不比发展起来前少,甚至更多更复杂了。"② 可能,这也是经济发展与现代国家治理的共同规律,只是比较而言,后发国家由于"后发效应"等会表现得更为明显。如近年来人们讨论的"中等收入陷阱"问题就很值得关注。"亚洲四小龙"和日本等经济体在摆脱贫困后、发展起来以后,及时调整发展战略,通过科技与制度创新,人力资源开发,发展方式转变,产业结构调整升级,城乡区域间发展平衡等,实现了可持续发展,比较成功地跨越了"陷阱"。相反,一些拉美国家达到中等收入水平,发展则失去动力,陷入了停滞。在中国发展起来以后、治理进入新阶段的情况下,在社会担忧发展陷入"中等收入陷阱"的情况下,习近平总书记指出:"'中等收入陷阱'过是肯定要过去的。"③ 如何"过去"呢?继续推行以往"唯GDP"的发展路子显然是行不通的,唯有形成新发展理念,实施新发展战略,才能解决发展起来以后的问题,

---

① 《邓小平年谱(1975~1997)》(下),中央文献出版社2004年版,第1364页。
② 习近平:《在党的十八届五中全会第二次全体会议上的讲话(节选)》,载于《求是》2016年第1期。
③ 《习近平出席亚太经合组织领导人同工商咨询理事会代表对话会》,载于《人民日报》2014年11月11日。

更好推进治国理政。

发展是时代的主题,发展是国家治理现代化的基础。"从最普遍的意义上讲,发展意味着变化,但是,虽然有发展的地方一定有变化,但并不是所有的变化都是发展性的"。① 这就是说,发展定有变化,但变化未必是发展。正是基于发展现象学的考察,发展经济学研究区分了内涵发展与外延发展、保护性发展与破坏性发展等。这背后涉及发展哲学,即发展的世界观、价值论、评价论等问题,也就是发展理念问题。历史地看,人类社会正是在不断总结经验、吸取教训基础上不断发展的,并在这样的进程中形成了不少与发展阶段相适应、与发展趋势相契合的发展理念,引领了世界的发展进步。有人将第二次世界大战结束以来人类发展观的嬗变总结概括为:"20世纪50~60年代,第一代发展观:发展=经济增长=工业化;20世纪60~70年代,第二代发展观:发展=经济增长+社会变革;20世纪80年代以来,第三代发展观:发展=以人为中心+多层面发展+可持续发展。"② 与这样的发展观演进相伴随,一些国际组织,如世界环境与发展委员会、世界银行,或一些学术研究机构如罗马俱乐部、未来学派,或针对世界经济发展存在的普遍问题,或预判发展的可能趋势,提出了可持续发展、绿色发展、包容发展、代际正义等理念,已被世人普遍接受。

中国共产党治国理政也是如此。随着形势变化,党不断调整发展理念、确立发展任务,经历了一个不断调适与变化的过程。改革开放之初,强调发展紧迫性、注重数量和速度,也就不难理解;20世纪90年代以来,随着经济发展水平的提高、物质条件的具备,开始关注发展的协调性、平衡性和公正性,提出创新、

---

① [美]理查德·M. 勒纳著,张文新主译:《人类发展的概念与理论》,北京大学出版社2011年版,第17页。

② 王格芳:《以科学的态度对待科学发展观》,载于《理论学刊》2004年第8期。

第三章 新时代的国家治理现代化：新方位新环境新挑战

协调、可持续等理念，也就不足为奇。特别是，发展中出现了"有增长无发展""见物不见人"的怪象，体现的是"以钱为本""以物为本""以官为本"的价值理念，人被当成了工具而非目的，工具合理性滑向了目的合理性，违背了康德的道德律令。正因此，进入21世纪胡锦涛提出并形成了科学发展观，科学回答了实现什么样的发展、怎样发展等重大问题，发展理念更加重视发展质量、效益，强调发展的全面性、可持续性、公正性。而科学发展观包括了以人为本，将发展理念提升到了新境界。

新时代意味着新使命，需要实现新发展。治国理政要以问题为导向，解决发展中的存量与增量问题，主要为发展不平衡、不协调、不可持续；发展方式粗放；创新能力不强；资源约束趋紧；生态环境恶化趋势没有根本扭转；基本公共服务供给不足；收入差距大；消除贫困任务艰巨等。这也要以目标为导向，即实现全面建成小康社会新的目标要求，包括解决保持中高速增长、人民生活水平和质量普遍提高、生态环境质量总体改善、各方面制度更加成熟更加定型等，甚至也要为全面建设社会主义现代化国家打基础、做铺垫，实现更高质量、更高效益，更全面、协调、公正的发展，形成与人民对美好生活的向往相契合的发展。两方面结合起来，新时代新阶段治国理政的情况是：发展基础、环境、条件等发生了根本性变化，但发展目标、战略目标并没有改变，甚至要求更高。当不变的发展目标和要求，遇上深刻变化了的发展环境、发展条件，必须调整的只能是发展战略、发展理念，并形成新的发展思路、着力点、指挥棒等。这正是中共十八届五中全会提出创新、协调、绿色、共享、开放新发展理念的大逻辑。

习近平总书记概括指出："这五大发展理念不是凭空得来的，是我们在深刻总结国内外发展经验教训的基础上形成的，也是在深刻分析国内外发展大势的基础上形成的，集中反映了我们党对经济社会发展规律认识的深化,也是针对我国发展中的突出矛盾和问题提出来的。"① 新发展理念的形成,既是问题导向与目标导向的,也与科学发展观一脉相承,两者"从价值指向、立场情怀到思维模式、策略选择等各个方面都是高度一致、一以贯之、一脉相承的。"② 不同之处在于,新发展理念是党适应新时代新环境、从经济发展进入新常态的时间与空间大视野,对治国理政发展规律的进一步深化认识。同时,这还是在对世界各国发展经验与发展大势充分认识、深刻分析的基础上提出来的,是在世界经济复苏低迷情况下,为中国新常态下经济发展"开出的药方"。

理念是行动的先导。在认识论上,只有将新发展理念作为"一个理念"、一个集合体来认识,才是全面的、深刻的;在实践论上,要整体落实、协同推进,才是正确的、合理的;当然,这并不否认贯彻落实中坚持"两点论"与"重点论"的统一,但无论如何都要避免执行中的片面化和"机会主义"倾向。习近平总书记明确指出:"创新、协调、绿色、开放、共享的发展理念,相互贯通、相互促进,是具有内在联系的集合体,要统一贯彻,不能顾此失彼,也不能相互替代。哪一个发展理念贯彻不到位,发展进程都会受到影响。"③ 这里的"贯通"与"促进"表现在多方面。如创新发展,意味着高质量、高效益、高技术,也包括创建能够引领创新的体制机制,这内在地要求更加均衡、更为生态的发展,与协调发展、绿色发展是一致的,并对开放、共享发展具有推动作用。协调发展,注重均衡、全面、可持续,要求处理好人与自然、国内与国际的关系,必然具有绿色发展、

---

① 习近平:《在党的十八届五中全会第二次全体会议上的讲话(节选)》,载于《求是》2016年第1期。
② 何毅亭:《马克思主义发展观的中国实践与中国创新》,载于《学习时报》2015年11月26日。
③ 《习近平总书记系列重要讲话读本》,学习出版社、人民出版社2016年版,第136页。

第三章 新时代的国家治理现代化:新方位新环境新挑战

开放发展的属性,也要求协调好先富与后富、先发展与后发展的关系,与共享发展是"一个硬币的两面"。绿色发展,注重人与自然和谐共生,注重人口、资源与环境关系协调,是一种协调发展、可持续发展;它注重低碳节能、生态环保,要求技术创新、理念创新、体制创新,是一种创新发展;它需要内外联动,充分利用国际上的先进理念、治理经验与技术方法,解决国内资源压力大、生态环境恶化等问题;它还将推动发展模式变化与发展形态升级,创造更高水平的共享发展。开放发展,强调内外联动,要求用好两个市场、两种资源,可以促改革、促创新,是创新发展、绿色发展的动力,而"一带一路"倡议等又能够反哺国内协调发展,助力共享发展。共享发展,集中体现以人民为中心的发展理念,是其他四个理念的出发点与落脚点,协调发展、绿色发展是共享发展的题中之义,而共享发展反过来又可为其他发展提供价值支持与动力。如果说五大发展理念中每个理念的内涵、定位是有差异的,那么它们的"问题域"、价值指向及出发点、落脚点则是一致的,是相互贯通、相互融合,是互相融通、互相促进的。

还要指出的是,在国家治理新阶段,回应发展起来以后的问题,必须落实好新发展理念,这"是关系我国发展全局的一场深刻变革",预示着治国理政的全方位塑造、变革。这可能涉及科技体制、财税体制、转移支付制度、环境执法制度、收入分派制度等发展领域的基础性制度的健全完善。这是因为,新发展理念是党对治国理政发展的合规律性、合价值性的系统性追问与创造性探索。就合规律性而言,新发展理念强调创新、协调、绿色、开放、共享发展,就是对经济规律、自然规律、社会发展和国家兴衰规律的把握与遵循。甚至说,这其中的每个理念,都从一个角度或层面上阐释了发展的规律性。习近平总书记就新发展理念提出过的不少论断,就表述了经济社会发展规律、人类文明演进规律。如"创新兴则国家兴,创新强则国家强,创新久则国家持续强盛""各国经济,相通则共进,相闭则各退""生态兴则文明兴,生态衰则文明衰"等。就合价值性而言,新发展理念更是系统地回答了为什么发展、为谁发展的问题,其出发点与落脚点是共享,是为了增进人民福祉、促进人的全面发展,体现了人民主体地位和以人为本、以人民为中心的发展理念,彰显了中国特色社会主义发展观的本质。这也是人类社会发展规律、中国共产党执政规律、后发现代化国家建设规律的集中呈现。

二、主要矛盾转化:治理全局新变革

(一) 社会主要矛盾新变化

社会由矛盾构成,没有矛盾就没有社会。马克思和恩格斯通过对社会基本矛盾分析,科学揭示了人类社会运动规律。经典论断是:"人们在自己生活的社会生产中发生一定的、必然的、不以他们的意志为转移的关系,即同他们的物质生产力的一定发展阶段相适合的生产关系。这些生产关系的总和构成社会的经济结构……社会的物质生产力发展到一定阶段,便同它们一直在其中运动的现存生产关系或财产关系(这只是生产关系的法律用语)发生矛盾。于是这些关系便由生产力的发展形式变成生产力的桎梏。那时社会变革的时代就到来了。"① 这里的生产力与生产关系、经济基础与上层建筑就是社会基本矛盾,称为"基本"的原因在于,它是深藏现象背后的本质,是推动社会进步的根本动因。

在中国共产党的理论体系中,除社会基本矛盾外,还有一个极为常见的范畴,即社会主要矛盾。对这两者,大多数研究中是

---

① 《马克思恩格斯选集》(第2卷),人民出版社1995年版,第32~33页。

第三章 新时代的国家治理现代化：新方位新环境新挑战

交叉使用的，也有人认为社会主要矛盾从属于社会基本矛盾，是社会发展中起主导和决定作用的矛盾。有研究认为，社会主要矛盾分析方法，是中国共产党人对马克思主义科学方法的深化发展，是一种理论创新。"主要矛盾的提出深化了基本矛盾的分析，架起了深藏在社会发展背后的动因与现实的社会问题、正确的方针政策以及社会行为之间的桥梁。无产阶级政党不仅要认识社会发展的深层动因，还应该认识在不同的历史发展时期，它主要以什么样的形式展现出来，由此才能真正地加以把握，才能决定其工作重心和治国之纲。主要矛盾的分析方法完成了这一认识进程，因而对于无产阶级政党具有极为重要的意义。"[①] 既然社会主要矛盾连接着现实社会问题、党的正确方针政策与社会行为，决定着工作重心，那么科学认识把握社会主要矛盾就是治国理政的重要方面。

新中国成立后，党对社会主要矛盾的系统认识起于1956年召开的中共八大。随着社会主义改造基本完成和社会主义制度的基本建立，中共八大正确分析了国内阶级关系和主要矛盾的变化，对社会主要矛盾作出了判断。毛泽东在中共八大上强调："我国社会主要矛盾，已经是人民对于建立先进的工业国的要求同落后的农业国的现实之间的矛盾、人民对于经济文化迅速发展的需要同当前经济文化不能满足人民需要的状况之间的矛盾。这一矛盾的实质，在我国社会主义制度已经建立的情况下，也就是先进的社会主义制度同落后的社会生产力之间的矛盾。"[②] 既然如此，那党和国家的工作重心就必须转移到社会主义建设上来，当前的主要任务就是集中力量解决这个主要矛盾，方法就是进行社会主义经济建设。历史证明，中共八大就社会主要矛盾的认识

[①] 孙力：《主要矛盾分析方法是中国共产党的理论创新》，载于《毛泽东邓小平理论研究》2017年第12期。
[②] 《建国以来重要文献选编》（第9册），中央文献出版社1994年版，第340页。

是正确的。遗憾的是，由于国内外形势的复杂变化和影响，这样的认识及相应提出的路线方针并没有很好地付诸实践，很快就出现了反复。

历史就是如此曲折。中共十一届三中全会断然否定了"以阶级斗争为纲"的指导思想，作出了把工作重点转移到社会主义现代化建设上来和实行改革开放的战略决策。其实，这已经对社会主要矛盾的错误认识进行了纠正。1979年中央理论务虚会议上，邓小平就社会基本矛盾和主要矛盾作了分析，明确指出："至于什么是目前时期的主要矛盾，也就是目前时期全党和全国人民所必须解决的主要问题或中心任务，由于三中全会决定把工作重点转移到社会主义现代化建设方面来，实际上已经解决了。我们的生产力发展水平很低，远远不能满足人民和国家的需要，这就是我们目前时期的主要矛盾，解决这个主要矛盾就是我们的中心任务。"① 这是党对社会主要矛盾认识重新回到正确轨道的标志。而1981年中共十一届六中全会通过的《关于建国以来党的若干历史问题的决议》（以下简称《决议》）彻底否定了"文化大革命"和"无产阶级专政下继续革命"的理论，标志着党治国理政的指导思想上拨乱反正的历史任务的最后完成；《决议》首次提出我国的社会主义制度还处于初级阶段。特别是，就社会主要矛盾及相应的工作重点和任务，作了完整而规范的概括："在社会主义改造基本完成以后，我国所要解决的主要矛盾，是人民日益增长的物质文化需要同落后的社会生产之间的矛盾。党和国家工作的重点必须转移到以经济建设为中心的社会主义现代化建设上来，大力发展社会生产力，并在这个基础上逐步改善人民的物质文化生活。"② 显然，这与中共八大的提法内涵是一致的，在语言上也更为精练、准确，并规避了中共八大将社会主要矛盾表

---

① 《邓小平文选》（第2卷），人民出版社1994年版，第182页。
② 《三中全会以来重要文献选编》（下），人民出版社1982年版，第839页。

述为三方面的"缺陷",是对党治国理政、对社会主要矛盾理论认识的一次深化。

随后,中共十二大将社会主要矛盾的论断写入了新制定的党章。中共十三大报告,第一次系统阐述了社会主义初级阶段理论,并明确社会主要矛盾是社会主义初级阶段的主要矛盾。报告中这样描述:"突出的景象是:十亿多人口,八亿在农村,基本上还是用手工工具搞饭吃;一部分现代化工业,同大量落后于现代化水平几十年甚至上百年的工业,同时存在;一部分经济比较发达的地区,同广大不发达地区和贫困地区同时存在;少量具有世界先进水平的科学技术,同普遍的科学技术水平不高,文盲半文盲还占人口近四分之一的状况,同时存在。"① 这是对中国超大国家发展不平衡现象实事求是的描述,也是确立社会主义初级阶段和社会主要矛盾的现实基础。既然主要矛盾是"人民日益增长的物质文化需要同落后的社会生产之间的矛盾",那治国理政就必须围绕这一矛盾展开,于是提出了社会主义初级阶段党建设有中国特色社会主义的基本路线,概括为"一个中心、两个基本点"。可以说,基本路线是解决社会主要矛盾的总路线,是党治国理政的总方略。

此后,治国理政始终坚持社会主要矛盾的表述没有变。2011年建党90周年胡锦涛同志提出了"三个没有变",即长期处于社会主义初级阶段的基本国情、社会主要矛盾和世界上最大的发展中国家的国际地位三方面。在2012年召开的中共十八大将这"三个没有变"写入了党的报告。历史表明,也正是从对社会主要矛盾的准确判断和牢牢把握出发,党提出了社会主义初级阶段和社会主义本质理论,并确立了基本路线、中心工作、根本任务、基本纲领、发展理念战略等,进而制定了正确的路线方针政

---

① 《沿着有中国特色的社会主义道路前进——在中国共产党第十三次全国代表大会上的报告》,人民网,2012年8月28日。

策。也正因此，党紧紧围绕经济建设这个中心不动摇，将发展作为执政兴国第一要务要义，治国理政取得了举世瞩目的成就，国家与社会发生了历史性巨变，中华民族迎来了从站起来、富起来到强起来的历史性飞跃。

就任何事物而言，变是绝对的，不变是相对的，这是唯物辩证法的基本道理。改革开放以来，随着经济社会发展和人民生活水平的不断提高，社会结构不断呈现出阶段性特征，社会主要矛盾也随之不断发生阶段性变化。虽然党始终坚持认为社会主要矛盾"没有变"，但也一再强调社会结构的深刻变迁，阐明发展呈现出"新的阶段性特征"，要求"更准确地把握我国社会主义初级阶段不断变化的特点"。而这些新变化新特征，也必然体现在社会主要矛盾上。中共十九大报告明确指出："中国特色社会主义进入新时代，我国社会主要矛盾已经转化为人民日益增长的美好生活需要和不平衡不充分的发展之间的矛盾。"① 这是从1981年起，历经36年后，党对社会主要矛盾作出的新判断和新概括。

但是，"必须认识到，我国社会主要矛盾的变化，没有改变我们对我国社会主义所处的历史阶段的判断，我国仍处于并将长期处于社会主义初级阶段的基本国情没有变，我国是世界上最大的发展中国家的国际地位没有变。"② 既然如此，那就必须长期坚持社会主义初级阶段的基本路线这个党和国家的生命线、人民的幸福线，而谋划发展、制定政策，治国理政必须从这个基本国情、最大实际出发，不能脱离实际、超越阶段。从时间维度看，社会主义初级阶段是一个长期的历史过程，党对此有充分认识。邓小平就指出："我们搞社会主义才几十年，还处在初级阶段。巩固和发展社会主义制度，还需要一个很长的历史阶段，需要我

---

① 《党的十九大报告辅导读本》，人民出版社2017年版，第11页。
② 《党的十九大报告辅导读本》，人民出版社2017年版，第12页。

们几代人、十几代人，甚至几十代人坚持不懈地努力奋斗，决不能掉以轻心。"① 当然，强调社会主义初级阶段的长期性，并不是说社会主义初级阶段是一成不变的。相反，在这一历史进程中，中国社会结构不断发生深刻变迁，发展不断有新进展、层次不断有新提升、实践不断有新内涵，治国理政才不断呈现新的阶段性变化和特征。

总之，要深刻理解并准确把握这种"变"与"不变"的辩证法。无论是简单强调进入新时代、主要矛盾变化，而不强调长期处于初级阶段，还是相反，都是不正确的。因此，新时代治国理政必须牢牢把握社会主义初级阶段这个基本国情，牢牢立足社会主义初级阶段这个最大实际。任何超越发展阶段，违背基本路线的做法，都对坚持和发展中国特色社会主义是无益的。

（二）国家治理的全局变革

从社会主要矛盾看，党领导人民建设社会主义、推进改革开放的历史，也就是一个认识社会主要矛盾并不断解决矛盾的过程，虽然其中也出现过挫折，甚至是严重问题。这贯穿于党治国理政的始终，并决定着治国理政整体面貌和根本走向。有研究认为，社会主要矛盾演变与党治国理政主题基本吻合，有着内在逻辑关联。"社会主要矛盾是党确定治国理政的客观依据：主要矛盾的特殊性决定党治国理政主题的具体内容；主要矛盾的主要方面规定党治国理政主题的基本性质。与之相应，党治国理政主题是解决社会主要矛盾的必由之路：党治国理政的总主题是解决社会主要矛盾的根本途径，具体内容是应对社会主要矛盾的基本路径，党的领导是有效解决社会主要矛盾的政治保证。"② 正因为

---

① 《邓小平文选》（第3卷），人民出版社1993年版，第379~380页。
② 盛明科、蔡振华：《新中国成立以来社会主要矛盾与党治国理政主题的关联性分析》，载于《新疆师范大学学报》（哲学社会科学版）2018年第4期。

改革开放前很长时期内，党对社会主要矛盾判断出现失误，于是总体性社会的治国理政就体现为全能政治、革命政治、动员政治、人治政治，其本质是国家的政治统治，在走向极端的情况下，几乎葬送了党的事业和社会主义事业；改革开放以来，正是党对社会主要矛盾的正确认识、把握和坚持，才有了社会转型发展与国家治理改革取得的非凡成就。党治国理政的经验总结是：但凡中国共产党能够科学认识、正确处理好社会主要矛盾，治国理政就可推动事业顺利前进、发展，相反则会出现挫折、停滞，甚至倒退、失败。

中共十九大报告强调："必须认识到，我国社会主要矛盾的变化是关系全局的历史性变化，对党和国家工作提出了许多新要求。"① 这里的"关系全局"和"许多新要求"，意味着与以往相比，党领导人民治国理政将发生全局性变化、提出新的要求。有人认为："改革开放40年，我国的制度建设有了长足的进展。但是，从人民日益增长的美好生活需要出发，围绕不断推进社会主要矛盾的解决，我们的制度建设仍然有不小的进步空间。目前我们的当务之急是，充分认识到我们制度供给的不足，按照两个一百年的既定目标，不断进行科学的制度设计和制度创新，为满足人民日益增长的美好生活需要而逐步提高我们的制度供给水平和能力。"② 从简约主义认识论，可认为社会主要矛盾就是一种"需要—供给"关系。为此，可从三方面进行阐释：

第一，从需要角度看，需要的层次、结构、属性等在发生深刻变化，对治国理政提出了多方面要求。以往社会主要矛盾表述中的"物质文化"需要，已经无法全面准确概括新时代人们的

---

① 《党的十九大报告辅导读本》，人民出版社2017年版，第11页。
② 桑玉成：《论人民美好生活需要之制度供给体系的建构》，载于《武汉大学学报》（哲学社会科学版）2018年第3期。

第三章　新时代的国家治理现代化：新方位新环境新挑战

需要。即使是物质文化需要，需要层次也在发生变化。这是指在生存资料得到基本满足后，人们的生活从温饱型、生存型需要向小康型、发展型提升。具体而言，物质和文化需要日益多样多变，不断产生新的更高端更丰富的需要，如居住、出行、服务等中高档消费在数量与质量上不断增长。而且，随着人们生活方式、价值观念等的多元化、多变化，这些需要越发呈现出差异化、小众化、个性化等特征。人们需要层次的不断提高，自然是为了过上更好的生活，因此新时代社会主要矛盾用"美好生活"表述就更为恰当。这即为需要层次变化，与马斯洛需求层次理论所反映的需求变化规律是一致的。在新时代新环境下，人们需要层次的不断提升，要求治国理政要适应新常态，在经济由高速增长阶段转向高质量发展阶段的背景下，"必须坚持质量第一、效益优先，以供给侧结构性改革为主线，推进经济发展质量变革、效率变革、动力变革"①；这也要求坚定不移贯彻创新、协调、绿色、开放、共享的发展理念，实现科学发展、高质量发展，满足人民日益增长的更高层次需要。

需要结构变化，是指需要范围已超越了物质和文化，拓展至其他领域，产生了物质文化之外的其他需要，且在日益增长。2012年习近平当选中共中央总书记后与中外记者见面会讲话指出："我们的人民热爱生活，期盼有更好的教育、更稳定的工作、更满意的收入、更可靠的社会保障、更高水平的医疗卫生服务、更舒适的居住条件、更优美的环境，期盼着孩子们能成长得更好、工作得更好、生活得更好。人民对美好生活的向往，就是我们的奋斗目标。"② 这里已经对"美好生活"有一个总体性的描述。中共十九大报告指出："人民美好生活需要日益广泛，不仅对物质文化生活提出了更高要求，而且在民主、法治、公平、正

---

① 《党的十九大报告辅导读本》，人民出版社2017年版，第29页。
② 《习近平谈治国理政》，学习出版社2014年版，第4页。

义、安全、环境等方面的要求日益增长。"① 要明白，其中的"等方面"表达了人们的非物质需要不只包括民主、法治、公平、正义、安全、环境，还有其他方面公共服务需要的全方位发展，如公共教育医疗卫生、社会保障等。既然人民的需要是多样化、多方面的，那么现代化建设和国家治理就应当是全面的、整体的、协同的。不仅要在经济上实现高质量发展，也要统筹推进经济、政治、文化、社会和生态文明建设这个中国特色社会主义"五位一体"总体布局，协同解决"一手硬、一手软""一条腿长、一条腿短"等治理难题。尤其是，民主和法治作为现代国家治理和国家基础性制度体系建设的关键，社会主要矛盾转化所形成的民主法治需求，已不再是外生的、多余的，而是内生的、刚性的，是一种"刚性内需"。这些年社会上就民主需要变化的描述，从"为民做主"到"让民做主"，再到"民要做主"，正诠释了日益增长的民主需要。因此，治国理政无论如何都要健全民主制度体系，发展好民主法治，而诸如公平、正义、安全、环境等其他需要，如果离开民主法治建设是难以充分有效实现并得到保障的。

需要属性变化，是指从私人需要向公共需要的转变。在现代国家，人们需要的产品可总体上分为两类，即私人物品和公共物品。按照公共经济学理论，公共物品通常具有非竞争性、非排他性两大特征。与物质、文化大多情况下是私人物品不同，民主、法治、公平、正义、安全、环境理所当然属于公共需要。而公共物品只能是政府提供，或是政府依法依规向社会、企业等主体购买公共服务。要适应新时代人民对公共物品日益增长的需要，必须优化国家治理体系、提升治理能力。这需要在以往民主治理改革的基础上，更进一步推进政府法治性、责任性、公开性、回应性建设，保障人们的知情权、表达权、参与权、监督权等，更好

---

① 《党的十九大报告辅导读本》，人民出版社2017年版，第11页。

第三章　新时代的国家治理现代化：新方位新环境新挑战

建设人民满意的公共服务型政府；这也需要不断深化党和国家机构改革，解决权责不清、效能不高、职责同构等问题，形成科学合理高效的党和国家机构体系、职能体系，以满足人民向往美好生活的需要。

第二，从供给角度看，发展不平衡不充分问题突出，对国家治理构成挑战和压力。改革开放以来，随着中国生产力水平显著提高，科学技术不断进步，以及所有制结构、收入分配制度、经济体制等的深刻变化，包括生产力和生产关系的社会生产已经发生了深刻变化，已经不再落后，一些方面已经处于先进水平，甚至是领跑世界。那么，社会主要矛盾依然沿用"落后社会生产"的表述就不合时宜，用"社会生产"已经无法全面反映我国社会发展的实际状况，也难以全面涵盖现代社会供给体系的内涵外延。更不要说，一个国家的社会生产在几十年内始终处于"落后"状况，这难以想象，也不符合事实；果真如此，那就是对改革开放以来党领导人民取得的经济社会发展成就在认识上的选择性无视。就此而言，新的社会主要矛盾表述用"发展不平衡不充分"更为恰当。其中，"发展"的内涵更丰富，也更具有延展性，而"不平衡不充分"也更能反映现实情形。

应当说，经历了改革开放40多年的现代化建设和民主治理改革，国家的供给体系、治理体系基本形成，供给能力、治理能力不断增强，至少不再"绝对落后"，但与人民对美好生活的向往相比，还是"相对落后"的。尤其是，供给层面的结构性失衡问题严重，集中表现为发展的不平衡不充分。不平衡表现在区域发展不平衡，产业发展不平衡，不同群体间收入差距大、不平衡，经济政治文化社会与生态文明发展不平衡等；不充分表现为生产力发展不充分，资源和能源利用不充分，科学技术原创性不够、创新发展不充分，公共文化、依法治国、民主建设等发展不充分，社会自组织体系和自组织能力发展不充分等。这二者交织叠加、积累扩大，产生了一系列治国理政的结构性矛盾难题，如低端产能过剩与高质量产品服务供给不足并存，较为普遍的就业难与一些地方企业用工荒并存。可以说，发展不平衡不充分是新时代社会主要矛盾的主要方面，那治国理政理应抓住这个主要矛盾、这个重点，牵住"牛鼻子"并解决之。中共十九大报告强调："我们要在继续推动发展的基础上，着力解决发展不平衡不充分问题，大力提升发展质量和效益，更好满足人民在经济、政治、文化、社会、生态方面日益增长的需要，更好推动人的全面发展、社会全面进步。"① 这就是说，治国理政仍然要将发展作为执政兴国的第一要务，解决发展不平衡不充分问题。当然不同之处在于，发展的目标是要提高质量和效益；发展要超越以往不同程度存在的"以物为本""GDP至上"等，要以人为本、以人民为中心，实现人的全面发展和全体人民的共同富裕；发展要进一步增强全面性、整体性，更好实现各项事业的全面发展，更好满足人民对美好生活向往的多方面、多样化需要，推动社会的全面进步。这是社会主要矛盾转化对治国理政提出的要求。

第三，从需要—供给关系看，新时代社会主要矛盾转化展现了这种关系的深刻变化，也预示了国家治理现代化的根本变化。其实，国家治理也就是需要—供给关系的不断平衡和再平衡。如果说这两者的结构性失衡是常态，那么这种失衡应当保持在适当的限度内，否则就会对社会和谐与公共秩序构成威胁。考察历史会发现，在传统社会，社会生产水平低下与自然经济的弥散性，决定了社会供给能力的相对不足，于是为保障供给与需要的大体平衡，国家政治统治往往会选择节制人们的需要，西方中世纪的禁欲主义、中国古代的"存天理、灭人欲"和"文化大革命"时期的"狠斗私字一闪念"等，都说明的是这个道理。在现代

---

① 《党的十九大报告辅导读本》，人民出版社2017年版，第12页。

第三章 新时代的国家治理现代化：新方位新环境新挑战

社会，随着市场经济发展及流动资源和自由空间的形成，人们的需要欲望不断被激发，与此相应社会生产力也不断得以解放，释放并形成了更强的社会供给能力，于是满足人们合理正当的需要就成为国家治理的导向，甚至在经济低迷情况下，国家还会通过政策法律杠杆刺激消费需求，当然对物质主义、消费主义也应当反对。就中国来说，改革初期以经济建设为中心、主抓经济，到后来经济、政治、文化、社会和生态"五位一体"总布局的协调推进；经济发展要求从"又快又好"到"又好又快"；经济建设追求速度和规模，到科学发展观及创新、协调、绿色、开放、共享新发展理念的贯彻落实。这些变化着的治国理政新理念新战略新举措，正折射了供给随需要变化的不断调适。

新时代中国的现代化建设和国家治理，当然不能再节制社会的欲望需要，这是历史的退步，而应当不断扩大供给范围、提高供给质量、增强供给能力，满足人民对美好生活的向往。这就是"以人民为中心"，是现代国家治理的基本要求，也是中国共产党的宗旨性质所决定的。近年来的供给侧结构性改革就指向了这一点。习近平总书记指出："从政治经济学的角度看，供给侧结构性改革的根本，是使我国供给能力更好满足广大人民日益增长、不断升级和个性化的物质文化和生态环境需要，从而实现社会主义生产目的。"① 为此，要充分重视社会需要的结构变化、层次升级、领域拓展，继续深化供给侧结构性改革，更好谋划改革，优化生产供给，满足已经变化了的需要，以实现供给和需要总体协调平衡。

当然，人的欲望是永无止境的。在现代社会，需要在很多情况下并不是基于匮乏产生的，而是出于消费传媒所建构的，可能是一种"虚假性"需求。但是，在特定时空中资源总是有限的，

---

① 习近平：《在省部级主要领导干部学习贯彻党的十八届五中全会精神专题研讨班上的讲话》，载于《人民日报》2016年1月18日。

尤其是中国还仍将长期处于社会主义初级阶段,还是世界上最大的发展中国家,那么治国理政就应当从初级阶段和发展中国家的实际出发,对供给和需要关系调控平衡,不能好高骛远;尤其是在公共服务上,在治理目标上,要切合实际,不能承诺过高,否则实现不了,必然导致党和政府公信力的流失。如中共十九大报告中就民生保障和公共服务体系建设就提出:"既尽力而为,又量力而行……坚持人人尽责、人人享有,坚守底线、突出重点、完善制度、引导预期,完善公共服务体系,保障群众基本生活,不断满足人民日益增长的美好生活需要,不断促进社会公平正义,形成有效的社会治理、良好的社会秩序,使人民获得感、幸福感、安全感更加充实、更有保障、更可持续。"① 这里的"量力而行""引导预期"和"不断""更"都是力图将供给能力与需要水平统一起来,是新时代治国理政的重要策略方法。

其实,无论社会主要矛盾变化还是国家治理现代化,其理论和实践都可归结为社会结构的原点,即现实的人。马克思和恩格斯在《德意志意识形态》中指出:"一切人类生存的第一个前提,也就是一切历史的第一个前提,这个前提是:人们为了能够'创造历史',必须能够生活。但是为了生活,首先就需要吃喝住穿以及其他一些东西。因此第一个历史生活就是生产满足这些需要的资料,即生产物质生活本身。"② 可以说,人的需要是历史的前提和起点,自然也是国家统治和国家治理的起点。对现实的人来说,"他自己的实现表现为内在的必然性、表现为需要"③,如果任何人不同时为自己的某种需要做事,那他就是什么都做不好。因此,"他们的需要即他们的本性"④。说到底,现代社会发展与国家治理现代化,其驱动力都是人的需要,是人的

---

① 《党的十九大报告辅导读本》,人民出版社2017年版,第44页。
② 《马克思恩格斯选集》(第1卷),人民出版社1995年版,第78~79页。
③ 《马克思恩格斯全集》(第42卷),人民出版社1979年版,第129页。
④ 《马克思恩格斯全集》(第3卷),人民出版社1960年版,第514页。

需要的变化，而人的需要层次、结构、属性的变数正是人的现代化，进而也是国家治理现代化的集中体现。

新时代社会主要矛盾转化所形成的需要层次提升，尤其是需要结构、需要属性变化，反映了人的变化，即人的需要与本性、存在关系与存在方式的变化，这是本源性的变化；这折射的个体自主性的增强、社会自由空间的拓展，是社会与国家、公民与政府关系从一元从属走向二元分立互动。这既是改革开放以来经济社会发展和民主治理改革的效应的集中表现，也是在更高层次上推动国家治理现代化的起点和动力。

三、社会结构多元：治理方式新要求

（一）社会结构的分化变迁

利益是社会关系的重要纽带。中国古人有云："天下熙熙，皆为利来；天下攘攘，皆为利往。"直接用此描述社会现实可能并不恰当，但它却揭示了社会关系与社会行动背后的源动力，即利益。马克思主义认为："人们为之奋斗的一切，都同他们的利益有关。"[①] 特别是，在现代化与市场经济发展不断激活利益动机、助推利益分化、重塑利益结构的条件下，利益关系越来越成为社会联系的根本关系和社会行动的根本动因。与此相应，社会结构也在根本上表现为利益结构。那么，利益分析与利益结构分析，也就构成认识社会发展和治国理政的重要维度。

改革开放前的中国社会，是一个总体性社会。与当时高度集中的计划经济体制和公有制相伴随，利益结构呈现为一元化、均质化、平均主义等特征，其主旨是强调集体利益和国家利益的至

---

① 《马克思恩格斯全集》（第1卷），人民出版社1956年版，第82页。

上性，甚至强调个体利益、局部利益无条件服从集体利益、国家利益。这种利益结构与那个时代国内、国际环境有关，是"短缺经济"的产物，也与诸如行政制、户籍制、单位制等治国理政的相关制度政策安排和意识形态刚性控制不无关系。中共十一届三中全会以来，以市场化导向的经济体制改革直接推动所有制结构、分配方式的深刻变化，随之而来的是社会利益结构的分化变迁。从横向看，个人、行业、单位与阶层之间利益的分化与独立化，出现了利益单元个体化、利益源泉多元化、利益竞争凸显化等特征；从纵向看，个人、集体与国家间利益关系发生了深刻变化，基层、地方与中央政府之间出现了利益分化、利益博弈，利益分配中必须同时兼顾个人、社会和国家三者利益。从总体看，利益结构分化进程主要表现为：从利益平均化到利益多样化转变，从利益依赖性到利益独立性转变，从利益稳定性到利益多变性转变。① 正因此，"利益动机驱使着人们去忙碌，去经营，去竞争。每一个人都深深懂得，只有不断提高自己的趋利能力，才能不断地满足利益的欲望。现代化进程孕育着人们利益欲的形成，而人们的利益欲又反过来成为现代化的根本的动力。"② 可以认为，利益结构变化是社会转型发展与国家治理改革推动社会发生的最突出、最根本的变迁变化。

在利益驱动下，社会生产力得到了极大解放，社会财富大量涌现。特别是，在"允许一部分人先富、先富带动后富"的政策导引下，人们的利益需要基本得以满足，利益积累不断增多。但同时，利益分配不均日益加剧，利益结构出现了较为严重的分化，集中表现为不同区域、不同群体、不同行业等的收入差距拉大。在利益分化大格局中，社会最为关注的莫过于贫富差距问题。经济学上，衡量一个国家收入分配差异程度的指标是基尼系

---

① 桑玉成：《利益分化的政治时代》，学林出版社 2002 年版，第 124～126 页。
② 桑玉成：《利益分化的政治时代》，学林出版社 2002 年版，第 124 页。

数,虽然也有人认为该系数无法全面反映中国的贫富分化状况。基尼系数值在0和1之间,越接近0表明收入分配越趋向平等,反之则越趋向不平等。根据国际标准,基尼系数超过0.4就表示收入差距较大,当基尼系数达0.6时则表示收入悬殊。在中国,自从2000年公布基尼系数为0.412之后,政府多年都没有公布过权威的数字。2013年国家统计局公布了2003年之后的基尼系数,此后每年都公布这一数据。2003~2017年,中国的基尼系数变化情况,如图3-3所示。

图3-3　2003~2017年中国的基尼系数变化情况

根据基尼系数值,社会收入分配差距自2008年起逐年回落,但2015年之后又开始有所扩大。这是值得警惕的。《人民论坛》2009年曾发表过《未来10年10大挑战》的调查报告显示,"贫富差距拉大,分配不公激化社会矛盾"位于"腐败问题突破民众承受底线"之后,成为中国社会此后10年内第二大挑战。[①] 甚至有人指出,中国社会的收入分配已走到非调整不可的"十字路口",要像守住耕地红线一样,守住贫富差距的"红线",进而采取有效举措解决分配不公、缩小贫富差距。

更应当警惕的是,贫富分化的代际传承问题,即人们讨论的

---

① 《未来10年10大挑战》,载于《人民论坛》2009年12月。

"穷二代、富二代"现象。"富二代"是相对于那些改革开放以来"先富起来"的"富一代"而言的,他们直接从父辈那里接过财富接力棒,是财富继承人;"穷二代"是相对于"富二代"的叫法,是贫困的传承者,是在经济高速增长年代里,处于底层社会劳动者的后代,可能是城市下岗工人的子女,也可能是新一代农民工。这说明利益分化和贫富差距在代际间的传承、再生产日益明显,父辈之间的贫富差距不断被复制到下一代身上。而且,社会贫富分化不只是物质方面的,已演化为一种心理精神的分化对抗,富人和穷人群体在价值观念、思想认识、理想信念等方面也开始表现出极大的差异。有人研究指出:"种种现实表明,贫富群体之间长久的情绪对抗和不断升级,极不利于社会的稳定和民众生活的和谐,因为'穷二代、富二代'现象不只是物质层面上穷与富的分化,更是阶层间差距产生了生活的隔离和心理的不平衡。如果中下阶层群体对社会不公平感受十分强烈,同时又看不到社会不公现象得到改进的前景,甚至对生活产生绝望态度,就可能引发他们破坏社会现实的行为,社会阶层间强烈的社会疏离感将影响到社会主义和谐社会的构建。"① 如果说对那些通过诚实经营、合法致富并具有社会责任感的"富人",人们是越来越尊敬、认可,那么更多的"仇富"指向了那些靠权力传承或富而忘本者。因为在很大程度上,"官二代""富二代"限制剥夺了社会中下层群体的社会资源分享和社会流动机会,践踏了社会的公平正义。尤其是,前些年发生的"宝马车碾童案""富二代培训班""最小房二代:两岁女孩坐拥400万别墅""飙车撞人""我爸是李刚"等现象不断地刺激着社会的敏感神经,社会共识难以形成,社会整合难度增加。这是新时代治国理政必须回应并有效解决的问题。

---

① 王晓东:《贫富差距的代际传承——对"穷二代"现象的透视与反思》,载于《甘肃社会科学》2011年第3期。

第三章 新时代的国家治理现代化：新方位新环境新挑战

物以类聚、人以群分。与利益纽带、利益结构密切相关的是社会阶层结构。在马克思主义阶级分析方法的框架中，阶级、阶层在本质上都属于经济范畴，与社会经济基础和利益结构互为关联。1978年以来的现代化发展和国家治理改革，触动了经济基础、利益结构和分配模式，打破了原来由国家和集体对政治、经济、文化等社会资源的垄断，促进了自由空间的不断增加、流动资源的不断增多，让劳动力、资本、技术和自然资源等要素均可参与收益分配。于是，因生产要素、资源占有不均，或是在收入分配中机会和地位不等，社会群体发生了分化，形成不同阶层。就社会群体分化，理论界有较多研究。其中，陆学艺主编的《当代中国社会阶层研究报告》影响甚大，该报告提出了以职业分类为基础，以组织资源、经济资源和文化资源占有状况为标准划分社会阶层的理论框架，对中国社会阶层结构作出了全新解释。以此为原则，改革开放以来中国社会群体被划分为十个阶层和五种经济地位等级。十个阶层为：国家与社会管理者阶层、经理人员阶层、私营企业主阶层、专业技术人员阶层、办事人员阶层、个体工商户阶层、商业服务员工阶层、产业工人阶层、农业劳动者阶层、城乡无业失业半失业者阶层。五种经济等级为：上层、中上层、中中层、中下层、底层。① 这种区分既有理论依据，也有实证支撑，至少是对中国社会阶层结构已经并将持续发生变迁的一种理论诠释。

历经分化重组的中国社会阶层结构，体现了两大特征：第一，计划经济时代封闭性的阶级阶层结构被打破，新生社会阶层已经出现。历史地看，改革开放前的中国社会是一个高度政治化的总体性社会，社会主要由工人、农民两大主导阶级构成，先赋性的政治身份与政治资源，是决定着人们社会归属和社会流动的

---

① 陆学艺主编：《当代中国社会阶层研究报告》，社会科学文献出版社2002年版，第8~9页。

重要准则。改革开放大大促进了阶级结构的分化变迁。就工人阶级而言，由于职业分化和经济地位差异，产业工人、商业服务人员与党政领导干部、机关办事人员对政治、经济和文化等资源的占有产生了差距，他们的社会地位发生了一定变化，分别形成了独立的社会阶层。与此同时，产业结构调整和技术升级使得一些工人下岗，甚至沦落为无业、失业或半失业阶层。就农民阶级而言，其中一部分仍以务农为主，属于农业劳动者阶层，但随着农业技术改造升级，他们的从业方式也发生了很大变化，而且完全以农业为业的群体规模数量在不断缩小；随着国家实施"多予少取放活"的乡村发展战略，以及相关体制改革和治理变革，特别是乡村振兴的推进，农村出现了不同于传统农民的新型农民群体，主要包括生产经营型、专业技能型和社会服务型三种类型，还出现了农民经纪人、农民职业经理人等；当然，适应现代化和城市化发展，相当数量的农民流动于农村与城镇之间，新生成为"农民工"群体，也有定居城市转变为市民；还有一部分农民，离开了土地到城镇、城市创办企业，从事商品生产和经营，成为私营企业主或个体户阶层。

第二，不同阶层间的地位发生了变化，并仍处于变动之中。实际情况是，工农两大职业在整个社会职业构成中的地位日益降低，工人和农民两大阶层已成为社会最低层，甚至分化为弱势群体。与此相反，国家与社会管理者、经理人员、私营企业主等阶层则越来越享有较高的社会地位，获得较高的社会评价。特别是诸如经理人员、私营企业主和专业技术人员等新生社会阶层的社会地位逐步提高，在国家社会政治生活中影响也日益扩大。学界有人认为，当前中国社会阶层结构出现了断裂、固化或"板结"状况。这种观点值得商榷。事实上，社会阶层分化与改革开放以来社会的整体转型密切相关。社会转型是一个长期的过程，社会阶层结构因此也处于不断变动之中，不同阶层的地位仍没有定型，而且日益开放的社会流动机制正在不断地重组社会阶层结构。近年来出现的网络从业人员、海归群体等正说明了这一点。

（二）国家治理的全新要求

除利益结构与阶层结构之外，社会结构当然还包括组织结构、精神结构等。社会结构分化，既是现代化建设与国家治理改革的结果表现，也是国家治理现代化的驱动力。这是因为，利益结构分化不只是简单的经济学意义上的利益分配问题，阶层结构变化也不只是社会学意义上社会成员分布格局的变化，它们都蕴藏着深厚的政治意义。

如利益结构变迁、利益主体的多元化和利益竞争的展开，从根本上解决了计划经济时代经济与政治发展动力不足的问题，整个社会由此充满了活力与生机；利益关系的变化推动了国家与社会、政府与公民关系的变化，有助于现代国家建设、现代社会培育和现代公民塑造，为国家治理现代化提供条件。另外，社会结构分化也对新时代治国理政提出了新挑战新要求。

1. 利益分化要求治国理政要具有适应性，更好地形成协调平衡机能

美国学者亨廷顿认为，适应性是指组织应对环境挑战的能力。通常而言，制度化水平与组织程序的适应水平成正比，"组织和程序的适应性越强，其制度化程度就越高；反之，适应性越差，越刻板，其制度化程度就越低。"① 中国社会转型发展所带来的利益分化、贫富差距，已在事实上构成了新时代治国理政的不可回避的因素和"情势"。要知道的是，与平均主义相比，适当的利益分化有助于调动人的积极性、主动性和创造性，充分发挥其潜能。但是，这样的激励效用是有限度的，如果分化过大且

---

① ［美］塞缪尔·亨廷顿著，王冠华译：《变化社会中的政治秩序》，生活·读书·新知三联书店1989年版，第12页。

趋势长期得不到遏制，就势必会引发各种利益冲突和矛盾；如果这种差距的原因来自政府的"政策倾向"或社会排斥，那利益冲突矛盾的交织聚合就会产生负态性能量，对治国理政秩序构成威胁，甚至动摇政治合法性基础。

中国社会贫富分化的出现以及代际传承从客观上说明，在经济繁荣、社会财富大幅增加的同时，改革发展的成果并没有公平合理地惠及全体人民，甚至诸如城市下岗失业和低收入群体、农民工群体等相对弱势的社会群体还失去了一些合法利益。于是，不少人产生了比较严重的相对剥夺感，甚至是绝对剥夺感，与之相伴的是公平正义感的缺失和生活幸福指数的下降。马克思曾说："一座小房子不管怎样小，在周围的房屋都是这样小的时候，它是能满足社会对住房的一切要求的。但是，一旦在这座小房子近旁耸立起一座宫殿，这座小房子就缩成茅舍模样了。这时，狭小的房子证明它的居住者不能讲究或者只能有很低的要求；并且，不管小房子的规模怎样随着文明的进步而扩大起来，只要近旁的宫殿以同样的或更大的程度扩大起来，那座较小房子的居住者就会在那四壁之内越发觉得不舒适，越发不满意，越发感到受压抑。"① 与中国共产党"实现好、维护好、发展好最广大人民的根本利益"的政治主张对比，这种源于收入分配领域的剥夺感势必会转化为对党和政府的不满，冲击党的执政基础。加之，"不患寡而患不均"的文化传统和平均主义"大锅饭"的历史传统，贫富"鸿沟"对政府公信力和社会公共秩序危害极大。这就是为什么改革开放富裕起来的人们，"端起碗吃肉、放下碗骂娘"的原因所在。甚至频频发生的抗争维权、社会泄愤、仇官仇富等公共事件，与日益严重的官民矛盾、警民冲突等，正展现了利益分化所形成的社会政治风险。

因此，适应利益分化的情势，治国理政需要不断增强平衡机

---

① 《马克思恩格斯选集》（第1卷），人民出版社1995年版，第349页。

能。按照恩格斯对国家产生的分析,国家正是在社会有了矛盾和冲突需要协调的情况下,才得以产生的,其基本职能就是平衡利益、协调冲突、化解矛盾。中共十八大以来的治国理政就体现了这一点。如在战略目标上,全面建成小康社会强调"全面",表现为覆盖人群、区域、内容等方面,强调一个都不能少,一个少数民族都不能少,一个都不能掉队,并作为党对人民的庄严承诺;也正因此,中共十九大报告提出要"坚决打赢脱贫攻坚战",要求将扶贫作为政治任务,"确保二〇二〇年我国现行标准下农村贫困人口实现脱贫,贫困县全部摘帽,解决区域性整体贫困,做到脱真贫、真脱贫。"① 于是,一系列精准扶贫的制度机制、一系列社会保障救济帮扶新政、一系列协调协同发展政策、一系列收入分配制度改革举措等纷纷出台。这些都是支撑国家治理体系的基础性制度和政策,是在利益分化的政治时代,防止社会发展和国家治理中出现两极分化,维护社会公平正义。

2. 阶层结构分化要求增强治国理政的体制吸纳性

在中国,尽管说当前新分化出来的一些阶层规模很小、影响力不大、价值认同模糊,阶层结构整体仍处于变动和重组之中,对中国现代化发展和治国理政的影响还比较有限。但从现代化基本规律看,需要通过制度的调整培育合理、健康的社会阶层结构,由此推动社会阶层结构的现代性转换。对社会阶层分化而形成的新生力量,国家治理体系可有两种选择:一是通过政治控制限制新生阶层的发展,将其排斥在体制之外;二是吸收新生阶层进入体制,通过制度调适发挥其积极作用。前者不符合现代化的基本取向,没有出路,后者是一种恰当选择。亨廷顿从比较现代化的角度得出结论:"吸收新的团体进入政治体制,意味着政治体制权力的扩大",而"成功的同化既有赖于政治体制的接受能力,又有赖于参与团体的适应能力,即为了进入政治体制中来,

---

① 《党的十九大报告辅导读本》,人民出版社2017年版,第47页。

这些团体情愿放弃它的某些价值观念和权利要求。总的说来，团体的适应能力因体制的接受能力而增强。"① 应当说，中国阶层结构的嬗变，特别是新生社会阶层的出现及其展现出来的政治能量对治国理政的影响是全方位的，反过来，治国理政对阶层结构变迁的回应也表现为诸多方面。

历史地看，对新生社会阶层所表现出来的利益诉求、政治参与倾向反应最灵敏，并积极进行适应性变革的是合作型政党制度。中国共产党顺应时代要求，坚持"三个代表"的基本原则，将现代化进程中新生的社会阶层视为有效执政的社会基础，并认为他们与工人、农民、知识分子、干部和解放军指战员一样，同样是中国特色社会主义事业的建设者。正因此，"应该把承认党的纲领和章程、自觉为党的路线和纲领而奋斗、经过长期考验、符合党员条件的社会其他方面的优秀分子吸收到党内来。"② 美国学者沈大伟（David Shambaugh）从中国党政体制的角度观察和分析中国政治发展，认为在东欧剧变后乃至更早的时间，中国"党政体制"的演变是一种"萎缩"（atrophy）和"适应"（adaptation）的共时性过程，而吸收新的社会阶层入党，扩大党的执政基础，是共产党采取的"适应"措施，其目的是稳定和扭转日益"萎缩"的党政体制。③ 这种认识有一定的道理。

在新时代，随着社会结构变迁，治国理政同样要适应新形势解决好这样的问题。2015 年的统战工作会议召开，将以往的"全国统战工作会议"名称调整为"中央统战工作会议"。两字之差不只说明会议规格的提高及统战工作地位的提升，更反映了治国理政"大统战"思维的形成，认为"统战工作是全党的工

---

① ［美］塞缪尔·亨廷顿著，王冠华等译：《变化社会中的政治秩序》，生活·读书·新知三联书店 1989 年版，第 32、129 页。
② 江泽民：《在庆祝中国共产党成立八十周年大会上的讲话》，新华社，2001 年 7 月 1 日。
③ David Shambaugh, "China's Communist Party: Atrophy and Adaptation". Woodrow Wilson Center Press, 2008, P. 9.

第三章 新时代的国家治理现代化：新方位新环境新挑战

作"。特别是，适应社会发展和新社会群体的不断出现，提出将留学人员、新媒体中的代表性人士、非公有制经济人士的年轻一代定位为未来统战工作重点对象。这些，正体现了中国治国理政中制度安排对新生社会阶层的体制性吸纳。更准确地说，将社会阶层嬗变中的新生力量纳入国家治理体系，有助于优化治理结构，增强治理活力，发挥制度优势，其治理现代化意义不可低估。

3. 利益结构和阶层结构分化，要求治国理政增强自主性

将自主性与制度化联系起来，亨廷顿认为自主性是衡量国家制度化水平的重要标尺。"就自主性而言，政治制度化意味着并非代表某些特定社会团体利益的政治组织和政治程序的发展。凡充当某一特定社会团体——家庭、宗族、阶级——的工具的政治组织便谈不上自主性和制度化。"① 从这个角度看，国家既具有阶级性，也具有自主性，即"国家代表了一种普遍性，反映普遍的利益和意识"②。从本质看，治国理政的自主性是指其所具有的超越社会的能力，与国家和社会关系的结构状况密切相关。如果国家力量过于强大，社会就可能成为国家的工具，甚至被国家湮没，出现国家掠夺社会，扭曲国家的方向，形成"掠夺型国家"。相反，如果现代化进程中社会力量过于强大，就会出现国家能力不足，形成"俘获型国家"。这有两种情形：第一，被经济权力俘虏。制度转型中出现的一些财团参与政治生活，根据自身利益随便裁量国家政策，政府在利益驱动下被市场俘虏，被财团政治俘虏，即国家与政府蜕变为私人资本的工具，或者说公共性政治权力成为私有化经济权力的工具；第二，被社会权力俘虏。在民粹主义盛行的国家往往出现一种困境，即以普通大众利

---

① ［美］亨廷顿著，王冠华等译：《变化社会中的政治秩序》，生活·读书·新知三联书店1989年版，第19页。

② ［德］黑格尔著，范扬等译：《法哲学原理》，商务印书馆1962年版，第285页。

益为基础的民粹主义会以牺牲国家独立性而谋取眼前利益和狭隘利益，国家被绑架了，丧失了自主性，成为一种工具主义国家。比较而言，"在高度发达的政治体系中，政治组织享有的完整性是那些不发达的政治体制中的政治组织所不具备的。从某种意义上来说，它们不受其他非政治团体和程序的影响。而在不发达的政治体制中，它们则极易受外界的影响。"[①] 因为，在现代化早发国家中国家与社会关系实现了分离，制度自主性程度也相对较高；相反，处于现代化之中的后发国家，更容易丧失自主性沦落为一种工具。就此而言，自主性也是衡量一个国家治理现代化水平的重要维度。

改革开放以来，在社会主义市场经济推动下，高度统合的国家与社会关系逐步走向二元分立，自主化的社会开始发育成长，与此相伴，国家治理制度建设取得了重要成效。如人民代表大会制度权威性的提高，合作型政党制度的完善，政治协商制度的拓展，以及基层民主制度、问责制度、行政诉讼制度、政府信息公开制度、听证制度等的创新与发展，都体现了在国家与社会互动中制度的自主性成长。但不可否认，也出现了不同形式的"既得利益群体"，甚至对改革开放构成阻力。有人就认为，20世纪90年代中期以来的中国社会出现了一个令人瞩目的趋势，即在强势精英群体的影响下，国家和政府的自主性日益降低。[②] 中共十八大以来治国理政的一个重要取向就是重塑中央权威，减少改革阻力。如全面深化改革方面，"好吃的肉都吃掉了，剩下的都是难啃的硬骨头"，要求注重改革的系统性、整体性、协同性，向"顽瘴痼疾"开刀，触及"深层次利益关系和矛盾"，破除"利益固化藩篱"，出台财税体制、户籍制度等多个被认为"啃硬骨

---

① ［美］亨廷顿著，王冠华等译：《变化社会中的政治秩序》，生活·读书·新知三联书店1989年版，第19页。

② 孙立平：《1990年代中期以来中国社会结构的裂变》，载于《天涯》2006年第2期。

头"的改革方案,并得到了较好落实;通过加强双重领导,改革完善纪检、司法、环境等体制,结合起来,破解以往发展中形成地方政府上下级之间的"政绩共同体"现象;通过全面从严管党治党的一系列举措,借助加强党的政治建设、政治巡视制度的改革完善,重点查处政治问题和经济问题相互交织形成利益集团的腐败案件,解决了党内存在的"结党营私、团团伙伙、拉帮结派、谋取权位"等政治阴谋活动;等等。这是新时代治国理政自主性的体现。

四、网络社会嵌入:治理格局新挑战

(一) 网络社会的运行机理

在这个时代,唯一不变的是变化本身。这句话的流行正在于它内含了辩证法原理。互联网信息技术快速发展更助推了这种变化,它对社会的影响可谓无处不在、无时不有,又无所不能、无孔不入。与马克思、丹尼斯·贝尔思考人类社会变迁相同,美国学者卡斯特也从技术变革研究社会发展,提出了作为新社会形态的网络社会。① 数字化生存、网络化境遇等,就是用来描述网络社会的。中国1994年接入国际互联网后,网络信息化和媒介技术的不断革新,越来越让媒介社会化、社会媒介化了。根据中国互联网络信息中心发布的第43次《中国互联网络发展状况统计报告》,截至2018年底,我国网民规模达8.29亿,互联网普及率为59.6%。这意味着,中国已在事实上迈入网络社会的大门。

---

① [美] 曼纽尔·卡斯特著,曹荣湘译:《网络社会的崛起》,社会科学文献出版社2006年版,第434页。

要明白的是,"互联网是一个社会信息大平台,亿万网民在上面获得信息、交流信息,这会对他们的求知途径、思维方式、价值观念产生重要影响,特别是会对他们对国家、对社会、对工作、对人生的看法产生重要影响。"① 网络已不只是信息传播的工具、平台和通道,而且成为社会与国家治理的平台、空间和内容;它从根本上改变了人们的消费、交往和生活方式,不断塑造着新的社会空间与权力结构,形成新的价值观念、思维方式、文化范式等。"网络构建了我们社会的新社会形态,而网络化逻辑的扩散实质性地改变了生产、经验、权力与文化过程的操作和结果。"② 于是,人们的衣食住行,社会的生产、生活和秩序,政府提供服务、推动发展和实现治理等,都越来越与网络联结在一起。而且,网络也越来越与公共权力、公共利益和公共秩序耦合一体,在客观上拓展了政治空间、影响了政治关系、重塑了政治逻辑。随此而来的是,虚拟政治、网络权力、网络民主、数字民主、网络围观、网络理政、网络维权等,越来越进入人们的思维视野与生活实践,网络政治应运而生,成为治国理政、定国安邦的"最大变量"。

民意是最大的政治。网络社会到来及嵌入国家治理后,首先带来的是网络舆论传播格局和政治传播生态的根本性变化。从媒体与政治关系看,改革开放前总体性社会的国家统治推行,也与"媒体管理、意识形态建构及政治中枢神经传输"三根链条的"咬合"高度契合,而背后又是一套媒体管理体制,包括分级管理、分类管理、内容管理与属地管理。③ 于是,那个时代党和政府的声音与意志——提倡什么、反对什么,可通过媒体传播向社会渗透并得以实现。这在不少情况下是有选择、有遮蔽的,是围

---

① 《习近平谈治国理政》(第2卷),外文出版社2017年版,第335页。
② [美]曼纽尔·卡斯特著,夏铸九等译:《网络社会的崛起》,社会科学文献出版社2001年版,第434页。
③ 秦露:《互联网时代如何执政与为官》,党建读物出版社2012年版,第7页。

第三章 新时代的国家治理现代化：新方位新环境新挑战

绕政治合法性展开的。换言之，大众传媒没有独立地位，它依附并服务于权力，是名副其实的意识形态机器运作的工具，能够充分履行"喉舌"功能；特别是媒体国有化后，它更成为党的事业的一部分，主要完成上级下派的政治任务，这在一些情况下可能无法反映社会真实需求，也难以推动公众与政府间的信息互动。

在网络社会，"网民来自老百姓，老百姓上了网，民意也就上了网。"① 网络舆论作为一种社会意识，一旦形成就会对社会政治产生影响。背后的原因何在？这值得追问，有必要搞清楚网络新媒介的特性，并透过现象看本质，分析其深层次的传播机理。这就是：网络新媒介的发展推动社会话语权的解放，或是重新配置。在前网络时代，媒体是由专业机构、社会和政治精英掌握的，普通人基本处于"无权"状态，没有太多话语权、信息权、传播权等，他们"不在沉默中爆发，就在沉默中死亡"。而网络新媒体为每个人生产、加工和传播信息创造了条件，只要不违法，就基本不受"把关人"的控制与操纵，能够充分表达意见、获取信息、传播舆论，甚至可自主创设议题，与其他人直接交流讨论。这正是网络新媒介生命力、传播力和影响力的根本所在。

那么，话语权解放，抑或重新配置的背后又是什么呢？这可用传播理论中的媒介赋权做解释。赋权（empowerment），即增权、激发权能之意，是指个人、家庭、团体或社区增强实现目标、解决问题、改善现状的动机与能力。这既是一个过程，也是一种结果。从20世纪60年代开始，赋权成为规范的知识领域，主要用于研究社会弱势群体。后来，人们发现赋权的实现，离不开信息的有效传播，于是赋权又与传播结合在一起。尤其是，参与式传播理论认为，只要人们有机会拥有传播工

---

① 习近平：《在网络安全和信息化工作座谈会上的讲话》，载于《人民日报》2016年4月26日。

具，能够参与信息的生产与传播，就能够增强解决自身问题的权能。从传播发展史看，媒介的可传播性决定了它能够赋权对象的广泛性。如印刷媒介的产生，突破了传播的时空限制，比之前口头传播时的信息范围扩大了不少，但其使用是有门槛的，受制于对文字信息的认知、理解和运用能力。而广播电视媒介的产生，借助声音、图像等普通人能感知的符号信息系统传播，增强了可传播性，极大地拓展了传播范围，社会因此进入大众传播时代。

而网络新媒介的到来，尤其是即时社交媒体的兴起，为媒介赋权打开了新空间，创造了新结构，成为一种为多数人赋权的力量。网络新媒介赋权，其内涵丰富，外延宽泛，并与国家政治发展阶段、政治结构及总体态势相关。有研究认为，这有三种类型，"即自我赋权、群体赋权和组织赋权"，"主要体现在信息、表达、行动三个方面。"① 这样的赋权机理主要为：首先，信息即机会、即权利。网络新媒介打破以往信息的垄断性，赋予普通人自主获得知识、获取信息的权利。这还能够增速信息流动，不同程度缓减"信息鸿沟"，提高信息运用及自我判断和行动能力。正所谓："过去是让你知道什么，你就知道什么？现在是你想知道什么，你就能知道什么？"② 其次，这为人们表达诉求、传播信息提供了便捷通道与空间，"不仅是自由表达的权利，也包括通过话语言论实现权能的权力。"③ 有人以北京市某社区为例研究发现："新媒体赋权从本质上说是一种技术赋权，它的近用性使得它成为社区成员互动与参与的有效工具，给社区成员提供了更多的表达方式和表达权。……社区通过新媒体赋权，获得

---

① 师曾志、胡泳等：《新媒介赋权及意义互联网的兴起》，社会科学文献出版社2014年版，第16页。
② 叶琼丰：《时空隧道——网络时代话传播》，复旦大学出版社2001年版，第29页。
③ 谢新洲、田丽、刘青：《安全阀还是压力锅？——关于网络话语权的调查与思考》，载于《光明日报》2013年1月15日。

共同意识和共同行动,开始成为公共领域的一部分。"① 这与学术研究中的政治机会结构理论具有相似性。尤其是微信等自媒体的出现,将媒介使用的技术门槛降到了平民化的低点,但凡能够接触网络,就可获得了政治参与、表达的机会和权能。最后,这体现为社会资本的拓展与行动网络的建构,即发现问题,并利用组织和网络资源解决问题的能力。有人研究新生代农民工发现:"是否使用媒介以及如何使用媒介,将导致他们的资源获取能力、资本积累形式和程度的差异,而这种差异会深刻影响新生代农民工城市生活工作的方方面面。"② 虽然也有研究发现媒介使用及效能的差异性,甚至出现"减权"现象,但这源于其他因素和变量,与网络媒介赋权本身并非正相关。概言之,新媒介赋权既是一个过程,即那些无权者或少权者通过使用网络新媒介,不断增权、扩权或激发权能的过程;也是一个结果,即他们信息权、表达权、参与权、话语权及行动能力得到不同程度的维护与保障。

具体到中国社会,与党内民主、选举民主等制度权利相比,2007 年中共十七大报告首次提出了"表达权",并明确要求"依法保障人民的知情权、参与权、表达权、监督权",体现了公民权利的具象化与显性化,有着很强的现实性与可操作性。从历史看,这"四权"的保障落实是有进步的,但由于种种原因,不少宪法和法律保障的权利并没有很好维护和实现,或是被压制,或是干脆处于"休眠"状态,至少与权利内含的价值、制度设计和人们的期待是存在差距的。而网络媒体发展改变了这种局面,它凭借互动性、隐蔽性、聚合性等特征,扫平了人们知情、表达、参与和监督权实现的障碍。在本质上,这是因为新媒介赋

---

① 宋晖:《社区赋权:当代社区的传播和文化实践》,载于《人文杂志》2014 年第 3 期。
② 郑欣衣、旭峰:《风险适应与媒介赋权:新生代农民工学习充电研究》,载于《西南民族大学学报》(人文社会科学版)2014 年第 5 期。

权于社会中每个小角色、小百姓、小人物，激活了他们行使和保障这"四权"的权能，表现出了前所未有的热情。有研究认为，互联网环境下的传播生态被重构，主要是因为以个人为单位的传播能量被激活。这包括三方面："个人操控社会传播资源的能力被激活""个人湮没的信息需求与偏好被激活""个人闲置的各类微资源被激活"。特别是，"随着技术垄断打破和接入成本的降低，用户在大流量开放平台上得以便捷有效地分享知情权、参与权、表达权、监督权。"① 如果说这"四权"最初是一种法律赋权、政治赋权，但在前网络媒介环境下更多体现为一种"书面权利""文本权利"，那么网络新媒介在赋权个体、激活传播能量的同时，也激活了"四权"。有人总结赋权历史，认为经历了两次转变：第一次是从理论赋权转为宪法赋权；第二次是从宪法赋权转变为技术赋权。而"宪法赋予传播权利，技术赋予传播权力"。② 这里的技术就是网络新媒介技术。就此而言，网络媒介赋权推动法律赋权、政治赋权得以更好的保障和实现，并给所有网络参与者而非少数人赋权，其意义无论如何估量都不过分。

（二）国家治理的综合挑战

互联网首先是一个虚拟空间，那么网络政治是现实存在吗？这在以往研究中是个疑问。说互联网是虚拟的，主要是因为它是由数字、图文、声音等数据信息和符号系统构成的，并不存在现实的政治主体、政治关系和政治行为。即使是那些基于共同兴趣和偏好而建立的网络社区，也只能称之为虚拟社区，因为它与现实中由具体成员、物理空间、规章制度等要素构成的社群，有很大差异。但从现实看，网络所产生的影响则是实实在在的，已超

---

① 喻国明等：《"个人被激活"的时代：互联网逻辑下传播生态的重构——关于"互联网是一种高维媒介"观点的延伸探讨》，载于《现代传播》2015年第5期。
② 李良荣：《透视人类社会第四次传播革命》，载于《新闻记者》2012年第11期。

第三章 新时代的国家治理现代化：新方位新环境新挑战

越了虚拟空间，越来越与政治耦合一体，成为真实的政治空间。就此，卡斯特明确指出："称它虚拟是因为它是在电子的基础上建立起来的，这是一种通讯的虚拟过程。说它真实（而不是想象的）是因为我们基础的真实，在这个物质基础之上，我们生活，创建我们的表示系统，进行我们的工作，与其他人连接起来，检索信息，形成我们的观点，采取政治行动以及培养我们的梦想。这个虚拟就是我们的真实。"① 这里的虚拟与真实，是从不同层面认识的，共存于网络的结构体系。有人就认为，"虚拟性是网络政治兴起的外在维度""真实性是网络政治兴起的内在维度"②。其实，不管网络政治主体和身份是否真实，但通过网络空间信息流动和传播所表达的诉求、反映的利益，大多是基于网下的现实矛盾与真实需求形成的；通过网络信息传播和影响所建构的政治关系也是真实的，虽然某些情况下这种关系要素不是那么清晰明确。从元认知看，网络政治源于网络新媒介的赋权机能，此处的"权"，既是一种权利，也是一种权力，一种话语权、影响力。于是，网络空间就形成了以权力与权利为内核的诸多政治关系。如果说网络政治是虚拟与真实的结合，虚拟是呈现出来的样态或表层结构，那么在底层结构与外在功能上都是真实的，已经并将持续与现有政治体系、权力秩序、治理结构等融为一体。就此而言，"网络上的政治就是通常的政治"，③ 它已经不是是否存在的问题，而是以什么方式存在以及产生了何种结果的问题。

从政治功能看，网络新媒介赋权让网络越来越成为人们评说政治、参政议政、表达诉求、维权抗争的重要渠道，越来越与公

---

① ［美］曼纽尔·卡斯特著，郑波、武炜译：《网络星河：对互联网、商业和社会的反思》，社会科学文献出版社2007年版，第219页。
② 王国红、马瑞：《规范与创新：促进网络政治健康发展》，载于《政治学研究》2012年第3期。
③ ［英］安德鲁·查德威克著，任孟山译：《互联网政治学：国家、公民与新传播技术》，华夏出版社2010年版，第21页。

共权力、公共利益、公共秩序形成契合态势，影响着政治权力、政府议程、政策过程甚至是立法、执法、司法等。与此同时，党和政府也越来越重视互联网，并运用"互联网+政务"的思维充分发挥其作用。如市长信箱、民情直通车和大量政务微博、微信公众号上线，以及网络问政、网络理政、网络回应、网络群众工作等，都是适应网络社会、网络政治推进治国理政的体现。虽然中国的网络政治不像西方那样与选举政治结合在一起，但其生命力和影响力被前所未有地激活，已经并将持续推动政治的参与性、透明性、回应性、责任性，成为政治进步和国家治理现代化的正能量。

但要明白的是，网络政治发展已经并将持续塑造着国家治理的新空间、新环境、新方式、新变量、新逻辑。这些"新"是与前网络时代相比较而言的。新空间指国家治理空间得以拓展，不仅包括现实空间，又延伸至数字化虚拟空间，两者又是联动的；新环境指网络发展推动国家治理关系、治理条件、治理生态发生了根本变化；新方式指以网络信息技术为依托的政务新媒体、大数据等，越来越成为促进发展、推动治理、维护秩序的工具；新变量指网络信息是否安全、网络舆论是否健康、网络法治是否健全，越来越成为国家治理的重要内容，甚至决定着治理的成效乃至成败；新逻辑指国家治理需要形成不同于前网络时代，又适应网络社会和网络政治发展的新思维、新结构、新能力。从这个意义看，习近平总书记指出互联网发展带来的是一场"新的综合性挑战"[1]，并提出"互联网已经成为舆论斗争的主战场""没有网络安全就没有国家安全"等治国理政新观点新论断也就不难理解。从网络主权、国家安全与社会稳定看，这绝非危言耸听。

---

[1] 《〈中共中央关于全面深化改革若干重大问题的决定〉辅导读本》，人民出版社2013年版，第81页。

第三章 新时代的国家治理现代化：新方位新环境新挑战

更不要说，网络政治具有两面性，它既可能反映社情民意，倒逼事件真相，伸张社会正义，监督公权行为，是正能量，也可能扭曲民意，甚至助长谣言、民粹和违法、作恶，是负能量。美国学者桑斯坦肯定网络民主积极意义的同时，也看到了"网络共和国"消极的一面，看到了网络政治的结构性缺陷。"新的传播技术简直就是老天的恩赐。然而真实的情况却是：许多街谈巷议的谈论，特别是在网络上，其主题往往更为局限。"[①] 他看到了网络信息传播中的"协同过滤"问题，认为网络空间是"极端主义的温床"，用"群体极化"解释网络政治的心理机制。近些年来，社会公共热点、焦点、难点事件中，一些自媒体"虚构"新闻、夸大事实，一些网民则选择性"爆料"、习惯性质疑、有罪式推论，网络传播出现互撕、对抗、反转现象，甚至是颠倒黑白、搬弄是非、造谣传谣、泄愤狂欢，助长网络民粹主义、极端主义。网络政治似乎成为真相稀缺的场域政治，其非理性、极端化、碎片化、标签式、拼图式等特征尤为明显，让网络民意扭曲、网络表达失序、网络传播失范，传播脱离法治轨道。

传播学、社会心理学上被证明的传播效应，大都适用网络传播，甚至表现得更突出。这包括群体极化效应、首因效应、近因效应、沉默螺旋效应、样本偏差效应、累积加倍效应、眼球效应、塔西佗效应、民粹效应、荷叶效应和赈灾效应。在热点事件中，如果政府处置不当、引导不力，网络舆论可能被放大、扭曲、感染，让政府陷入被动。具体来说，一是放大与情绪化。在网络聚光灯下，任何小事件、小问题都会发酵为一场舆论风暴，一些网民会不论是非曲直，一股脑儿宣泄不满情绪，成为网络哄客骂客。这就是网络传播的蝴蝶效应。二是积累与感染性。热点事件发生如

[①] [美]凯斯·桑斯坦著，黄维明译：《网络共和国——网络社会中的民主问题》，上海人民出版社2003年版，第10页。

同"导火索""引爆点",让网络舆论传播中长期积累而建构起来的集体记忆像敏感神经被刺激一样,立即被激发、唤起,舆论迅速"燃烧",舆论报复性反弹,压力成倍增加。这与心理学上的累积效应即乘数效应相似。三是扭曲与极端化。在沉默螺旋定律及群体极化影响下,网络舆论传播看似表面强势的民意,可能是扭曲、局部、狭隘的,传递出来的舆论表面强度远超实际强度。这表现为舆论场中常见的"互撕""约架""反转"。四是泡沫与民粹化。网络观点和诉求的数量飙升,质量上可能碎片化和泡沫化,常常是哗众取宠、低俗吐槽,是谩骂攻讦、人云亦云。这与网络社会"透过本质看现象"的思维特征有关,其言论是形式"深刻"而实质"浅薄",呈感性化趋势。[①] 与之相应,网络舆论的民粹倾向明显,即仇官、仇富,将政与民、官与民、穷与富简单对立,建构起"我们—他们"的叙事框架。于是,在涉权涉官涉富舆论中,网民会通过该叙事框架有罪推论,认定官员"仗势欺人","官二代""富二代"蛮横无理。

从网上网下政治关系看,可主要区分出补充型、压力型两种网络政治。比较而言,在欧美网络高位势国家,网上政治通常是网下政治的补充、延伸,而在中国则更多体现为一种压力、依赖,即网民通过网络表达、传播对现实政治与公权力施加压力,以寻求问题解决。于是,"在传统媒体格局下,公众发言或对政府进行批评的渠道相对匮乏,互联网的出现一下子成为公众最便利和顺畅的发言平台,网络舆论也出现了'井喷'现象,几乎使政府毫无准备地面临受到批评和监督的状况。"[②] 有人认为,在"政治民主相对完善、政治自由相对充分的国家中",互联网只是拓宽了传播渠道;而"在中国这样的公

[①] 刘少杰:《网络社会的感性化趋势》,载于《天津社会科学》2016年第3期。
[②] 秦露:《互联网时代如何执政与为官》,党建读物出版社2012年版,第46页。

共领域并不发达的国家,互联网可能成为普通公民抵制信息垄断和发出声音的唯一出口"[1]。说"唯一"可能言过其实,但网络舆论确实扮演了政治机会结构,成为"社会自我保护机制",是"无组织的组织""无声者的声音",是"弱者的武器"。特别是,与西方国家网络政治发展的前提不同,中国在前互联网时期的"媒体政治"由于受到媒介体制约束,并没有充分发育,虽然在一些地方也出现了电视问政等现象。这意味网络政治对中国社会而言,几乎是全新的政治范式,表现得更集中、更活跃,更引人关注,也更需要治理和规范。

五、世界经历变局:治理环境新调整

(一) 世界局势的重大变革

封闭就要落后,落后就会挨打。这是中华民族屈辱的历史记忆。近代以来世界各国现代化的进程表明,一个国家要发展成长为现代化国家,就必须开放发展,适应全球化发展趋势,融入世界体系;相反,任何脱离现代化潮流的国家,虽然在国家建设上也能够取得一些成就,但难以持续发展。就全球化而言,顺之者昌,逆之者亡。随着苏联解体、东欧剧变,冷战结束,全球化的蓬勃发展以强劲的势头深刻影响了几乎所有国家、政府与社会,改变了现代民族国家的发展空间、发展环境。

正是汲取经验教训,适应全球化发展态势,中共十一届三中全会作出了改革开放的历史性决策。此后,中共十三大明确了主要内容为"一个中心、两个基本点"的党在社会主义初级阶段

---

[1] 胡泳:《众声喧哗:网络时代的个人表达与公共讨论》,广西师范大学出版社2008年版,第334页。

的基本路线，其中"一个基本点"就是改革开放。与此相应，对外开放实践探索中形成了一系列制度和政策安排，并上升为基本国策。从改革初期的兴办深圳等经济特区、沿海沿边沿江沿线到内陆中心城市开放，从加入世界贸易组织、"一带一路"倡议到设立自由贸易试验区，从"引进来"到"走出去"，从要素和商品的流动性开放到制度化开放，形成了全方位、多层次、宽领域的全面开放格局。这为中国的发展创造了良好国际环境、开拓了广阔发展空间。2001年加入世界贸易组织（WTO）后，中国经济总量从2002年的世界第六位至2010年跃升为世界第二大经济体。离开对外开放，这样的发展成就是难以想象的。2008年北京奥运会以"同一个世界，同一个梦想"为口号，说明中国无论在认识上还是实践中，已经完全融入了世界。也正是对外开放，中国的转型发展、治理改革才有了外在推动力，这就是开放倒逼改革的原理，在改革步入深水区、攻坚期的环境下更是如此。就此而言，也就不难理解习近平总书记所说的"改革开放是决定中国命运的关键一招"这个重大判断的意义。

既然实施对外开放政策，那中国的发展就与世界的发展联系在一起，并不可避免地会受到世界格局、国际形势变化的影响。但客观情形是，国际秩序、世界性格局是处于不断变动之中的，这可能源于国家间的竞争，或大国之间的较量，或是全球治理难题的困扰，或是其他偶发因素。如果说中国改革开放以来的世界形势总体是利好的，虽然也出现过一些不利因素和突发因素，那么随着国际形势的大变革，直接引发中国现代化建设与国家治理外部环境的深刻变化。2008年是一个转折点，由美国次贷危机所引发的国际金融危机对世界经济秩序造成了很大影响，出现了逆全球化、单边主义等思潮与行动。恰恰就在这个时间点上，中国成功举办了奥运会，并在2010年成为世界第二大经济体；为了应对外部环境的变化，中国集中力量办大事的体制优势得到了极大释放，综合国力与国际影响力不断增强，对世界经济增长贡

第三章 新时代的国家治理现代化：新方位新环境新挑战

献率多年保持在30%左右，并处于上升的发展势头。作为世界头号强国的美国，认为这对它构成了"威胁"，虽然中国历来坚持和平发展的原则。基于对这种力量对比变化的行为反应，美国加速调整其全球战略布局，自2001年"9·11"事件后，为打击恐怖主义，美国将中东作为战略重心，但2009年以后转移至亚太地区，目标直指中国。这就是奥巴马政府的"亚太再平衡"战略，进一步充实了美国重返亚太的战略安排。作为世界第一、第二大经济体，中美关系是中国发展外部环境的最大变量，对中国的国内治理、参与全球治理等构成影响。

特别是，2016年特朗普当选美国总统，这被舆论界称为"黑天鹅"事件。随之而来的是，美国推行了一系列贸易保护主义、单边主义政策，特别是挑起了中美贸易摩擦，已经并将持续深刻影响世界秩序。科学认识论要求透过现象看本质。中美贸易摩擦作为中美关系调整的表象，其更深层的原因可谓是众说纷纭。《人民日报》评论员文章提出并分析了所谓的"60%定律"，即"当另一个国家经济规模达到美国的60%，并保持强劲的增长势头，甚至有快速赶超美国的可能之时，美国就一定会将其定为对手，要千方百计地遏制住对手的成长。不管是当年的苏联、日本，还是现在的中国，概莫能外。"[①] 作为世界第二大经济体的中国，经济总量已经超过了美国的60%，并且还是世界第一大货物贸易国、第一大外汇储备国，拥有世界工业能力的近1/4，科技创新水平也在不断提高等。而且，与历史上的苏联、日本相比，中国无论是经济增长速度、规模，还是综合国力，都远超越前者，引发美国社会政治精英前所未有的关注。早在2015年美国《国家利益》就曾以《醒醒吧美国，中国必须被遏制》为题发表文章；而白宫前首席战略师史蒂夫·班农更是毫无掩饰地指出："我们正在与中国进行经济战。

---

① 《美国挑起贸易战的实质是什么?》，载于《人民日报》2018年8月10日。

25年或30年内,我们中的一个将成为霸主,而如果我们陷入其中,霸主将是他们。"① 这些信息似乎反映了美国社会的焦虑和不安。于是,也就不难理解特朗普政府为极限施压中国所采取的一系列政策,甚至重拾"冷战"时期对抗苏联的政策机制。如为了对抗中国的科技崛起,美国组建了"人工智能特别委员会",以对抗中国为主旨试图建立"应对中国当前危险委员会"等。

就此而言,美国对华战略的调整就不只是简单的战术变化,而是根本性的战略调整。这可归结为:从战略理念看,美国所有行动都要服务于特朗普提出的"美国优先""美国第一"的战略,中国则提倡"人类命运共同体""合作共赢",两者目标的是有很大分歧的;从战略关系看,美国已毫无掩饰,并在《美国国家安全战略》将中国列为主要竞争对手、首要安全威胁;从战略方式看,奥巴马政府当时定位对中国采取"接触战略",特朗普政府则明确提出要实施"竞争战略";从战略空间看,奥巴马当时提出并实施"亚太再平衡"战略,试图在亚太地区遏制中国,特朗普则提出了"印太战略""南亚中亚战略",把战略空间从太平洋扩大至印度洋;从军事战略看,奥巴马政府时期曾提出"自动减支计划",美国军费增长有所放缓,特朗普政府则提出"重塑美国军力",以"中国威胁论"为借口不断提高军费、增加军力。中美关系的这些变化意味着中国治国理政的外部环境在发生根本性变革。

就世界形势、外部环境的变化,党的认识是清楚的。2012年召开的中共十八大报告定位是:世界形势继续在发生深刻复杂变化,但是和平与发展仍是时代主题;中国发展仍处于战略机遇期,但是机遇与风险挑战都是前所未有的。特别还指出:"世界仍然很不安宁。国际金融危机影响深远,世界经济增长不稳定不确定因素增多,全球发展不平衡加剧,霸权主义、强权政治和新

---

① 《美国挑起贸易战的实质是什么?》,载于《人民日报》2018年8月10日。

第三章　新时代的国家治理现代化：新方位新环境新挑战

干涉主义有所上升，局部动荡频繁发生，粮食安全、能源安全、网络安全等全球性问题更加突出。"① 5年后的2017年，中共十九大对世界形势总的判断与中共十八大总体相似："世界处于大发展大变革大调整时期，和平与发展仍然是时代主题。……世界多极化、经济全球化、社会信息化、文化多样化深入发展，全球治理体系和国际秩序变革加速推进，各国相互联系和依存日益加深，国际力量对比更趋平稳，和平发展大势不可逆转。同时，世界面临的不稳定性不确定性突出，世界经济增长动能不足，贫富分化日益严重，地区热点问题此起彼伏，恐怖主义、网络安全、重大传染性疾病、气候变化等非传统安全威胁持续蔓延，人类面临许多共同挑战。"② 但是，其中一些表述还是有微妙变化。如中共十八大报告是"世界经济增长不稳定不确定因素增多"，中共十九大则调整为"世界面临的不稳定性不确定性突出"。显然，不稳定不确定因素已经不只经济领域的，而是全面性的，也不只是"增多"，而是"突出"。尤其是2018年习近平总书记在多个场合提出："我们仍然处在大有可为的历史机遇期，前景十分光明，挑战也十分严峻。现在，我国发展外部环境发生明显变化。"就世界形势和外部环境的变化，2018年中央外事工作会议上，他讲话指出："当前中国处于近代以来最好的发展时期，世界处于百年未有之大变局，两者同步交织、相互激荡。"可以说，正是基于世界形势的深刻变化，才有了认识上的这些调整。

这其中，两个基本判断密切相关，也值得关注，一是"外部环境发生明显变化"，二是"世界处于百年未有之大变局"。后者与前者互为因果，共同表达了世界局势的大变局和治国理政外部环境的深刻变化。具体来说，一方面，世界范围内各国之间的联系日益密切。百年前的全球化主要体现为国家之间的商品货物

---

① 《十八大报告辅导读本》，人民出版社2010年版，第47页。
② 《党的十九大报告辅导读本》，人民出版社2018年版，第57页。

贸易，对外投资并不常见，主要集中在殖民者和殖民地国家之间。当下各国之间联系已经不局限于经济方面，还包括气候变化、恐怖主义、人口流动、毒品走私、疾病传播等单靠某个国家无法解决的全球治理问题，国家间的相互依存程度不断加深拓展。从问题导向看，这正是习近平总书记提出"构建人类命运共同体"的重要原因。但也要看到，国家之间的竞争也前所未有，特别是以人工智能、虚拟技术、量子通信等所驱动的第四次科技革命方兴未艾，将深刻改变人类生活和生产方式，也构成国家之间关系变化与国家关系格局变革的重要因素。而且，与百年前只有美洲国家组织、国际联盟等为数不多的非国家行为具有影响力不同，当下的国际关系内涵已发生深刻变化。除国家之外，各类跨国经济和金融集团，各地区、城市、非政府组织，各类超国家、准国家等国际组织，这些非国家行为体在国际事务、全球治理中也越来越扮演重要角色。

另一方面，世界范围内国家间出现权力转移。近代以来国际关系领域出现了一些共识性的规则，国家之间的交往不再是赤裸裸的实力较量，但是国际关系格局变化的本质还在于主要行为体之间力量对比的变化。百年前很多殖民地还没有实现国家独立，世界经济政治的主导权是由西方国家牢牢掌握控制的。特别是，美国取代英国成为世界秩序的主导者，从第一次世界大战后的凡尔赛—华盛顿体系，到第二次世界大战后的雅尔塔体系，再到冷战结束、苏联解体，在世界秩序多次变化重构的过程中，美国逐步实现了独霸世界。但是，第二次世界大战后亚非拉国家摆脱了殖民统治，实现国家独立发展，到目前已有一大批新兴经济体和发展中国家逐步发展起来，世界经济中心开始向亚太地区转移，并外溢至其他发展中国家和地区。随之而来的是世界权力中心也出现动摇，开始从西方世界向非西方世界扩散转移。有统计显示，2018年的世界经济增长，新兴经济体和发展中国家的贡献率已经达80%，汇率折算后的经济总量已占世界40%；按照目前的发展态势，到 2035 年发展中国家的经济总量将超过发达经济体，占全球经济总量的 60%。这意味着由西方国家长期主导的国际秩序和全球治理体系已在发生"百年之变"。一个趋势最能说明这一点，即随着新兴经济体和发展中国家国际地位的上升，2008 年国际金融危机之后，西方七国集团（G7）已开始让位于涵盖发展中国家在内的二十国集团（G20），越来越成为全球最具有影响力的治理机制。更不要说，在非西方世界也出现了诸如金砖五国、上海合作组织等国际性的治理机制，已经对世界经济和政治格局产生了重大影响。

结合以上两方面，现有国际规则、国际秩序主要是由美国主导下制定的，它确实存在不公正、不合理的弊端，不过主要是对发展中国家不利，也不符合国际秩序发展趋势，当然需要改革。而客观上出现的世界权力转移意味着美国国际地位的衰落，受到了前所未有的挑战。于是，特朗普政府无视世界贸易组织（WTO）规则，以"国家安全"为由采取了一系列"非常"举措，如退出了跨太平洋伙伴关系协定、巴黎气候协定、联合国教科文组织、伊核协议等国际组织和协议。这对国际规则秩序构成了严重破坏。尤其是，特朗普政府为遏制中国发展的上升势头，极限施压、挑起贸易战，这不仅影响世界第一、第二大经济体系中美之间的战略关系，已经造成了不同程度的国际局势紧张和国际秩序的变化。

（二）治理环境的深刻调整

全球化是"双刃剑"，它既是好处和机遇，在为参与国家拓展发展空间、形成发展利好的同时，也蕴藏着风险和挑战，可能侵犯国家主权、消解文化传统，甚至挑战社会秩序、危害国家安全。特别是，后发外源型的现代化国家，会因为"后发效应"的影响，可能遭遇到全球化的压力会更大、挑战会更多。对此，曾任联合国大会国际发展战略委员会主席盖马尼·科里亚就指出,在全球化压力下,"第三世界国家一个个变得'不可治理'。不管政府多么复杂——左翼还是右翼,军事还是民主——它们都无法对其人民的期望给予足够的反应:被媒体唤起的期望,被通讯唤起的期望,被教育唤起的期望……我的感觉是,第三世界发生的动乱和紧张将最终超越国家边界,威胁到全球的和平与稳定结构……动乱如果扩散,将扰乱整个全球经济的运转。"①确实,全球化的蓬勃发展使整个人类成为一个紧密的命运共同体的同时,也对民族国家造成了深刻的影响,这种影响不只表现于经济领域,更体现在现代化建设和国家治理的各方面。一些国家发展中出现"中等收入陷阱",经济发展长期停滞,而一些发展中国家照抄照搬西方民主模式,造成权力结构破坏,出现管制真空、社会秩序混乱,沦落为不可治理的失败国家。教训是深刻的,应当汲取。

按照马克思主义辩证法,虽然内因、国内治理是决定性的,但是外因、国际环境的深刻变化,可能导致内因变化,当两者交织叠加时,外因和国际环境变化就可能转化为决定因素。作为后发现代化国家,中国顺应时势选择了对外开放,40多年来的转型发展也确实体现了极大的开放性,这意味着在赢得发展机遇的同时,也会因为世界环境的变化而面临挑战、遭遇压力。历史能够说明这一点。改革开放以来,党领导人民治国理政就不时受到世界形势、国际局势变化的影响。对国际形势的变化,经济领域的反应是最直接也最直观的。如受到国际金融危机影响,2008年开始中国经济增长速度也开始逐年降低,经济发展开始进入新常态。

除经济领域外,治理环境的深刻变革还对中国的政治建设、文化建设构成影响。这是因为,全球化不只是经济要素、商品货

---

① [澳]约瑟夫·凯米莱里等著,李东燕译:《主权的终结?》,浙江人民出版社2001年版,第72页。

第三章 新时代的国家治理现代化：新方位新环境新挑战

物的流动，它还意味着人口、思想文化、价值观念的流动，进而是对国家制度建设、市场治理、社会治理等产生影响。一言以蔽之，外部环境的变化对治国理政的影响是全方位、整体性的。如开放发展对国家主权带来了不少风险与变数，国家领土安全、主权完整等都受到直接间接的外来影响。近年来"疆独""港独"势力的嚣张与猖狂无不与此有关，对单一国家结构制度、民族区域自治和特别行政区制度构成挑战。

再如，开放发展对国家民主建设的制度安排、发展次序等产生影响。从原生逻辑看，现代民主政治主要在民族国家确立的进程中逐步形成，并在民族国家的政治空间内得以展开。有学者就指出："议会、政党、政府和公众之间的民主的相互作用并非形成于村镇、城市，也并非形成世界社会，而是以领土国家及其边界和边界控制为前提。民主（迄今）也只是形成并且发生于国家的集装箱内。"① 但是，全球化以其强大的势能将"国家集装箱"打开，民主政治的空间发生了极大的变化，开始从民族国家走向国际社会。亨廷顿曾就新的民主化浪潮指出："第三波的一个成就就是使西方文明中的民主获得了普遍性，并促进了民主在其他文明中的传播。如果第三波有一个未来，这个未来就在于民主在非西方社会的扩展。"② 必须指出的是，全球化背景下的民主更多指的是西式民主，与竞争型政党制度、三权分立制度等结合在一起，这与中国特色社会主义民主制度存在本质差异。而且，凭借经济、科技和文化优势，西方国家通过各种形式不断向中国推广其民主价值观。中国社会上不时出现的极右思潮及民主政治诉求，就是对外开放的"副产品"，这势必对治国理政构成影响。

---

① [德] 乌·贝克、哈贝马斯著，王学东等译：《全球化与政治》，中央编译出版社 2000 年版，第 13 页。
② [美] 塞缪尔·亨廷顿著，刘军宁译：《第三波——20 世纪后期民主化浪潮》，生活·读书·新知三联书店 1998 年版，序第 5 页。

再有，全球化推动了中国与世界其他文化、各种意识形态和价值观念的共存、融通与互动。"不同文明之间的交流，过去常常被证明是人类文明进步的里程碑。"① 这符合世界历史时代文化发展的规律。但是，西方国家因经济科技优势，其文化在比较中处于强势地位，控制着全球范围内的意识形态话语霸权，对社会主义国家进行文化和意识形态的渗透，历来就"是美国维持其霸权地位所必须实施的战略"②。美国前总统尼克松也曾毫无掩饰地说："如果我们在意识形态领域的斗争中失利，我们所有的武器、条约、贸易、外援和文化交流将毫无意义。"③ 这种"文化帝国主义"对中国国家意识形态安全构成挑战。加之，"文明冲突论""历史终结论""意识形态终结论"等西方思潮的宣扬，严重影响着一些中国人的价值认知，他们甚至反对社会主义制度，质疑党的意识形态领导权地位。这对治国理政的影响是根本性的。

作为全球化的后来者，中国基于自身利益考虑也不得不接受由西方国家制定的国际规则、国际制度和国际惯例，这在客观上限制了中国在国家制度建设方面的自主性。有人认为，应当把国家主权与国家自主性分开，全球化削弱的是国家自主性而非国家主权。全球化对国家自主性的影响，主要体现在跨国公司、全球资本市场、国际法、全球通信、非政府组织、政府间组织等全球化因素。④ 事实表明，也正因为坚持政治发展与国家治理的自主性，或是将开放性与自主性结合起来，中国的发展始终是遵循明确底线，即不搞多党制、不搞三权分立与普选制等，才摆脱了

---

① [英]罗素著，王正平译：《罗素文集》，改革出版社1996年版，第29页。
② [美]布热津斯基著，潘嘉玢等译：《大失控与大混乱》，中国社会科学出版社1995年版，第120页。
③ [美]理查德·尼克松著，谭朝洁等译：《1999：不战而胜》，中国人民公安大学出版社1988年版，第114页。
④ 鲁克俭：《试论全球化对国家自主性的影响》，载于《教学与研究》2001年第9期。

"全盘西化"和"盲目排外"的两种错误倾向。英国学者在《比较政府与政治导论》中指出:"人们广泛相信,中国应当能够在政治和经济两方面以自己的方式实现发展,而不必移植西方的模式。"① 有人研究中俄两国制度变迁认为,中国制度变迁的成功之道在于制度创新立足于国情,充分尊重、肯定并发扬已有制度体系中的合理内核,同时又批判吸收现代制度文明的精华,通过制度创新和改造来建设市场经济和民主政治体制。② 这解释了中国在对外开放中坚持自主发展的意义。

当然,与以往不同的是,中国特色社会主义经过长期努力进入新时代。这意味着中华民族迎来了从站起来、富起来到强起来的伟大飞跃,也是"我国日益走近世界舞台中央、不断为人类作出更大贡献的时代"③。习近平总书记明确提出:"我们前所未有地靠近世界舞台中心,前所未有地接近实现中华民族伟大复兴的目标,前所未有地具有实现这个目标的能力和信心。"这从时间与空间、中国与世界的关系坐标上,确定了中国所处的时代和历史方位。那么,中国要真正实现从"富起来"到"强起来",从"走近"到"走进"世界舞台中心,毫无疑问必须持续开放发展,进一步施行对外开放政策,参与全球治理,与世界各国一道解决人类共同面临的难题。但是,这也意味中国的现代化建设与现代国家建设,将更深刻、更全面地与世界局势变化紧紧联系在一起。问题的关键在于,"世界处于百年未有之大变局"与"外部环境发生明显变化",这样的"变"给中国的治国理政带来了诸多不确定性,进而可能是各种类型的风险挑战。

回应新时代治国理政外部环境的深刻变化,党和政府必须协调好国内与国际"两个大局",有计划、有步骤、有秩序地积极

---

① [英]罗德·黑格、马丁·哈罗普著,张小劲等译:《比较政府与政治导论》,中国人民大学出版社2007年版,第69~70页。
② 参见黄立:《现代制度浪漫主义》,载于《读书》1998年第11期。
③ 《党的十九大报告辅导读本》,人民出版社2017年版,第11页。

融入世界体系，不断推动世界秩序变革，为我国的发展尽可能创造良好的发展环境，同时也必须坚持自主性，尤其是在政治制度建设上要有自主性，坚定不移维护国家核心利益。这要求在"中国向何处去""举什么旗、走什么路"等事关国家发展的大是大非、根本性问题上，要能够处变不惊、坚定从容、临危不惧，稳得住心神、站得住脚跟，要有战略定力。而习近平总书记提出"鞋子论""不能犯颠覆性错误"、三个"一以贯之"等，要求既不走封闭僵化的老路，也不走改旗易帜的邪路，确保国家沿着正确道路向前发展，正体现的是战略定力与战略自信。在庆祝改革开放40周年大会的讲话中，习近平总书记指出："增强'四个自信'，牢牢把握改革开放的前进方向。改什么、怎么改必须以是否符合完善和发展中国特色社会主义制度、推进国家治理体系和治理能力现代化的总目标为根本尺度，该改的、能改的我们坚决改，不该改的、不能改的坚决不改。"[①] 在当今世界大发展、大变革、大调整的环境下，这对国家治理能力是一种考验，但也指明了治国理政的基本遵循。

---

① 习近平：《在庆祝改革开放40周年大会上的讲话》，新华网，2018年12月18日。

第四章

推进国家治理现代化：
新要求新取向新态势（上）

一、明确目标：健全制度体系支撑强国治理

（一）制度建设的两个半程

中国特色社会主义进入新时代，意味着新阶段新方位、新矛盾新内涵、新环境新要求、新目标新使命，这些"新"相互联系，共同规定了新时代治国理政与国家治理现代化的新逻辑、新取向。从治理目标看，中国特色社会主义进入新时代，意味着中国已经实现了站起来到富起来的目标，站在了强起来的起点上，出现了强起来的态势。如此发展方位与强国目标，又与现代化建设、国家治理改革联系在一起。而现代化本质上是一个全方位的持续变革过程。全面现代化当然涉及国家制度建设，内含制度现代化要求，尤其是在经济发展取得相当成就后，没有制度现代化就难以成功实现全面现代化，强国目标就可能落空。美国无疑是早发现代化国家的成功者，到目前为止依然如此，这有很复杂的因素，但制度建设是关键。《纽约时报》专栏作家汤姆斯·弗里德曼曾评论道：美国成功的秘密不在于华尔街和硅谷，不在于空

军和海军,不在于言论自由和自由市场。其真正强大的秘密在于这些现象背后长盛不衰的法治和制度,因为,"我们所继承的良好的法律与制度体系——有人说,这是一种由天才们设计,所以蠢材们能加以管理的体系。"① 相反,在诸如阿根廷等陷入现代化困境国家的背后,都可发现国家制度建设问题。有人将此概括为"半程现代化"现象,认为这不能简单等同于发展经济学上的"中等收入陷阱",只是经济表现形式,这还是发展政治学问题,是国家治理失败失灵问题,要走出"半程现代化"困境,"关键要落实到政治制度的效用、发展和变迁这些方面"。② 这是很有启发意义的。

从现代国家治理通则看,制度问题至关重要,它具有稳定性、全局性、根本性和长期性。作为一套行为规范体系,制度包括正式规则与非正式规则。新制度主义创立者诺思指出:"制度是一个社会的游戏规则。或更正式地说是人类设计的、构建人们相互行为的约束条件。它们由正式规则(成文法、普通法、规章)、非正式规则(习俗、行为准则和自我约束的行为规范)以及两者执行的特征组成。"③ 当然,新制度主义以"理性个人"为分析出发点,这是有局限性的,并不能全面反映社会生活中个体行为选择与制度关系。与此不同,马克思主义是从社会与国家关系的整体结构中认识制度的。制度发展的辩证法是:"人们在自己生活的社会生产中发生一定的、必然的、不以他们的意志为转移的关系,即同他们的物质生产力的一定发展阶段相适合的生产关系。这些生产关系的总和构成社会的经济结构,即有法律的和政治的上层建筑竖立其上并有一定的社会意识形态与之相适应

---

① 任东来:《大国崛起的制度框架和思想传统——以美国为例的讨论》,载于《战略与管理》2004年第4期。
② 虞崇胜、余扬:《深化制度变革:中国半程现代化的困境与出路》,载于《探索》2017年第2期。
③ [美]道格拉斯·C.诺思著,杭行译:《制度、制度变迁和经济绩效》,上海三联书店2008年版,第48页。

第四章 推进国家治理现代化：新要求新取向新态势（上）

的现实基础。物质生活的生产方式制约着整个社会生活、政治生活和精神生活的过程。"① 这即是说，适应社会生产、社会结构的不断变迁，国家法律和政治制度要适应性地改革调整、创新发展。

这样的制度建设原理规定了，社会主义制度不是一成不变的，也不可能一蹴而就。正如马克思、恩格斯指出的："'社会主义社会'不是一种一成不变的东西，而应当和任何其他社会制度一样，把它看成是经常变化和改革的社会。"② 当然，适应社会转型发展，新时代更好推进国家治理改革，主旨是在国家制度体系下，完善和发展基础性制度体系。这主要包括："中国经济制度运行所需要的产权制度、金融制度、企业制度、监管制度等等；人大制度运行中所需要选举制度、立法制度、预算制度、质询制度等等；多党合作与政治协商运行所需要协商制度、监督制度、提案制度等等；单一制国家政府行政运行所需要的税收制度、公共财政制度、公务员制度、政府采购制度、教育制度、社会福利制度等等；文化建设与发展中的新闻制度、知识产权制度、文化市场管理制度等等；生态建设中的环保制度、动植物保护制度、能源制度等等；此外，还有巩固和实现党的领导所需要的民主集中制、干部制度、反腐倡廉制度等等。"③ 这些具体制度体制构成国家基础性制度体系，保障根本制度或基本制度的有效运行，是为了让中国特色社会主义制度的优势更充分发挥出来。

其实，习近平总书记曾就中国特色社会主义制度的发展区分了"前半程"与"后半程"。他指出："我国社会主义实践的前半程已经走过了，前半程我们的主要历史任务是建立社会主义基

---

① 《马克思恩格斯选集》（第2卷），人民出版社1995年版，第32页。
② 《马克思恩格斯文集》（第10卷），人民出版社2009年版，第588页。
③ 林尚立：《当代中国政治：基础与发展》，中国大百科全书出版社2017年版，第224页。

本制度，并在这个基础上进行改革，现在已经有了很好的基础。后半程，我们的主要历史任务是完善和发展中国特色社会主义制度，为党和国家事业发展、为人民幸福安康、为社会和谐稳定、为国家长治久安提供一整套更完备、更稳定、管用的制度体系。"① 在这里，"前半程"是指改革开放前社会主义基本制度的建立与改革开放后社会主义制度的完善改革，也就是国家制度体系建设；"后半程"就是指中国特色社会主义进入新时代，任务是完善和发展中国特色社会主义制度，创造有效的国家治理体系。这与中共十八届三中全会提出的全面深化改革总目标是一致的，即完善和发展中国特色社会主义制度，推进国家治理体系和治理能力现代化。而推进国家治理现代化就是在中国特色社会主义制度大框架中、在国家根本与基本制度体系下，进行具体体制机制的改革创新与完善发展，即基础性制度体系建设。

（二）促进制度的成熟定型

改革开放之初，党就用新的眼光和视角思考国家治理体系建设问题，也就是抛弃传统社会主义模式，探索发展中国特色社会主义。这是通过社会转型发展与国家治理改革逐步探索并实现的。当时，邓小平的思路很明确：改革不是另起炉灶，而是社会主义制度的自我完善，要有领导、有秩序、有步骤地进行。于是，也就不难理解社会主义初级阶段基本路线中包含的"两个基本点"，即坚持四项基本原则与坚持改革开放，两者是统一的，不可偏废。这背后更深层次的考量是：社会主义制度必须坚持，但如何更好发挥社会主义制度优越性与生机活力，需要通过不断推进国家治理改革来实现。

早在1980年，邓小平就提出："我们今天再不健全社会主义

---

① 中共中央文献研究室编：《习近平关于社会主义政治建设论述摘编》，中央文献出版社2017年版，第6~7页。

第四章 推进国家治理现代化：新要求新取向新态势（上）

制度，人们就会说，为什么资本主义制度所能解决的一些问题，社会主义制度反而不能解决呢？"① 他提出党和国家领导制度的改革的目标是："在经济上赶上发达的资本主义国家，在政治上创造比资本主义国家的民主更高更切实的民主，并且造就比这些国家更多更优秀的人才。"② 发展中国特色社会主义、展现中国特色社会主义生机活力，要体现在经济、政治、文化、人才活力等多方面。邓小平特别就政治制度与政治体制，也即根本制度、基本制度与具体体制机制进行了区分，也就是对国家制度体系与国家治理体系的区隔。这是对中国社会主义国家建设的深刻洞察，体现了高超的政治智慧，成为社会主义民主发展乃至国家治理改革的基本遵循。如果从"其兴也勃焉，其亡也忽焉"的"历史周期律"和党的长期执政、中华民族伟大复兴等高度和目标看，那么只有将中国特色社会主义道路、理论、制度和文化发展积累创造的经验上升为制度，将改革探索形成的体制机制、规范程序等固定下来，并切实转化为实现国家长治久安的制度成果，才能更好保障改革发展成果，更多激发社会活力，更长久更充分彰显中国特色社会主义制度优越性。

正因此，改革开放以来的国家治理改革始终贯穿着一条主线，即社会主义制度的更加成熟、更为定型。在1992年南方谈话中，邓小平提出："恐怕再有三十年的时间，我们才会在各方面形成一整套更加成熟、更加定型的制度。在这个制度下的方针、政策，也将更加定型化。"③ 这是首次提出制度定型化的要求。围绕这样的主线与目标，社会转型发展与现代化建设、国家治理改革与中国特色社会主义发展，取得了重大的制度建设成果，即中国特色社会主义制度的形成。具体时间节点是2011年，

---

① 《邓小平文选》（第2卷），人民出版社1994年版，第333页。
② 《邓小平文选》（第2卷），人民出版社1994年版，第322页。
③ 《邓小平文选》（第3卷），人民出版社1991年版，第372页。

当年胡锦涛在纪念中国共产党成立90周年大会的讲话中，明确中国特色社会主义制度已经确立，并提到了"制度体系"的概念。这是制度定型化的重要成果。

中共十八大就中国特色社会主义制度有完整表述："中国特色社会主义制度，就是人民代表大会制度的根本政治制度，中国共产党领导的多党合作和政治协商制度、民族区域自治制度以及基层群众自治制度等基本政治制度，中国特色社会主义法律体系，公有制为主体、多种所有制经济共同发展的基本经济制度，以及建立在这些制度基础上的经济体制、政治体制、文化体制、社会体制等各项具体制度。"① 这里，根本制度与基本制度就属于国家制度体系的内容，而建立在这些制度基础上的各项具体制度体制机制，则属于国家治理体系的范畴。有学者研究指出："中国共产党为中国制度确立了三大底线：其一，坚持党的领导，不搞西方多党制；其二，坚持人民代表大会制度，不搞西方的三权分立；其三，坚持公有制为主体的基本经济制度，不搞私有制。"② 只要坚守好"三大底线"，可以说就是坚持了中国特色社会主义制度。而党的领导、人民代表大会制度、公有制的合理性、优越性要更好展现出来、更充分发挥出来，创造更持久更有效的治理发展，那就需要其他具体制度体制机制的不断创新改革、完善发展，需要推进制度更成熟、更定型。这就需要推进基础性制度体系与国家治理体系建设。

适应新时代新环境，实现新目标新要求，必须在改革开放以来制度建设形成的基础上，更好进行国家治理改革，推进制度的成熟定型。这正是中国特色社会主义发展"后半程"的任务。中共十八大报告强调："必须以更大的政治勇气和智慧，不失时

---

① 《十八大报告辅导读本》，人民出版社2012年版，第13页。
② 林尚立：《当代中国政治：基础与发展》，中国大百科全书出版社2017年版，第224页。

机深化重要领域改革,坚决破除一切妨碍科学发展的思想观念和体制机制弊端,构建系统完备、科学规范、运行有效的制度体系,使各方面制度更加成熟更加定型。"① 同时,提出"五个加快",分别就中国特色社会主义事业"五位一体"的制度建设进行了部署,即完善社会主义市场经济体制、基本经济制度和分配制度,推进社会主义民主政治建设和国家各项工作法治化,完善文化管理体制和文化生产经营机制,加快形成科学有效的社会管理体制,加快建立生态文明制度。

而中共十八大以来,新时代党领导人民治国理政的战略思维与行动逻辑非常清晰地体现了制度定型化的思路。如中共十八届三中全会提出,完善和发展中国特色社会主义制度,推进国家治理体系和治理能力现代化是全面深化改革的总目标,并明确了时间表:"到二〇二〇年,在重要领域和关键环节改革上取得决定性成果,完成本决定提出的改革任务,形成系统完备、科学规范、运行有效的制度体系,使各方面制度更加成熟更加定型。"② 而且,还对经济、政治、文化、社会、生态文明和党的建设改革提出了"六个紧紧围绕"的具体要求。中共十八届四中全会明确了全面依法治国的总目标是"建设中国特色社会主义法治体系,建设社会主义法治国家"。这要求在党的领导下,"坚持中国特色社会主义制度",形成"五大体系",即完备的法律规范体系、高效的法治实施体系、严密的法治监督体系、有力的法治保障体系和完善的党内法规体系,目的也是要"推进国家治理体系和治理能力现代化"。③ 法治体系与中国特色社会主义制度密切相关,法治国家与国家治理现代化相辅相成,因此,全面深化

---

① 《十八大以来重要文献选编》(上),中央文献出版社2014年版,第14页。
② 《〈中共中央关于全面深化改革若干重大问题的决定〉辅导读本》,人民出版社2013年版,第7页。
③ 《〈中共中央关于全面推进依法治国若干重大问题的决定〉辅导读本》,人民出版社2014年版,第4页。

改革与全面依法治国是"姊妹篇",都聚焦于制度的完善发展和定型成熟。中共十八届五中全会提出适应全面建成小康社会需要,"各领域的基础性制度体系基本形成"。中共十九大更进一步提出:"必须坚持和完善中国特色社会主义制度,不断推进国家治理体系和治理能力现代化,坚决破除一切不合时宜的思想观念和体制机制弊端,突破利益固化的藩篱,吸收人类文明有益成果,构建系统完备、科学规范、运行有效的制度体系,充分发挥我国社会主义制度优越性。"① 中共十九届三中全会的主题是深化党和国家机构改革,也是适应新时代新环境、新矛盾新目标,治国理政的重要体现。"党和国家机构职能体系是中国特色社会主义制度的重要组成部分,是国家治理体系和治理能力的重要支撑。"这道理在于,国家治理体系体现为基础性制度体系,制度体系又必须转化为职能体系,职能体系又要有机构体系来支撑。因此,这也是促进制度成熟定型的战略举措。

那如何衡量制度定型化呢?有学者研究提出:"中国特色社会主义制度定型化不是一般意义上的制度定型化,而是基于中国具体国情和现实要求提出的,具有特殊的内在规定性。"② 按照中共十八大和中共十九大提出的要求,可认为制度成熟定型化的要求就是"系统完备、科学规范、运行有效",也即习近平总书记强调的要"更完备、更稳定、更管用"。

具体来说,这首先是系统完备,主要是指制度要素的系统性、全面性和完整性。在结构上,这要求遵循人民民主与社会主义这两大国家制度体系建设的原则,适应新时代以人民为中心和新发展理念要求,形成能够支撑制度建设与发展的制度价值、制度精神、制度环境、制度载体等;在内容上,这要求形成改革发

---

① 《党的十九大报告辅导读本》,人民出版社 2017 年版,第 21 页。
② 贾绘泽:《中国特色社会主义制度定型化论析》,载于《理论月刊》2018 年第 4 期。

第四章 推进国家治理现代化：新要求新取向新态势（上）

展稳定、治党治国治军、内政国防外交等各领域，及经济、政治、文化、社会、生态文明、党的建设等各方面制度的建立健全，实现"更完备"的要求。

其次是科学规范，主要是指制度结构的科学性、制度逻辑的自洽性、制度间关系的协调性。这要求进一步完善根本与基本制度，并形成具体制度体制、机制规程、方法工具，也就是各领域各方面的基础性制度体系；这要求从人民、人民与政府、社会与国家关系出发，是人民决定制度，而不是制度决定人民，推动制度建设与其他支撑制度发展的要素能够相互促进，如制度与利益、制度与文化、制度与道德等；这要求各领域各方面制度建设要协调协同，不能相互冲突、抵牾，并要求各领域制度体制机制等要素也要和谐有序、相互耦合，达成"更稳定"的目标。

最后是运行有效，主要是指制度建设要遵循科学的"闭合原理"，即"制度建设要可执行、可监督、可检查、可追究、可问责"，形成一个环环相扣、相互咬合的闭环；这即所谓的制度化，制度不同于制度化，只有实现了制度化，才能称得上有效的制度体系；这要求形成刚性约束力、制度执行力和生机活力，杜绝"破窗效应"，避免制度只是"写在纸上、贴在墙上、念在嘴上"，减少制度闲置虚设、成为"稻草人""空转"等问题；这带来的结果就是制度功能的最大实现，即制度所具有的激励、规范、约束、集约等功能得到有效发挥，制度价值的最大彰显，即实现共享发展、促进社会公平、实现人的全面发展等意义的充分体现，制度优势得到发挥，即凝聚力量、建构秩序、保障发展等，也就是集中力量办大事的独特优势得到最大展现，真正做到"更管用"。

要明白的是，制度的更加成熟、更加定型，总是相对的，必定要随着社会结构变迁和时代发展不断完善进步；这也不是尽善尽美、完美无缺的，而需要不断改革创新、调适发展，要在定型中发展、发展中定型，形成制度变迁的"新陈代谢"。为此，在认识论上，必须强调定型化只能是"更加"，只有"更好"，没有"最好"。这符合发展辩证法："一切发展中的事物都是不完善的，而发展只有在死亡时才结束。"① 所以党的报告中将制度定型化的目标确立为更加成熟、更加定型，这是实事求是的态度；在行动论上，既要推动制度定型化，也要推动制度的创新发展。这是因为，"国家治理现代化的实质是制度现代化，制度现代化是一个在深化改革中不断完善和逐步定型的过程。"② 质言之，"制度定型化永远在路上"。正因此，中共十九大报告中就全面建设社会主义现代化国家2035年和21世纪中叶两个"十五年"的目标设定为，"各方面制度更加完善，国家治理体系和治理能力现代化基本实现""实现国家治理体系和治理能力现代化"③。

（三）制度自信与制度创新

既然推进国家治理现代化，必须促进制度更加定型、更加成熟，而制度定型化是相对的，与制度创新发展相辅相成，那就要在国家制度体系下，适应新时代新环境，不断创新国家治理体系和基础性制度体系，进一步完善中国特色社会主义制度。这就要求坚定中国特色社会主义制度自信。这也是中共十八大提出中国特色社会主义制度，同时强调制度自信的理由。中共十九大更是将"三个自信"发展为"四个自信"。特别是，在政治建设的部署上提出了健全人民当家作主制度体系，这本就隐含着一个前提，即社会主义民主制度框架的基本确立。如果没有这样的制度，所谓"健全"无从谈起。按照中共十八大、中共十九大就中国特色社会主义制度的界定，这包括人民代表大会制度的根本

---

① 《马克思恩格斯全集》（第1卷），人民出版社2002年版，第60页。
② 包心鉴：《制度现代化：国家治理现代的实质与指向》，载于《社会科学研究》2015年第2期。
③ 《党的十九大报告辅导读本》，人民出版社2017年版，第28页。

政治制度，中国共产党领导的多党合作和政治协商制度、民族区域自治制度、基层群众自治制度的基本政治制度，以及建立在根本、基本制度基础上的具体政治体制机制，并由中国特色社会主义法律体系给予文本体现与规范表达。这背后更是包含了坚定制度自信的要求。"坚定中国特色社会主义制度自信，首先要坚定对中国特色社会主义政治制度的自信，增强走中国特色社会主义政治发展道路的信心和决心。"[①] 在新的历史方位上，谋划国家治理改革、推进国家治理体系建设，必须在坚持根本和基本政治制度的基础上展开，不能"另起炉灶"，照搬西方国家的民主制度模式，不走封闭僵化老路和改旗易帜邪路。这是健全民主制度体系的根本遵循。如果没有自信，推动民主建设就可能偏离方向、丢失原则、突破底线，犯"颠覆性错误"。

坚定中国特色社会主义制度自信，是可能的、可行的，也是必要的、必需的。这可从三个维度认识：一是从历史看，改革开放以来中国经济社会发展取得了非凡成就，人民生活水平提高、民生不断改善，社会活力和创造力、自由空间和流动资源充分释放。"这些事实充分证明，中国社会主义民主政治具有强大生命力，中国特色社会主义政治发展道路是符合中国国情、保证人民当家作主的正确道路。"[②] 那种承认中国经济社会发展成就而否认国家制度体系发展，尤其是民主制度进步的观点，是站不住脚的，既不符合历史事实，也有悖经济与政治关系的逻辑。其本质是"西方民主中心论"，是用西方民主制度标准度量中国民主发展。更重要的是，"中国特色社会主义政治制度之所以行得通、有生命力、有效率，就是因为它是从中国的社会土壤中生长

---

① 中共中央文献研究室编：《习近平关于社会主义政治建设论述摘编》，中央文献出版社2017年版，第7页。
② 中共中央文献研究室编：《习近平关于社会主义政治建设论述摘编》，中央文献出版社2017年版，第15页。

出来的。"① 一个不记得来路的自信，是没有出路的自信。明白了从哪里来、到哪里去，就有了自信的底蕴。坚定中国民主制度自信并不是盲目的，而是历史的结论，本质上是一种历史自觉。

二是从比较看，制度没有最好，只有更好，准确地讲是更适合。例如，从民主制度看，即使被称为"民主典范"的美国，这些年来也暴露出了不少制度问题。当年提出"历史终结论"的学者福山，在反思美国的民主制度，认为利益集团游说扭曲了民主进程，侵蚀了政府有效运作，两党制让制衡变成了否决制，这已"引发了一场代议制度危机"，甚至参照改革开放以来中国的政治建设和民主发展最后修正了"历史终结论"。如果说民主的本质具有普遍性，那么"实现民主的形式是丰富多样的，不能拘泥于刻板的模式，更不能说只有一种放之四海而皆准的评判标准。"② 实际情形是，中国的民主是有别于多党制、三权分立、两院制等西方民主制度标识的"具有鲜明的中国特色"的"一套制度安排"③。这也意味着，"我们用事实宣告了'历史终结论'的破产，宣告了各国最终都要以西方制度模式为归宿的单线式历史观的破产。"④ 这样的比较优势正是坚定制度自信的必要支撑。

三是从发展看，任何对中国特色社会主义制度不切实际的矮化、丑化或拔高、美化都是不自信的表现。党和政府对中国特色社会主义制度的优势和劣势有着深刻、系统认识，并对推动国家制度体系、国家治理体系发展的方向、原则、方式、步骤等有着

---

① 中共中央文献研究室编：《习近平关于社会主义政治建设论述摘编》，中央文献出版社 2017 年版，第 12 页。
② 习近平：《在庆祝中国人民政治协商会议成立 65 周年大会上的讲话》，载于《人民日报》2014 年 9 月 21 日。
③ 中共中央文献研究室编：《习近平关于社会主义政治建设论述摘编》，中央文献出版社 2017 年版，第 14 页。
④ 中共中央文献研究室编：《习近平关于社会主义政治建设论述摘编》，中央文献出版社 2017 年版，第 7 页。

第四章　推进国家治理现代化：新要求新取向新态势（上）

清醒把握。而中国特色社会主义进入新时代，党中央推动的一系列重大战略举措，全面深化改革、全面依法治国、深化党和国家机构改革、司法体制改革、国家监察体制改革等，都内含了健全制度体系、治理体系的战略信心与决心。这当然有助于凝心聚力、引领国家制度和国家治理体系建设。

归结起来，回看走过的路、比较别人的路、远眺前行的路，坚定中国特色社会主义制度自信有理有据。正如习近平总书记指出的："当今世界，要说哪个政党、哪个国家、哪个民族能够自信的话，那中国共产党、中华人民共和国、中华民族是最有理由自信的。中国特色社会主义制度是当代中国发展进步的根本制度保障，是具有鲜明中国特色、明显制度优势、强大自我完善能力的先进制度。"① 这样的自信，源于其深厚的历史渊源，是基于历史演进事实作出的实然判断；源于社会主义的理论逻辑与中国社会的历史逻辑的统一，及中国特色社会主义制度的比较优势，是对现代国家治理合规律性的认识，是立足现实作出的应然判断；源于对现代国家制度优势和不足的清醒认识和改革创新的坚定信心，是引领改革发展和制度建设的战略定力与信念，是着眼未来凝聚共识与引领发展而作出的当然判断。

按照辩证法，是不存在制度定型化问题的。制度自信并不否认制度创新发展。"制度自信不是自视清高、自我满足，更不是裹足不前、固步自封，而是要把坚定制度自信和不断改革创新统一起来，在坚持根本政治制度、基本政治制度的基础上，不断推进制度体系完善和发展。"② 这提出了通过改革创新、优化制度，推进国家治理体系和基础性制度体系建设的要求。现代国家治理研究认为，没有国家制度体系、治理体系，治国理政无从谈起，

---

① 习近平：《在庆祝中国共产党成立95周年大会上的讲话》，载于《人民日报》2016年7月2日。
② 中共中央文献研究室编：《习近平关于社会主义政治建设论述摘编》，中央文献出版社2017年版，第16页。

但制度质量与制度数量多寡并非必然的正相关关系；如果制度闲置空转、体制机制间难以有效衔接、程序不规范不科学，那么制度再多也于事无补，国家治理也将徒有虚名，并可能出现治理实效失败的困境。

更不要说，经济社会发展是一个过程，制度创新发展也是一个持续不断的过程。思考中国制度发展与治理创新，必须要有过程论的认知和思维，不能急于求成。虽然中国特色社会主义进入新时代了、社会主要矛盾变了、国家发展起来了、接近世界舞台中心了，但我国仍将长期处于社会主义初级阶段，是世界上最大的发展中国家，这个最大实际、最根本国情并没有变。从"变"与"不变"辩证关系看，为国家治理现代化而推进制度创新要有两重规定性：一是中国特色，也就是要从世情、国情、党情出发，适应中国现代化建设和国家治理需要，制度建设也要结合实际，不能犯"制度理想主义"的错误。早在古希腊时期，亚里士多德就论述过国家制度建设的基本原则："最良好的政体不是一般现存城邦所可实现的，优良的立法家和真实的政治家不应一心想望绝对至善的政体，他还须注意到本邦现实条件而寻求同它相适应的最良好政体。"[①] 这说明国家制度建设必须立足实际、立足国情。邓小平也提出了衡量一个国家政治体制的标准："第一是看国家的政局是否稳定；第二是看能否增进人民的团结，改善人民的生活；第三是看生产力能否得到持续发展。"[②] 就中国超大国家、超大政党的治理，尤其是后发外生型现代化发展而言，这三条标准就体现了中国发展和治理的需要，是很有道理的。二是社会主义，它应当以社会主义制度为框架，体现党的领导与人民民主两大原则，这也是坚定制度自信的道理。

---

① [古希腊]亚里士多德著，吴寿彭译：《政治学》，商务印书馆1965年版，第179页。

② 《邓小平文选》（第3卷），人民出版社1993年版，第213页。

第四章　推进国家治理现代化：新要求新取向新态势（上）

具体而言，在新时代新环境下，要创新基础性制度体系，创造有效治理发展要做到：一是将重点领域与其他领域结合起来。既然强调制度体系、治理体系，那制度创新就应当是各领域、各方面，是全面性的，全面深化改革就"必须要更加注重改革的系统性、整体行、协同性"①。但是，全面深化改革又要抓住重点、扼住关键，要有战略重点、优先顺序、主攻方向，在重点领域要形成"牵一发而动全身"的态势。当下经济体制改革无疑仍然具有牵引作用，但也必须有政治、文化、社会、生态文明和党的建设等领域的制度创新配合协调，才能形成制度创新的合力，支撑有效治理实践的展开。这样在制度创新中坚持两点论与重点论的统一，是新时代制度创新的辩证法。

二是将顶层设计与基层探索结合起来。如果说改革开放以来很长时期内，改革创新与制度建设都是提倡大胆试、大胆闯，被描述为"摸着石头过河"，那么随着中国特色社会主义进入新时代，改革也进入深水区，既有老问题积累又面临新问题产生，这种情况下，只有自下而上的探索性创新就难以奏效，需要自上而下的顶层设计。习近平总书记指出："改革推进到现在，必须在深入调查研究的基础上提出全面深化改革的顶层设计和总体规划，提出改革的战略目标、战略重点、优先顺序、主攻方向、工作机制、推进方式，提出改革总体方案、路线图、时间表。"②但同时，提出顶层设计，推动改革创新，并不否认基层的探索创新。"摸着石头过河和加强顶层设计是辩证统一的，推进局部的阶段性改革开放要在加强顶层设计的前提下进行，加强顶层设计要在推进局部的阶段性改革开放的基础上来谋划。"③ 这两方面，

---

① 《〈中共中央关于全面深化改革若干重大问题的决定〉辅导读本》，人民出版社2013年版，第3页。
② 中共中央文献研究室：《习近平关于全面深化改革论述摘编》，中央文献研究出版社2014年版，第32页。
③ 《习近平谈治国理政》，外文出版社2014年版，第80页。

即将自上而下与自下而上统一起来，是新时代制度创新的行动法则。

三是将吸收传统制度文化与借鉴西方制度文明结合起来。作为一个有着数千年历史的国家，中国古代的国家统治和秩序维系，形成了相应的有效制度机制和管理体制，如"大一统"就是很好的制度文化资源；再如，"我国古代很早就有监察、御史、弹劾、谏官等方面的制度。这些制度有不少在历代反腐倡廉中发挥了重要作用，对我们推进反腐倡廉制度建设具有借鉴意义。"[①]这些制度资源都可以激活，为新时代治国理政服务。同时要看到，新时代的中国要真正强起来，自然离不开世界，当然世界也离不开中国。中国的制度创新不能照抄照搬西方国家的制度模式，但这并不否认在基础性制度体系建设中，吸收西方制度文明发展中所形成的制度建设理念，甚至是直接引用一些具体制度体制和管理机制。尤其是在社会治理、生态文明建设等领域的制度创新，可大胆吸收西方制度文明成果。这样两方面，即将"古为今用"与"洋为中用"统一起来，是新时代制度创新的时空论，也是方法论。

（四）制度方案与制度贡献

从目标取向看，新时代的国家制度体系、治理体系建设，是围绕"两个一百年奋斗目标"展开的，全面建成小康社会实现后，主要指向就是基本实现现代化和建设现代化强国。如前所述，现代化强国的评判序列中，制度建设尤为重要。特别是在全球化时代，衡量一个国家强大与否的关键，在于这个国家是否在全球治理中拥有话语权，是否能够为有效解决人类面临的共同问题提供智慧、主张和方案，并得到国际社会的价值认同和行动支

[①] 《习近平关于党风廉政建设和反腐败斗争论述摘编》，中央文献出版社2015年版，第124页。

第四章 推进国家治理现代化：新要求新取向新态势（上）

持，虽然当下出现了比较严重的"逆全球化"思潮。

如果说中国在站起来、富起来的发展阶段，解决"挨打""挨饿"的问题，内政上以经济建设为中心、外交上施行"韬光养晦"策略是必要的，那么要强起来，从大国走向强国，解决"挨骂"问题，就必须全面推进建设现代化，并传播好中国声音、讲好中国故事，成为全球治理和世界秩序的积极参与者、引领者、贡献者、维护者，为解决人类问题提供智慧方案。"我们不仅要让世界知道'舌尖上的中国'，还要让世界知道'学术中的中国''理论中的中国''哲学社会科学中的中国'，让世界知道'发展中的中国''开放中的中国''为人类文明作贡献的中国'。"① 这是国家强起来的重要标识。

但是无论如何，中国特色社会主义制度建设都不可能走向西方国家制度模式，也就是党的领导、人民代表大会制度、公有制经济制度三个底线不可能突破。这是因为，"人们广泛相信，中国应当能够在政治和经济两方面以自己的方式实现发展，而不必移植西方的模式。"② 中共十九大报告指出，中国特色社会主义进入新时代，"是我国日益走近世界舞台中央、不断为人类作出更大贡献的时代"③，"意味着中国特色社会主义道路、理论、制度、文化不断发展，拓展了发展中国家走向现代化的途径，给世界上那些既希望加快发展又希望保持自身独立性的国家和民族提供了全新选择，为解决人类问题贡献了中国智慧和中国方案。"④ 这也就是说，中国的现代化发展与国家治理所形成的将是不同于西方的一种新的制度文明，也是对人类解决发展难题提供的智慧和方案。

---

① 习近平：《在哲学社会科学工作座谈会上的讲话》，新华网，2016年5月17日。
② ［英］罗德·黑格、马丁·哈罗普著，张小劲等译：《比较政府与政治导论》，中国人民大学出版社2007年版，第69~70页。
③ 《党的十九大报告辅导读本》，人民出版社2017年版，第11页。
④ 《党的十九大报告辅导读本》，人民出版社2017年版，第10页。

特别是，民主制度的发展可能最能标识中国特色社会主义制度的特征。不过，中国逐步发展形成的是一种不同于西方横向民主的"纵向民主"。有学者研究认为："中国政府自上而下的指令与中国人民自下而上的参与正在形成一种新的政治模式，我们称为'纵向民主'。""支撑中国新社会长治久安最重要、最微妙也是最关键的支柱就是自上而下（top-down）与自下而上（bottom-up）力量的平衡。这是中国稳定的关键，也是理解中国独特的政治理念的关键"① 习近平总书记指出："中国特色社会主义民主是个新事物，也是一个好事物。"② 说好事物是实然判断，更是应然判断，毕竟中国民主还是"发展中民主"，还不成熟不稳定；说新事物，主要指它不同于西方的民主制度。如同人类文明呈现多样性一样，世界各国的民主制度也必定是各不相同的。可以预期的是，中国民主建设并不排斥民主建设中学习借鉴人类政治文明发展积累的优秀成果，包括一些具体的行之有效的制度机制、技术规程等，但它探索形成的必将是有别于西方民主制度的一套制度体系。从比较政治看，这不同于西方代议制民主，而是一种代表制民主，表现为两种代表机制：一是依托人民代表大会为根本制度安排的代表机制；二是依托中国共产党作为"两个先锋队"和"三个代表"的代表机制，现实中两者是耦合的，但后者更有决定性。这不同于西方的政道民主，即通过选举实现政权的全部或部分更迭，是一种人民拥有国家权力，而政权、治权由中国共产党实际掌握和运作的治道民主、治理民主，表现为治理主体多元化、方式法治化、信息公开化、技术智能化和治理效能不断地提升等，在这样的治理变迁中保障人民的参与权、表达权、监督权等民主权利。这不同于西方多党竞争型的民

---

① ［美］约翰·奈斯比特、［德］多丽丝·奈斯比特著，魏平译：《中国大趋势：新社会的八大支柱》，吉林出版集团、中华工商联合出版社2009年版，第1页。
② 中共中央文献研究室编：《习近平关于社会主义政治建设论述摘编》，中央文献出版社2017年版，第70页。

主制度，而是在中国共产党领导下可控有序的民主，并不排斥差额选举等竞争因素；这不同于西方以选举民主为主导的民主形式，而是选举民主和协商民主的结合，协商民主发展更具有独特优势。这不同于西方民主注重民主程序的合法性、合理性，而是兼顾了程序民主和实体民主。这些是中国民主制度体系建设走出"发展中民主"后可能呈现出的特征。

二、塑造权威：加强党的建设助推责任治理

（一）全面从严治党新动向

办好中国的事情，关键在党，关键在党要管党、从严治党。如前所述，中国的国家治理现代化是使命型政党主导推动的，这是中国近代以来历史发展所形成的"政党建设、治理现代国家"的大逻辑决定的。更不要说，政党治理本就是国家治理的重要内容，尤其是像中国这样的大国大党的治理，更是如此。打铁必须自身硬。中共十八大刚一结束，2012年11月16日习近平总书记就在《人民日报》发表文章，要求全党认真学习党章、严格遵守党章。随后的12月4日，中共中央政治局召开会议审议通过了《关于改进工作作风、密切联系群众的八项规定》，时至今日，八项规定已成为全面从严治党的一张亮丽名片。可以说，新时代治国理政的切入点、第一行动正是从严管党、治党。

适应新时代新环境治国理政的新要求，习近平总书记围绕党建这个"最大政绩"和全面从严治党的理论实践，提出了一系列新思想、新论断、新要求和总布局。特别是，中共十九大报告从"四个伟大"的高度，明确了新时代党的建设的总要求，并在"十四个坚持"的基本方略中明确"两个基本坚持"，即"坚持党对一切工作的领导"与"坚持全面从严治党"。可以说，全

面从严治党既继承传统又创新发展，内含了丰富的党建思想，涉及党的政治建设、思想建设、组织建设、作风建设、纪律建设、制度建设和反腐败斗争等方面，体现了思想建党和制度治党、使命引领和问题导向、抓关键少数和管理大多数、行使权力和担当责任、严格管理和关心信任、党内监督和群众监督相统一等特征。

不过，新时代全面从严治党呈现出一个新特征、新动向，即加强党的政治建设。中共十八大报告中关于加强党的建设提出第一要求是"坚定理想信念，坚守共产党人精神追求"，而中共十九大则变成了"把党的政治建设摆在首位"。这表现在全面从严管党治党各领域、各环节、各层面。如在党的领导上，强调加强全面领导、领导一切；在纪律建设上，强调政治纪律最重要、最根本、最关键；在干部选拔上，强调政治标准放在首位。同时，还提出坚守政治立场、政治方向、政治道路、政治原则，及严肃政治生活、净化政治生态、提升政治能力、驾驭政治风险、保持政治本色等。这已经塑造了治国理政的新风格与新态势。

诚然，以党的政治建设为根本、统领，助推全面从严治党，是马克思主义政党的性质使然、根本要求，也是中国共产党治党管党的经验总结。要指出的是，新时代党的政治建设的新动向、新态势，并延伸至国家治理各方面、诸环节，甚至重构了治国理政的新品格、新特征。比较而言，加强党的政治建设，尤其是党中央的统一领导和高度集权，这与改革开放以来很长时期内管党治党、治国理政体现为不同逻辑、方向和要求。理解这种差异的动因，还是要把握"新时代"，即中国特色社会主义进入新时代这个新的历史方位。新时代意味着新起点新环境，又连接着新使命新目标，而加强党的政治建设正与这些使命要求联系在一起。

新时代加强党的政治建设，首先是目标导向的，即质量强党，把党建设得更加强有力，但这是工具性目标。从治党与理政、党的建设伟大工程与中国特色社会主义伟大事业关系看，加强党的政治建设又有价值性目标，即中华民族伟大复兴，这与党的初心

第四章 推进国家治理现代化：新要求新取向新态势（上）

和使命高度契合，即为中国人民谋幸福，为中国民族谋复兴。事实也表明，中共十八大以来的治国理政确是战略目标驱动的。中共十八大结束不久，习近平总书记参观《复兴之路》展览时，首次提出实现中华民族伟大复兴的中国梦。随后，他在多个场合进一步阐释中国梦的内涵与外延，并明确了实现中国梦的"两步走"战略，即"两个一百年"奋斗目标，全面建成小康社会是其中"关键一步"。党和国家事业在新时代取得了历史性成就、发生了历史性变革，站在了新的历史方位上，"这意味着近代以来久经磨难的中华民族迎来了从站起来、富起来到强起来的伟大飞跃。"① 中共十九大报告中重申："今天，我们比历史上任何时期都更接近、更有信心和能力实现中华民族伟大复兴的目标。"② 于是，也就有了"三步走"战略安排：2020年全面建成小康社会，2035年基本实现社会主义现代化，2050年把我国建成富强民主文明和谐美丽的社会主义现代化强国。这样，围绕民族复兴、强国目标，党提出了清晰的时间表、路线图、任务书。与邓小平改革开放初的设想相比，时间上提前了15年，更为紧迫，任务上要求更高、压力更大。这是在"四个伟大"的大框架中谋划安排的，目标是伟大梦想，"起决定性作用的是党的建设新的伟大工程"，党要"始终成为全国人民的主心骨，在坚持和发展中国特色社会主义的历史进程中始终成为坚强领导核心"。③ 这道理是：实现中国梦，要求坚持中国道路、弘扬中国精神、凝聚中国力量，要求党能够把方向、谋大局、定政策、促改革，能够总揽全局、协调各方，要求落实党的路线方针政策和党中央的重大决策部署。这进而内在地要求将党建设得更加强有力，加强党的全面领导，坚持党中央的决策权威和集中统一领导，也就是加强党的政治建设。

---

① 《党的十九大报告辅导读本》，人民出版社2017年版，第10页。
② 《党的十九大报告辅导读本》，人民出版社2017年版，第15页。
③ 《党的十九大报告辅导读本》，人民出版社2017年版，第17页。

同时，这又是问题导向的。中国特色社会主义进入新时代，既意味着诸多机遇，也面临着严峻挑战。从国际环境看，世界正在经历大发展大变革大调整，全球治理热点、焦点、难点问题多而频发，逆全球化思潮、民粹主义、贸易单边主义等沉渣泛起，加之"修昔底德陷阱""中国威胁论""中国锐实力"等，不断重塑着中国参与全球治理、实现强国梦的新环境，虽然中国以世界第二大经济体的责任和姿态也在引领并推进世界秩序变革。从内部环境看，虽然改革开放取得了举世瞩目成就，但我国仍将长期处于社会主义初级阶段的最大实际，作为世界上最大发展中国家的最大国情，都没有改变；虽然进入了新时代，社会主要矛盾发生了转变，但"发展起来以后的问题不比不发展时少"，各种矛盾交织叠加，不平衡不充分问题突出，积累形成了一系列结构性难题；特别是在改革领域，"容易的、皆大欢喜的改革已经完成了，好吃的肉都吃掉了，剩下的都是难啃的硬骨头"，攻坚期深水区的改革任务重、难度大。从党内情况看，过去一段时期确实存在管党治党宽松软的问题，随之而来的，是一些党组织和党员领导干部，党的意识缺乏、理想信念动摇、宗旨意识淡漠、组织纪律薄弱。于是，党面临着"四大考验""四大危险"，出现"四风问题""七个有之"等严重问题，也就不难理解。在《关于新形势下党内政治生活的若干准则》中总结指出：党内政治生活在过去一段时期内，"出现了一些突出问题"，"特别是高级干部中极少数人政治野心膨胀、权欲熏心，搞阳奉阴违、结党营私、团团伙伙、拉帮结派、谋取权位等政治阴谋活动。这些问题，严重侵蚀党的思想道德基础，严重破坏党的团结和集中统一，严重损害党内政治生态和党的形象，严重影响党和人民事业发展。"[①] 对此，习近平总书记还专门指出，周永康、薄熙来、

---

① 《关于新形势下党内政治生活的若干准则》，人民出版社2016年版，第2~3页。

第四章　推进国家治理现代化：新要求新取向新态势（上）

徐才厚、令计划等人严重违纪违法案件，"不仅暴露出他们在经济上存在严重问题，而且暴露出他们在政治上也存在严重问题"①。这些问题发生的重要根源，正在于一些地方、部门和一些党员干部不讲政治，甚至出现了淡化政治、去政治化现象，认为讲政治是"左"的表现。要明白的是，"干部在政治上出问题，对党的危害不亚于腐败问题，有的甚至比腐败问题更严重"②。既然如此，那就要通过加强党的政治建设去解决，于是坚持政治领导、严明政治纪律、严肃政治生活、优化政治生态等，也就不足为奇。

将目标导向与问题导向结合起来，展现的情形是：初心使命驱动，党要实现民族复兴与强国目标，但任务重、压力大、时间紧；治国理政面临着国际新环境新挑战，国内的改革发展治理存在诸多结构性矛盾需要化解；党的建设存在严峻、复杂的风险考验，并已经产生了极大危害，严重威胁党的团结统一。这对强国目标的实现，哪怕是阶段性目标的达成来说，都极大地增加了不确定性。在中国既有的政治体制下，要应对复杂局面、攻坚克难，离开党的权威和集中统一领导是难以想象的，而前提是党必须坚强有力。正如习近平总书记强调的："我们这么大一个党、一个国家，没有集中统一，没有党中央坚强领导，没有强有力的中央权威，是不行的，不可想象的。"③ 这样将治党与理政、党的政治建设与事业目标联系起来的认识上是深刻的，在环境压力下也是符合现实要求的。换言之，只有加强党的政治建设，坚持党的全面领导和党中央的决策权威，全党上下才能凝心聚力，形成合力，应对环境变化形

---

① 习近平：《关于〈关于新形势下党内政治生活的若干准则〉和〈中国共产党党内监督条例〉的说明》，新华社，2016年11月2日。
② 中共中央文献研究室：《习近平关于全面从严治党论述摘编》，中央文献出版社2016年版，第80页。
③ 习近平：《在中央政治局"三严三实"专题民主生活会上的讲话》，新华网，2015年12月28～29日。

成的困难和挑战。

(二) 党的政治建设新内涵

照理说，政党本就是一个政治组织，其思想和行动总是与执政、参政、理政、治政、督政等联系在一起，那自然要讲政治、抓政治，进行政治建设。不讲政治难言政党。在当今世界各国政党政治条件下，这并无例外，但其力度、强度、密度又确实是有差异的。中国共产党是按列宁建党原则创建的马克思主义政党，其性质、使命、宗旨、原则等，决定了自身更注重政治建设。特别是，江泽民明确将讲政治纳入党建布局。他指出："讲政治，对于一个马克思主义政党来说，不是什么新问题。从我们的老祖宗马克思、恩格斯、列宁到毛主席和邓小平同志，可以说是一以贯之的。这也是我们党的优良传统。"在这里，"讲政治包括政治方向、政治立场、政治观点、政治纪律、政治鉴别力、政治敏锐性"。[①] 改革开放以来，党始终坚持"四项基本原则"的政治原则不动摇、"一个中心、两个基本点"的政治路线不偏离。正是在这样的历史积淀中，逐步形成了中国共产党加强自身政治建设的传统。

中共十八大以来，全面从严治党的理论与实践探索，既继承传统又创新发展，管党治党高度重视加强政治建设。中共十九大报告对此有清晰定位：把党的政治建设摆在首位，作为根本性建设，以政治建设统领新时代党的建设。何为党的政治建设？报告还将此表述有五个层面："全党要坚定执行党的政治路线，严格遵守政治纪律和政治规矩，在政治立场、政治方向、政治原则、政治道路上同党中央保持高度一致。要尊崇党章，严格执行新形势下党内政治生活若干准则，增强党内政治生活的政治性、时代性、原则性、战斗性，自觉抵制商品交换原则对党内生活的侵蚀，营造风清气正的良好政治生态。完善和落实民主集中制的各

---

① 《江泽民文选》（第1卷），人民出版社2006年版，第514、516页。

项制度,坚持民主基础上的集中和集中指导下的民主相结合,既充分发扬民主,又善于集中统一。要弘扬忠诚老实、公道正派、实事求是、清正廉洁等价值观,坚决防止和反对个人主义、分散主义、自由主义、本位主义、好人主义,坚决防止和反对宗派主义、圈子文化、码头文化,坚决反对搞两面派、做两面人。全党同志特别是高级干部要加强党性锻炼,不断提高政治觉悟和政治能力,把对党忠诚、为党分忧、为党尽职、为民造福作为根本政治担当,永葆共产党人政治本色。"① 在2018年6月29日中央政治局就加强党的政治建设集体学习讲话中,习近平总书记又提出"党的政治建设是一个永恒课题",并要求"把准政治方向,坚持党的政治领导,夯实政治根基,涵养政治生态,防范政治风险,永葆政治本色,提高政治能力"②。特别是2019年1月31日出台的《中共中央关于加强党的政治建设的意见》,有统计其中包含政治担当、政治标准、政治仪式、政治体检、政治免疫等69个"政治",是新时代加强党的政治建设的纲领性文件,对加强党的政治建设的重要意义、原则要求、主要内容、实践要求等作出了系统部署。

但是,有必要将党的政治建设作为一个有机整体,置于新时代党的建设总要求、总布局的整体框架中进行分析。就理论上认识和实践中把握党的政治建设来说,这同样是必要的。新时代党的政治建设的理论要素,可集中概括为四个层面:一是根本与首要任务,即加强党的全面领导和团结统一。政治的根本是政权。不同于西方国家,中国独特的政党政治规定了党是民族脊梁、主心骨,是最高政治领导力量。党的领导是中国特色社会主义最本质的特征,是中国特色社会主义制度的最大优势,也是最大国

---

① 《党的十九大报告辅导读本》,人民出版社2017年版,第61~62页。
② 习近平:《把党的政治建设摆在首位》,人民网—人民日报海外版,2018年7月2日。

情。这是被历史证明的事实，也是被事实证明的历史。可以说，加强党的全面领导是政治建设的根本。中共十八大以来再提"党政军民学，东南西北中，党是领导一切的"，对党的全面领导提出了新要求。特别是，"全党服从中央，坚持党中央权威和集中统一领导，是党的政治建设的首要任务"①。在党的全面领导体系中，"党中央是顶梁柱""是大脑和中枢，党中央必须有定于一尊、一锤定音的权威"②。于是，也就有了树立"四个意识"，完善坚持党的领导的体制机制等要求，落脚点都是维护党中央权威和集中统一领导。

二是前提和基础，即坚守政治立场、政治方向、政治原则、政治道路。政治立场事关党的领导和执政基础，就是以人民为中心、为人民服务，是为人民谋幸福、为民族谋复兴。这是建党之魂、立党之本，是党的性质和宗旨决定的。而政治方向、原则、道路，事关举什么旗、走什么路的问题，当然是在党的领导下，以基本理论、基本路线、基本方略为遵循，完善和发展中国特色社会主义，为实现"两个一百年"奋斗目标接续奋斗。这也是坚持政治路线，反对走封闭僵化老路和改旗易帜邪路的理由。这些共同构成党的政治建设的前提基础，如果出现偏差，党的领导地位可能动摇，党的政治建设必然落空。

三是保障和条件，即严明政治纪律，严守政治规矩，严肃党内政治生活，净化政治生态等。既然要加强党的全面领导，坚持党中央权威和集中统一领导，那就必须遵守党的政治规矩和政治纪律，进而要求严格执行党的民主集中制，加强政治监督，用纪检监察、巡视巡察等制度管党治党，突出政治标准，树立正确选人用人导向；这要求从严肃党内政治生活做起，将涵养风清气正

---

① 《党的十九大报告辅导读本》，人民出版社2017年版，第61页。
② 习近平：《切实贯彻落实新时代党的组织路线 全党努力把党建设得更加坚强有力》，新华网，2018年7月5日。

的政治生态作为党的政治建设的基础性和经常性工作；这要求加强党内政治文化、政治道德和价值观的建设传播，让党员领导干部保持政治本色、政治定力，增强政治免疫力，提高政治担当、政治觉悟、政治能力，并能够防范政治风险、化解政治难题。这些方面是加强党的政治建设的保障、依托，是必要条件、着力点，否则政治建设就是一句空话。

四是总体目标，即把党建设得更加坚强有力。无论是加强党的全面领导、团结统一，强调政治立场、方向、道路、原则，还是加强政治纪律、政治生态建设，提高政治能力、政治定力，都是围绕着"新时代建设一个什么样的党、怎么样建设党"展开的，是为了不断提高党的建设质量和水平。质言之，就是"把党建设成为始终走在时代前列、人民衷心拥护、勇于自我革命、经得起各种风浪考验、朝气蓬勃的马克思主义执政党"①。这是加强党的政治建设的目标，是落脚点。

以上是新时代加强党的政治建设的理论内涵，它们彼此关联、相辅相成，是一个由任务、基础、保障条件、目标等构成的有机整体、结构体系。这其中，政治领导、政治立场方向道路等属于宏观层面，是根本遵循与重要原则，而保障、条件则更多属于中观、微观层面，是实践推进中的制度政策和工作要求。不能混淆这两者，要将立场方向原则与思想环境能力、制度政策要求与工作实践操作区分开，以免引发混乱。为此，在加强党的政治建设中，既要避免出现政治极端化、泛政治化，"政治挂帅"和政治理想主义问题，也要防止"眉毛胡子一把抓"，将政治建设与党的其他建设割裂、对立，甚至取而代之，出现以偏概全、以点代面、"一刀切"等教条主义问题，更要杜绝不负责任的简单化、庸俗化、口号化，或是出现"为我所用"的实用化、工具化和主观主义问题。党的历史上犯过这些错误，是有深刻教训的。

---

① 《党的十九大报告辅导读本》，人民出版社2017年版，第61页。

(三) 加强政治建设新使命

就现代国家成长而言，与经济、文化建设等相比，政治建设具有根本性与全局性，它对国家建设的意义毋庸置疑。如果说经济建设失误乃至失效，对社会发展与国家建设造成的损失通常可能是局部性的，但政治建设的失误乃至失败，则是灾难性的，甚至是颠覆性的。如造成苏联解体的直接原因正是政治建设和改革的失败。在现代政治生活中，政党是最主要的组织者、发起者；"政党是治理国家不可缺少的工具"①。所以说国家建设、政治建设总是伴随着政党建设，与党的政治建设联系在一起。

良善政治是人类社会发展与国家建设的永恒期待，但在历史呈现的景观是：政治没有最好，只有更好，准确地讲只有更适合、更有效。于是，创造有效政治就成为一种理性选择，而有效政治又是为了实现有效治理。何为有效政治、有效治理？遵循现代政治与现代国家建设规律，它应当是秩序、权威和活力三者的有机统一，离开这三大要素，是难以创造有效政治、有效治理的。这里的权威是保障，没有权威力量，现代国家的政治建设无从展开；秩序是前提，没有秩序，政治建设就会失序，甚至陷入危机；活力是动力，没有经济与社会活力，现代国家建设与政治发展就无法持续。

科学认识论要求透过现象看本质。新时代加强党的政治建设，是为适应新环境新要求提高党的建设质量和水平，锻造强党政治。而立足强党政治而加强党的政治建设，不是为党建而党建、为政治而政治，更不是与党的其他建设割裂开来，将政治绝对化，追求至善政治，是为了在环境压力下有效治国、理政，其本质是为了创造秩序、权威和活力统一的有效政治，实现有效治理，服务强国目标。强党是为了强国，更好治党是为了更有效治

---

① [美] 罗杰·希尔斯曼著，曹大鹏译：《美国是如何治理的》，商务印书馆1986年版，第327页。

第四章　推进国家治理现代化：新要求新取向新态势（上）

国理政。习近平总书记强调，要将党的政治建设"凝聚到新时代坚持和发展中国特色社会主义伟大事业中来""贯彻到谋划重大战略、制定重大政策、部署重大任务、推进重大工作的实践中去"①。也只有将强党政治置换为有效政治、有效治理，方显加强党的政治建设的力量和意义。显然，以加强党的全面领导、党中央的决策权威和集中统一领导为根本与首要任务的政治建设，是为了充分利用好中国共产党这个中国社会最高政治领导力量，有效开发这种体制的最大优势和最大政治资源；进一步看，这又是回应环境压力，而凝心聚力、攻坚克难，集中力量办大事，助推中华民族伟大复兴的强国目标。

如果审视中共十八大以来党治国理政的战略行动，可更清晰地发现党领导下创造有效政治、有效治理的战略努力。这在几次党的全会报告中有集中表达，也是"四个全面"战略布局的要旨所在。回应新时代中华民族伟大复兴中国梦的战略目标，中共十八届三中全会就全面深化改革作出部署，是为了"进一步解放思想、解放和发展社会生产力、解放和增强社会活力，坚决破除各方面的体制机制弊端"②，特别是强调市场在资源配置中起决定性作用和更好发挥政府作用，强调社会主义协商民主广泛多层制度化发展等。这样全方位推进深化改革，主旨是为了更好释放社会与市场活力，"总目标是完善和发展中国特色社会主义制度、推进国家治理体系和治理能力现代化。"③ 就中共十八届四中全会聚焦全面依法治国来说，强调"更好统筹社会力量、平衡社会利益、调节社会关系、规范社会行为，使我国社会在深刻变革中既生机勃勃又井然有序"④，并提出了一系列法治建设的改革举

---

① 习近平：《把党的政治建设摆在首位》，人民网—人民日报海外版，2018年7月2日。
②③ 《〈中共中央关于全面深化改革若干重大问题的决定〉辅导读本》，人民出版社2013年版，第3页。
④ 《〈中共中央关于全面推进依法治国若干重大问题的决定〉辅导读本》，人民出版社2014年版，第2页。

措。全面依法治国与全面深化改革是"姊妹篇",总目标定位为建设中国特色社会主义法治体系、建设社会主义法治国家。这是现代国家建构公共秩序、创造有效治理的最根本举措。中共十八届五中全会紧扣全面建成小康社会的主题,提出"必须牢固树立并切实贯彻创新、协调、绿色、开放、共享的发展理念"①。对创造有效政治、实现有效治理来说,这结合了目标导向与问题导向,是为了破解发展难题,厚植发展优势,是管根本、管全局、管长远的。中共十八届六中全会明确习近平总书记的核心地位,提出严肃党内政治生活、严守党的政治纪律、净化政治生态、建设党内政治文化等全面从严管党治党的新要求新举措,都着眼于质量强党,是为了将党建设得更有权威、更加坚强有力,为了重构治党理政的权威。中共十九届四中全会关注党和国家机构深化改革,提出要构建系统完备、科学规范、运行高效的党和国家机构职能体系。特别是,强调坚持党的全面领导是推进机构改革的原则,强调要处理好中央与地方关系,发挥两个积极性等。这可认为是全面深化改革的继续,成为国家治理体系和治理能力现代化的重要支撑。

可见,从中共十八届三中全会提出制度体系、治理体系,到中共十九届三中全会的职能体系、机构体系,新时代党领导下治国理政的战略行动将释放活力、建构秩序与塑造权威统一起来,试图创造有权威、有秩序、有活力的有效政治,实现有效治理。这可谓是前呼后应、一脉相承,将治党与理政、强党与强国、有效政治与有效治理融在一起,党的政治建设、强党政治置换成为有效政治、有效治理,其取向是国家治理现代化,是国家强起来。习近平总书记指出:"我国社会主义政治制度优越性的一个突出特点是党总揽全局、协调各方的领导核心作用,形象地

---

① 《〈中共中央关于制定国民经济和社会发展第十三个五年规划的建议〉辅导读本》,人民出版社2015年版,第11页。

第四章 推进国家治理现代化：新要求新取向新态势（上）

说是'众星捧月'，这个'月'就是中国共产党。在国家治理体系的大棋局中，党中央是坐镇中军帐的'帅'，车马炮各展其长，一盘棋大局分明。如果出现了各自为政、一盘散沙的局面，不仅我们确定的目标不能实现，而且必定会产生灾难性后果。"① 这里既突出了党的领导核心作用和党中央的决策权威，关照了各展其长的社会与政治活力，也强调了避免各自为政、一盘散沙和秩序维护，对实现强党和强国的意义。其中，党的全面领导和党中央集中统一领导是根本、是首要任务。离开这一点，秩序维系、活力释放都难有保障，强党与强国目标都可能落空。

这背后的道理并不复杂，从历史视野可透视其本质。在中国近代以来的历史进程中，中国共产党与国家建设形成了一种密切而深刻的关系：党兴则国兴，党衰则国衰。这似乎是一种"历史定制"，规定了中国这样超大国家的后发现代化，形成政党建设、治理现代国家逻辑的历史必然性。如果说在早发现代化国家，政党大多是现代国家制度运行的产物，那么中国共产党则是典型的先锋队政党，有着强烈的政治使命和责任担当，并在历史选择中成为挽救社会危机、建设现代国家、推进国家治理现代化的政治核心力量。先有党、后有国（政权），以党建政、治政，这就是所谓的"党建国家""党治国家"的逻辑。历史的情形是：中国共产党与中国政治的紧密度、与社会的契合度、与强国目标的关联度，是世界上任何其他执政党都无法比拟的。通过现代化历史比较研究，亨廷顿得出了现代国家建设需要强党政治结论："处于现代化之中的政治体系，其稳定取决于其政党的力量，而政党强大与否又要视其制度化群众支持的情况，其力量正好反映了这种支持的规模及制度化的程度。那些在实际上已经达到或者可以

---

① 习近平：《在省部级主要领导干部学习贯彻党的十八届四中全会精神全面推进依法治国专题研讨班上的讲话》，新华网，2015年2月2日。

被认为达到政治高度稳定的处于现代化之中的国家,至少拥有一个强大的政党。"① 在中国实现强国目标必须建设强党政治,这是创造权威、秩序与活力统一有效政治的前提。对此,邓小平的说法更为直接和深刻:"中国要出问题,还是出在共产党内部。""关键是我们共产党内部要搞好,不出事,就可以放心睡大觉。"② 更进一步看,"中国问题的关键在于中国共产党要有一个好的政治局,特别是好的政治局常委。只要这个环节不发生问题,中国就稳如泰山。"③ 这正是治国必先治党、强国必先强党的道理。

如果说过去办好中国的事情,关键在党,那么新时代办好中国的事情,关键仍然在党。习近平总书记强调:"要回到我们的本源上去认识,一定要认清,中国最大的国情就是中国共产党的领导。什么是中国特色?这就是中国特色。"④ 在新时代,党要领导人民实现民族复兴和强国目标,前提是党必须坚强而有力,于是也就要求质量强党,进而是在内外环境压力下加强党的政治建设的要求。这是新时代加强党的政治建设的本源性认识,也是其本质。

三、释放活力:全面深化改革创造有效治理

(一) 改革政府与市场关系

人类创造政治的根本目的在于,推动经济社会进步,创造有序公共生活,促进人的自由发展,提升社会文明程度。恩格斯说

---

① [美] 塞缪尔·P. 亨廷顿著,王冠华等译:《变化社会中的政治秩序》,生活·读书·新知三联书店1989年版,第377页。
② 《邓小平文选》(第3卷),人民出版社1993年版,第380~381页。
③ 《邓小平文选》(第3卷),人民出版社1993年版,第365页。
④ 王香平:《中国共产党的领导是中国的最大国情、最本质特征》,载于《红旗文稿》2016年第23期。

第四章 推进国家治理现代化：新要求新取向新态势（上）

"国家是文明社会的概括"，正是由此作出的判断。国家治理现代化，更是要让国家成为推动社会文明进步的力量，这集中体现为国家能够创造持续有效的发展。历史经验和教训表明，国家治理是否成功、政治运作是否有效，常常决定着国家的命运，政治稳定有效，社会就繁荣昌盛；政治摇曳孱弱，社会就动荡不安。或者说，一个国家治理有效性的高下，是衡量其治理现代化和政治现代化水平的重要标识。亨廷顿由此认为："各国之间最重要的政治分野，不在于他们政府的形式，而在于他们政府的有效程度。有的国家政通人和，具有合法性、组织性、有效性和稳定性，另一些国家在政治上则缺乏这些素质；这两类国家之间的差异比民主国家和独裁国家之间的差异更大。"① 从这个意义看，国家治理现代化的首要任务就转化为有效治理的创造。

在中国特色社会主义进入新时代新环境的条件下，现代化建设与国家治理的有效性，不仅取决于有效发挥政府与执政党的力量，而且要充分激活市场、社会的能力，乃至每一个体、组织的效能。特别是要遵循经济、社会、政治、政党建设的规律，处理好它们之间的关系，让现代化建设所孕育的现代市场、现代社会、现代政府、现代政党、现代公民的生机活力充分释放出来。这是现代国家治理有别于以往国家统治和管理的根本点。所以，在治理结构上，可以将国家治理分为市场治理、政府治理、政党治理、社会治理等。也正是在这个意义上，中共十八届三中全会明确了全面深化改革总目标，并提出要求："必须更加注重改革的系统性、整体性、协同性，加快发展社会主义市场经济、民主政治、先进文化、和谐社会、生态文明，让一切劳动、知识、技术、管理、资本的活力竞相迸发，让一切创造社

---

① ［美］塞缪尔·亨廷顿著，王冠华等译：《变化社会中的政治秩序》，生活·读书·新知三联书店1989年版，第1页。

会财富的源泉充分涌流，让发展成果更多更公平惠及全体人民。"① 这样，创造有效治理正是全面深化改革、推进国家治理现代化的出发点与落脚点，其着力点正是基础性制度体系与国家治理体系的发展。

这首当其冲的，是要正确处理好政府与市场关系。处理好政府与市场关系的问题，其关键就是要看政府还是市场在资源配置中起决定性作用。历史事实是，与政府计划相比，市场配置资源更为高效也更为灵活，或者说由市场来决定资源配置，是市场经济的本质和一般规律。既然如此，那完善和发展市场经济体制，重点就要遵循这样的规律，更进一步激活市场活力、完善市场体系，减少政府的不当干预。正因此，适应新时代现代化经济体系、市场体系建设的需要，中共十八届三中全会提出"使市场在资源配置中起决定性作用"，用"决定性作用"取代了以往的"基础性作用"。这是全面深化改革的一项重要任务，也是贯穿于完善基本经济制度、加快完善现代市场体系、重构政府职能等改革的一条主线。

从认识论看，改革开放以来党治国理政就政府与市场关系的探索，经历了一个逐步深化拓展的过程，体现了渐进性特征。虽然改革初期，邓小平就提出："我们是计划经济为主，也结合市场经济，但这是社会主义的市场经济。""社会主义也可以搞市场经济。"② 可能，由于改革开放前总体性社会中，计划体制的深远影响及思想的封闭僵化，在当时并没有直接转化为国家政策，但是20世纪80年代的经济体制改革确实是市场经济导向的。直至1992年，邓小平南方谈话明确提出："计划多一点还是市场多一点，不是社会主义与资本主义的本质区别。计划经济不

---

① 《〈中共中央关于全面深化改革若干重大问题的决定〉辅导读本》，人民出版社2013年版，第3页。
② 《邓小平文选》（第2卷），人民出版社1994年版，第236页。

第四章 推进国家治理现代化：新要求新取向新态势（上）

等于社会主义，资本主义也有计划；市场经济不等于资本主义，社会主义也有市场。计划和市场都是经济手段。"① 可以说，这解决了"姓资姓社"之争，是根本性的解放思想。于是，当年中共十四大报告明确经济体制改革的目标是建设社会主义市场经济体制。就政府与市场关系的明确认识，是1997年中共十五大提出的"使市场在国家宏观调控下对资源配置起基础性作用"。随后，中共十六大一直到中共十八大都对这对关系的认识有所深化，但都沿用了"基础性作用"的说法。如中共十六大的提法是"在更大程度上发挥市场在资源配置中的基础性作用"，中共十七大表述为"从制度上更好发挥市场在资源配置中的基础性作用"，中共十八大则更进一步提出"更大程度更广范围发挥市场在资源配置中的基础性作用"。既然是"基础性作用"，那在"基础性"之上，是否还有更重要、更高层次的"决定性"因素，人们很容易理解为政府的作用。显然政府与市场关系的认识还是不彻底的，需要进一步深化。中共十八届三中全会正是在总结经验的基础上，提出市场在资源配置中起"决定性作用"，是对政府与市场关系的更深刻、更准确的定位，体现了全面深化改革的决心，其意义无论如何估量都不过分。

从实际看，虽然改革开放以来市场经济体制改革不断深化、市场要素不断激活、市场体系不断健全，但社会主义市场经济体制的建立还是初步的，不稳定、不成熟。客观而言，也还存在市场规则不统一、市场竞争不充分、市场秩序不规范，市场要素发展不够、流动不足，市场供给与需求结构性矛盾突出，政府权力过大、审批过多、监管不到位，部门保护主义与地方保护主义仍然存在等问题。这些问题严重制约经济发展活力与资源配置效率，影响现代市场体系建设和治理现代化。这也就不难理解全面深化改革从市场规则、价格机制、土地市场、金融市场、科技体

---

① 《邓小平文选》（第2卷），人民出版社1994年版，第236页。

制等多方面，就"加快完善现代市场体系"进行了部署，其中很多改革已经落地，转化为改革成果。

要注意的是，强调市场在资源配置中起"决定性作用"，但并非"全部作用"。处理好政府与市场的关系的完整要求是："使政府在资源配置中起决定性作用和更好发挥政府作用"。[①] 这是两个方面，如果只讲其中一个方面是不全面的。说到底，更好发挥政府作用，正是我国社会主义市场经济属性的体现，也是更好发挥社会主义制度优越性的内在要求。这正是政府与市场关系上，国家制度体系与国家治理体系关系的展现。如果说政府与市场、"看得见的手"与"看不见的手"对现代国家治理都是必要的，那问题只在于适应新时代、新环境、新要求，如何更好处理政府与市场关系，找到两者的最佳结合点，切实把它们的优势都充分发挥出来、活力都激发出来，真正体现社会主义市场经济体制的优势。这对政府职能定位与职能重构提出了更高要求。但实际情形是，政府职能还不完全适应经济发展、市场体系建设，政府权力干预微观经济过多，越位、错位、缺位现象仍然都存在；政府调控市场、调节经济，运用间接的市场和经济的方式少，而直接运用行政方式的多；政府审批事项过多、过程透明度低，事前监管多，事中事后监管少，缺乏约束监督；政府机构重叠、权责交叉、职责同构、效能不高等问题也依然存在。这些问题的存在，必定会影响政府作用的更好发挥。

那究竟如何理解政府更好发挥作用呢？政府管多还是管少，"强政府"还是"弱政府"，"大政府"还是"小政府"，这些其实都是脱离实际的"书斋"理论。现实中，政府的规模大小、职能多少、力量强弱，是由社会发展、人民需要、国家意志、环境变化等因素综合作用形成的，任何简单的结论都是不可取的。

[①] 《〈中共中央关于全面深化改革若干重大问题的决定〉辅导读本》，人民出版社2013年版，第69页。

第四章　推进国家治理现代化：新要求新取向新态势（上）

在现代社会，改革是政府生存的常态，"有所为、有所不为"可能是政府职能最恰当的定位。适应新时代治国理政的新要求新环境，全面深化改革对政府职能进行重新定位："政府要加强发展战略、规划、政策、标准等制定和实施，加强市场活动监管，加强各类公共服务提供。加强中央政府宏观调控职责和能力，加强地方政府公共服务、市场监管、社会管理、环境保护等职责。"① 与以往比较，对政府职能总体定位中将中央与地方政府职能做了区分，这是创造性的，与中国超大国家的治理规模有关。尤其是，对地方政府更好发挥作用进行了确定，为公共服务、市场监管、社会管理、环境保护等，宽泛而言这都属于公共产品，而不是市场能够直接供给的私人物品。这就要求，政府不再干预微观经济活动，为激发市场活力，创造更为有效的发展提供条件。具体到经济领域，也只有中央政府才能履行宏观调控职能。这样的职能定位是解决好新时代政府与市场关系总框架，当然也不是一成不变的。

正是为了激发市场活力、更好发挥政府作用，创造更有效的发展和治理，新时代治国理政的一些改革举措应运而生。中共十八届三中全会围绕政府职能重构，从深化投资体制改革、完善发展成果考核评价体系等提出健全宏观调控体系的改革要求。从进一步简政放权和深化行政审批制度改革、加快事业单位改革和政府购买公共服务改革等方面提出了全面正确履行政府职能的改革要求。而近年来大幅度削减行政审批事项，大力度推进"简政放权、放管结合、优化服务"，即"放管服"的改革，正是政府职能重构的体现。上海自贸区探索创新所形成的可复制可推广的负面清单制度、商事登记制度、事中事后监管制度，进而提出的负面清单、权力清单、责任清单等，甚至是地方探索推动的"最多

---

① 《〈中共中央关于全面深化改革若干重大问题的决定〉辅导读本》，人民出版社2013年版，第18页。

跑一次""一网通办"等政府服务改革，都直接或间接指向创造更好营商环境，助推政府与市场、与企业关系的更好发展。尤其是，中共十九届三中全会深化党和国家机构改革贯穿其中的一条线索，正是优化政府机构设置和职能配置，解决同国家治理现代化要求不适应的问题，而其落脚点是为了更好发挥政府作用，创造更好的治理。

（二）协调公有与非公关系

在国家制度体系下，适应时代发展与社会变迁不断完善基本经济制度，释放发展活力，这是推进国家治理现代化、创造有效发展的经济基础。2018年修正后的《中华人民共和国宪法》第六条规定："中华人民共和国的社会主义经济制度的基础是生产资料的社会主义公有制，即全民所有制和劳动群众集体所有制。""国家在社会主义初级阶段，坚持公有制为主体、多种所有制经济共同发展的基本经济制度。"① 这展现了两个基本点：一是社会主义的国家性质要求建立公有制的经济基础；二是在社会主义初级阶段实行公有制为主体、多种所有制经济共同发展的经济制度。

透过历史，可更清楚理解这样的道理。中国推进现代化发展与现代国家建设是以社会主义为原则、为取向的，这是历史的选择。但是，在改革开放前的总体性社会中，由于种种原因，党治国理政遵循的不是建设逻辑，而是革命逻辑，从未来理想形态的社会主义原则切入，通过"三大改造"，在所有制上建立了纯而又纯的社会主义公有制，虽然也曾就公有制与私有制有所思考探索。甚至，与此相应还进行了"恨斗私字一闪念""宁要社会主义的草，也不要资本主义的苗"等激进的文化改造。事实说明，这是违背经济社会发展规律的，带来的后果是："经济濒临崩溃

---

① 《中华人民共和国宪法（2018修正）》，第六条。

的边缘,人民温饱都成问题,国家建设百业待兴"①。正是汲取了教训,改革开放以来的社会转型发展与国家治理改革,遵循建设逻辑,从经济社会发展的实际出发,围绕社会主义初级阶段的国情定位与社会主义市场经济体制改革的目标定位,在理论上就"姓公"与"姓私"问题不断解放思想,在实践中不断深化改革、不断调整所有制结构,逐步探索形成了公有制为主体、多种所有制经济共同发展的基本经济制度。

这里的公有制,主要是指国有经济、集体经济以及混合所有制经济中的国有成分和集体成分。在中国特色社会主义进入新时代的条件下,有必要更好坚持公有制经济的主体地位,特别是发挥国有经济的主导地位,不断激发其经济活力、控制力和影响力。这是新时代巩固和发展中国特色社会主义制度的重要支柱,也体现了国家治理现代化的社会主义方向和原则,必须毫不动摇地坚持,并要不断巩固和发展。

其实,就公有制主体地位的认识,在中共十五大报告中有清晰而深刻表述:"公有制经济不仅包括国有经济和集体经济,还包括混合所有制经济中的国有成分和集体成分。公有制的主体地位主要体现在:公有资产在社会总资产中占优势;国有经济控制国民经济命脉,对经济发展起主导作用。"延续这样的认识,新时代的全面深化改革,提出要积极发展各种形式的混合所有制经济,并认为这有助于国有资本功能放大、保值增值、提升竞争力,是国有经济活力、控制力、影响力不断增强的有效途径,也是基本经济制度的重要实现形式;与此相应,还提出要完善国有资产管理体制,以管资本为主加强国有资产监管,改革国有资本授权经营体制、经营目标,以及投资的重点行业、关键领域和重要任务。尤其是,围绕现代企业制度的建立健全,"以规范经营

---

① 习近平:《在庆祝改革开放40周年大会上的讲话》,新华网,2018年12月18日。

决策、资产保值增值、公平参与竞争、提高企业效率、增强企业活力、承担社会责任为重点"①，侧重从功能分类上、健全公司法人治理结构等层面，进一步深化国有企业改革，这是很有创造性的，目的是让国有企业更好与市场经济相融合，更是适应新时代市场化、国际化的要求，也就是国家现代化的需要。这是因为，"在中国的建设和发展中，国有企业在政治上所具有的意义，丝毫不亚于其在经济上所具有的价值，因为，它不仅决定着这个国家的制度基础，而且决定着这个国家的社会性质。国有企业代表的公有制取向，决定着这个国家的经济制度和政治制度的基础。"②于是，加强国有企业党的建设也是新时代治国理政的重要体现。习近平总书记在全国国有企业党的建设工作会议上的讲话指出："国有企业是中国特色社会主义的重要物质基础和政治基础，是我们党执政兴国的重要支柱和依靠力量。"与此相应，"坚持党的领导、加强党的建设，是我国国有企业的光荣传统，是国有企业的'根'和'魂'，是我国国有企业的独特优势。"③ 随着国有企业、公有制经济越来越嵌入国家制度体系，将党的领导融入公司治理各环节，把企业党组织内嵌到公司治理结构之中，这体现了现代国有企业制度的中国特色，也是治国理政一以贯之坚持的政治原则。

要指出的是，坚持和完善基本经济制度还必须处理好公有制和非公有制经济，多方位鼓励、支持和引导非公有制经济发展，更好释放其经济活力和创造力，支撑有效治理与有效发展。应当说，党就基本经济制度的坚持是始终如一、一以贯之的。中共十五大确立了"公有制为主体、多种所有制经济共同发展"的基

---

① 《〈中共中央关于全面深化改革若干重大问题的决定〉辅导读本》，人民出版社2013年版，第10页。
② 林尚立：《阶级、所有制与政党：国有企业党建的政治学分析》，载于《天津社会科学》2001年第1期。
③ 习近平：《在全国国有企业党的建设工作会议上的讲话》，新华社，2016年10月23日。

第四章　推进国家治理现代化：新要求新取向新态势（上）

本经济制度；中共十六大提出"两个毫不动摇"，即毫不动摇地巩固和发展公有制经济，毫不动摇地鼓励、支持和引导非公有制经济发展；中共十八大更是明确提出："毫不动摇鼓励、支持、引导非公有制经济发展，保证各种所有制经济依法平等使用生产要素、公平参与市场竞争、同等受到法律保护。"① 也正是这样的坚持和发展，改革开放 40 多年来，非公有制经济从无到有、从小到大、从弱到强，得到了蓬勃发展，无论是数量上还是质量上都是如此。"概括起来说，民营经济具有'五六七八九'的特征，即贡献了 50% 以上的税收，60% 以上的国内生产总值，70% 以上的技术创新成果，80% 以上的城镇劳动就业，90% 以上的企业数量。在世界 500 强企业中，我国民营企业由 2010 年的 1 家增加到 2018 年的 28 家。"② 特别是，就中国超大国家规模的有效治理来说，非公经济、民营经济在劳动就业、技术创新、国家税收以及推动市场经济发展等方面发挥了重大作用，成为治国理政不可或缺的力量。这是客观事实。

但近年来，出现一些诸如"民营经济离场论""新公私合营论""国进民退论"等否定、怀疑民营经济的社会舆论。如果从宏观原则和政策看，这些言论是站不住脚的，因为党一直强调坚持"两个毫不动摇"；但从微观政策执行看，支持民营经济发展的具体措施确实存在落实不到位、效果不佳的问题，表现在审批许可政策、金融政策、税收政策、投资政策、产权保护政策等多方面，加之经济新常态、内外环境变化、一些民营企业自身问题等，非公经济、民营经济发展确实遇到了诸多障碍难题。

从创造有效治理看，民营经济无论如何都不能弱化、"离场"，而要不断壮大发展。新时代全面深化改革与推进国家治理，充分认识到公有经济与非公经济共同发展的关系："强调把公有

---

① 《十八大报告辅导读本》，人民出版社 2012 年版，第 21 页。
② 习近平：《在民营企业座谈会上的讲话》，新华网，2018 年 11 月 1 日。

制经济巩固好、发展好，同鼓励、支持、引导非公有制经济发展不是对立的，而是有机统一的。公有制经济、非公有制经济应该相辅相成、相得益彰，而不是相互排斥、相互抵消。"① 中共十八届三中全会从功能定位、产权保护、政策待遇等多个层面提出鼓励、支持和引导非公有制经济发展的改革政策。同时重申"两个毫不动摇"和"三个没有变"，即非公有制经济在我国经济社会发展中的地位和作用没有变，毫不动摇鼓励、支持、引导非公有制经济发展的方针政策没有变，致力于为非公有制经济发展营造良好环境和提供更多机会的方针政策没有变。在民营企业座谈会上的讲话中，习近平总书记更是提出减轻企业税费负担、解决融资难融资贵、营造公平竞争环境、完善政策执行方式、构建亲清新型政商关系、保护企业家人身和财产安全六方面的政策举措。这是新时代处理公有制经济与非公有制经济关系，让民营经济创新源泉充分涌流、创造活力充分迸发的要求。

（三）调适中央与地方关系

无论是作为公共事务管理的新理念、新过程，还是新结构、新体制，国家治理不仅要形成政府、政党、企业、社会组织、公民个体的多元参与、协同共治的体系，而且要优化治理的层级结构，充分发挥中央与地方两个积极性，提高整体性治理能力。按照国家结构制度安排，中国是典型的单一制国家，虽然也实行民族区域自治和特别行政区制度，但就超大规模的国家治理来说，适应社会结构变迁与时代发展变化，不断调适中央与地方关系，一直以来都是治国理政的重要议题。虽然早在1956年毛泽东就提出了"两个积极性原则"，但是中央集权与放权陷入了"一统就死，一死就放，一放就乱，一乱就收"的循环怪圈。改革开放以来，中央与地方关系也经历了放权与收权

---

① 习近平：《在民营企业座谈会上的讲话》，新华网，2018年11月1日。

第四章 推进国家治理现代化:新要求新取向新态势(上)

的反复。这可以 20 世纪 90 年代中期的分税制改革为节点,在此之前主要遵循了"权力下放"逻辑,同时推进行政性分权与经济性分权,但造成的后果是"地方主义"的兴起与中央治理能力的下降;而在此之后总体上遵循的是"中央集权"的逻辑,表现在税收、人事等方面,但这在增强中央调控能力的同时,也造成了地方发展的不均衡,甚至出现了土地财政、权力腐败、官民矛盾等问题。与此相应,理论研究中提出的"碎片化威权主义"①,"分权化的威权主义"②,"中国特色财政联邦主义"③,"悬浮型政权"④,"政治锦标赛"⑤ 等,都是从不同层面描述中央与地方关系变迁所形成的治理结构与治理结果。

新时代意味着新使命新要求,治国理政更需要充分激活中央与地方两个积极性,创造有效治理、推动有效发展。全面深化改革就中央与地方政府职能重新定位、作出区分并要求,"直接面向基层、量大面广、由地方管理更方便有效的解决社会事项,一律下放地方和基层管理。"⑥ 中共十九大又提出治理重心下移、资源下沉,这更是回应社会主要矛盾转化、人民美好生活向往的需要。要说明的是,新时代中央与地方关系的改革调适,还体现在其他很多方面,其主旨是试图探索两者关系的制度化、法治化途径。

1. 立法关系

改革开放以来,我国实行的是二级立法体制,即国家立法和

---

① Kennth G. Lieberthai, David M. Lampton. "Bureaucracy, political, and Decision making in Post – Mao China", Uinversity of California Press, 1992.
② Landry, Pierre F. "Decentralized Authoritarianism in China: The Communist Party's Control of Local Elites in the Post – Mao Era", Cambridge University Press, 2008.
③ 钱颖一、许成钢、董彦彬:《中国的经济改革为什么与众不同——M 型的层级制和非国有部门的进入与扩张》,载于《经济社会体制比较》1993 年第 1 期。
④ 周飞舟:《从汲取型政权到"悬浮型"政权——税费改革对国家与农民关系之影响》,载于《社会学研究》2006 年第 3 期。
⑤ 周黎安:《转型中的地方政府:官员激励与治理》,上海人民出版社 2008 年版,第 93 页。
⑥ 《〈中共中央关于全面深化改革若干重大问题的决定〉辅导读本》,人民出版社 2013 年版,第 17~18 页。

地方立法，这是 1982 年《中华人民共和国宪法》得以确认的。这里的地方，主要指省、自治区、直辖市，以及省、自治区的人民政府所在地的市和经国务院批准的较大的市的人民代表大会，可根据地方情况制定地方性法规，同级别的人民政府可制定地方规章。为了发挥立法的引领和推动作用，中共十八届四中全会提出"依法赋予设区的市地方立法权"的改革要求。随后 2015 年新修订的《中华人民共和国立法法》将立法权限向下延伸了一级，并规定：设区的市、自治州的人民代表大会及其常务委员会可制定地方性法规，而设区的市、自治州的人民政府可就城乡建设与管理、环境保护、历史文化保护等方面的事项制定政府规章，当然这些法规、规章都不得与上位法相抵触，因此也推动了立法的审查备案制度改革。就超大国家治理来说，这更多赋予了地方治理的自主性，也是规范地方政府行为、激活地方活力，实现有效治理的制度化举措。

2. 财税关系

财政是国家治理的基础和重要支柱。从 1994 年财税体制改革以后，中央与地方关系中，财政控制权逐步上升至中央，而地方则出现了财税不足，越是在基层，财力越是紧张。这在一些地方表现得尤其突出。为弥补财力不足，形成了中央转移支付制度，但支付主要是通过项目制的方式在推行，随意性比较大，非均衡问题突出，甚至倒逼地方政府选择"土地财政"来弥补财政不足，并引发了一系列治理困境。这折射了既有财税制度的问题。正如习近平总书记指出的："随着形势发展变化，现行财税体制已经不完全适应合理划分中央和地方事权、完善国家治理的客观要求，不完全适应转变经济发展方式、促进经济社会持续健康发展的现实需要，我国经济社会发展中的一些突出矛盾和问题也与财税体制不健全有关。"① 于

---

① 《〈中共中央关于全面深化改革若干重大问题的决定〉辅导读本》，人民出版社 2013 年版，第 75 页。

是，中共十八届三中全会的全面深化改革方案，提出了预算管理制度、转移支付制度、税收制度、事权与支出责任相适应的制度等改革举措，"目的是明确事权、改革税制、稳定税负、透明预算、提高效率，加快形成有利于转变经济发展方式、有利于建立公平统一市场、有利于推进基本公共服务均等化的现代财政制度，形成中央和地方财力与事权相匹配的财税体制，更好发挥中央和地方两个积极性。"[①] 这些改革中，有的已经落实。如营业税改增值税，有利于企业降低税负，调动各方积极性；再如税收征管体制改革，将省级和省级以下国税地税机构合并，并实行以国家税务总局为主与省（自治区、直辖市）政府双重领导管理体制，这主要是为了降低征纳成本，理顺职责关系，提高征管效率。

3. 人事关系

党管干部原则是坚持党的领导地位的重要体现，也是中央控制地方最核心机制之一。改革开放以来，干部管理体制不断改革调整，建立了干部任期制度，明确了干部选任标准，形成了适应改革开放转型社会发展的组织路线，总的趋势是干部管理的制度化、科学化、民主化水平不断提高。这集中体现在2002年制定实施的《党政领导干部选拔任用工作条例》中，而适应新时代新要求，该条例于2014年和2019年分别进行了修订。从中央与地方关系看，1984年中共中央组织部发布的《关于修订中共中央管理的干部职务名称表的通知》，明确了下管一级的管理幅度，此后这一原则和制度延续了下来，没有变动。与改革开放前下管三级相比，地方由此在选人用人和干部管理上获得了较大的自主性，但在干部选任中也出现地方主义现象。为了遏制这种问题，中央于1999年出台了《党政领导干部交流工作暂行规定》，并在2006年被《党政领导干部交流工作规定》所取代。中共十八届三

---

① 《〈中共中央关于全面深化改革若干重大问题的决定〉辅导读本》，人民出版社2013年版，第76页。

中全会继续提出,要加强干部的跨条块、跨领域交流。干部交流制度的实施,确实有助于加强党风廉政建设,加强党的统一领导,但也在客观上与地方基层政策短期化不无关系,进而是形形色色的政绩工程、形象工程的出现。学术研究中提出的"政绩锦标赛"就解释了这种因果机制。针对这种问题,中共十八大以来,干部选拔任命上强调政治标准,要求不唯分取人、不唯票取人、不唯GDP取人、不唯年龄取人。加之,中央还在逐步推进省直管县、大部制、扁平化等改革举措。这是新时代回应干部选任中出现的一些新情况新问题的新要求,也是中央对地方干部选任中乱象的制度性纠偏,并在客观上有助于减少层级、提高效率,其落脚点还是为了进一步推进干部选拔任用工作制度化、规范化、科学化。

4. 条块关系

这集中体现了中央与地方关系中的集权与分权逻辑。这里的"条",主要是指从中央到地方的纵向的、以部门管理为依据的管理体系;"块"则是指以行政区划为准在党委领导下的政治关系。这两者的结合,是中央决定央地关系的主动性,并有助于维护党的一元化领导,但也客观上造成了比较严重的条块矛盾,并引发治理碎片化问题。为了解决地方主义兴起及其造成的治理乱象,增加垂直管理是一种行动选择,从20世纪90年代中期之后,税务部门、银行、工商、烟草、盐业等部门相继改革,权力上收至中央或省一级。新时代的治国理政,在条块关系改革上,更是进一步扩大了垂直管理范围。这已经从以往的经济领域相关部门逐步转向权力监督部门。中共十八届三中全会提出:"改革司法管理体制,推动省以下地方法院、检察院人财物统一管理,探索建立与行政区划适当分离的司法管辖制度,保证国家法律统一正确实施。"[①] 同时提出:"推动党的纪律检查工作双重领导体

---

① 《〈中共中央关于全面深化改革若干重大问题的决定〉辅导读本》,人民出版社2013年版,第33页。

第四章 推进国家治理现代化：新要求新取向新态势（上）

制具体化、程序化、制度化，强化上级纪委的领导。"① 这些改革已经落实到位。到目前为止，垂直管理部门已超过所有行政权力部门的50%，这凸显了中央与地方关系在新时代的变迁。这些改革集中体现在中共十九届四中全会深化党和国家机构改革中，"确保集中统一领导；赋予省级及以下机构更多自主权；构建简约高效的基层管理体制；规范垂直管理体制和地方分级管理体制。"特别是，要破解"上面千根线下面一根针"的问题，"保证基层事情基层办、基层权力给基层、基层事情有人办，必将激发基层更大的活力，也对基层干部的能力有了更高的要求。"② 这都是服务于推进国家治理现代化，改革力求调动中央和地方两个积极性，有助于增强有效治理与有效发展。

5. 监督关系

按照党章规定的"四个服从"，地方必须服务中央；从人民民主的代表机制看，地方政府权力来源于人民代表大会，又得对人民代表大会负责、受人民代表大会监督。这两种逻辑在某些情况下未必都是一致的，这也是"条块矛盾"的原因之一。而现实中，中央与地方关系要复杂得多。与地方主义相伴生的是，地方的滥权与乱作为问题，甚至出现"共谋"现象和"离心"倾向，导致一些地方政治生态严重恶化。新时代新环境下，全面从严治党的责任压力机制下，地方官员为了规避责任，"宁愿不做事，也不能出事"，出现了程度不同的"不作为"。那么，为激发地方活力，让他们积极作为，推动有效发展、优化治理。新时代治国理政加强了中央对地方监督工作，监督的强度、密度前所未有的增加。这最典型的就是，巡视制度的大力推进，并进行了制度的改革调整：一是任务导向，中央建立巡视组长库，一次一

---

① 《〈中共中央关于全面深化改革若干重大问题的决定〉辅导读本》，人民出版社2013年版，第36页。
② 《又踏层峰望眼开——〈中共中央关于深化党和国家机构改革的决定〉和〈深化党和国家机构改革方案〉诞生记》，新华社，2019年3月22日。

授权，克服了巡视工作本身腐败的可能，并提出发现问题和线索的要求；二是将中央巡视工作领导小组对省、自治区、直辖市的巡视工作从指导关系调整为领导关系，加强了中央对地方的监督权能。这与加强党的政治建设，维护中央权威与集中统一领导、增强"四个意识"等的要求是一致的。另外，各种形式的督查检查问责制度也在推进。如2015年中央全面深化改革领导小组审议通过了《环境保护督察方案（试行）》，明确了环保督察机制的建立，督察工作是以中央环保督察组为组织形式，对省自治区、直辖市党委和政府及其有关部门开展，并下沉至部分地市级党委政府部门。这是党中央、国务院推进生态文明建设和环境保护工作的一项重大制度安排。环保督查工作已开展了两轮，并进行"回头看"，督查效果更明显，极大地促进了绿色发展，有助于形成更有效治理。

四、建构秩序：推进依法治国实现有序治理

（一）保障社会的公平正义

说到底，现代化发展与国家治理现代化都是为了人，是为了人的现代化、人的美好生活。何为美好生活？这可能众说纷纭，但除无政府主义者之外，秩序都是最基本的要求，或者说，美好生活必须是有序的生活。这是因为，"只有在秩序的基础上，社会才可能存续"[1]。甚至说，"秩序是先于其他一切价值的"[2]。所以，亨廷顿认为："人当然可以有秩序而无自由，

---

[1] ［美］E. A. 霍贝尔著，周勇译：《初民的法律——法的动态比较研究》，中国社会科学出版社1993年版，第12页。

[2] ［美］格伦·蒂德著，潘世强译：《政治思维：永恒的困惑》，浙江人民出版社1988年版，第112页。

第四章 推进国家治理现代化：新要求新取向新态势（上）

但不能有自由而无秩序。"因此人类趋于公共生活，"首要的问题不是自由，而是建立一个合法的公共秩序。"① 美好生活与秩序呈亲和关系。改革开放以来，社会转型发展与国家治理改革能够取得非凡成就，重要经验就是处理好了改革力度、发展速度与社会承受度的关系，实现了大改革、大发展与大稳定三者的统一。

中国特色社会主义进入新时代，社会主要矛盾转化，人民向往美好生活，这当然也必须是有序生活。不过，秩序"是建造物，而不是长成物"。② 如果说国家本就是"把冲突保持在'秩序'的范围以内"③ 的力量，那么在现代政治条件下，适应人民对美好生活向往的需要，国家治理要更能够建构公共秩序，形成有序治理。现实中，建构公共秩序、推进有序治理，可以有不同方式、多种路径，但是在现代国家，这主要是通过制度建设和法治发展来实现的。中共十八届三中全会部署全面深化改革，是为了激发活力、实现有效治理。治理当然要有活力，但又不能失序、不能暗流涌动，而要形成"又有集中又有民主、又有纪律又有自由、又有统一意志又有个人心情舒畅"的局面。于是，中共十八届四中全会就全面推进依法治国作出战略部署，其背景是"全面建成小康社会进入决定性阶段，改革进入攻坚期和深水区，国际形势复杂多变，我们党面对的改革发展稳定任务之重前所未有、矛盾风险挑战之多前所未有"。适应这样的新环境新条件，"更好统筹社会力量、平衡社会利益、调节社会关系、规范社会行为，使我国社会在深刻变革中既生机勃勃又井然有序，实现经济发展、政治清明、文化昌盛、社会公正、生态

---

① ［美］亨廷顿著，王冠华等译：《变化社会中的政治秩序》，生活·读书·新知三联书店1989年版，第7页。

② ［美］罗斯著，秦志勇、毛永政译：《社会控制》，华夏出版社1989年版，第4页。

③ 《马克思恩格斯选集》（第4卷），人民出版社1995年版，第170页。

良好，实现我国和平发展的战略目标，必须更好发挥法治的引领和规范作用。"① 这就是说，推进依法治国、形成有序治理，是推进国家治理现代化的重要依托，必须从法治上为维护社会和谐稳定、确保党和国家长治久安提供制度化方案。

不过，创造秩序、实现有序治理，首先要以公平正义为价值取向。现实中，并非所有秩序都具有价值合理性与正当性，属于文明秩序。在现代社会，合理的公共秩序是指与社会大多成员的主观评价具有相当程度契合性的秩序，它不能靠暴力强制来维持，更不能根据弱肉强食的丛林法则来实现，而是与社会主导价值观念、文化公理相一致，并以社会成员自愿合作和普遍信任为基础。② 价值观是国家治理的灵魂与精神结构，包括正义、权利、自由、宽容等诸多方面。这其中，正义被公认为是根本价值，"正义是社会制度的首要价值"。这是因为，正义不仅代表着深藏于人性的价值诉求，是人类社会永恒的理想追求，而且包容了平等、权利等其他价值形式。罗尔斯将正义理解为一种公正的体制："一个社会体系的正义，本质上依赖于如何分配基本的权利义务，依赖于在社会的不同阶层中存在着的经济机会和社会条件。"③ 在庞德看来，"正义并不意味着个人德行，它并不意味着人们之间的理想关系。我们认为它意味着一种制度。"④ 这是很有道理的。新时代的国家治理是要建构国家治理体系和基础性制度体系，而其重要使命就是要通过制度体制机制的改革完善，让社会公平正义体现出来、保障起来、拓展开来，支撑有序治理。

---

① 《〈中共中央关于全面推进依法治国若干重大问题的决定〉辅导读本》，人民出版社 2014 年版，第 2 页。
② 周光辉：《政治文明的主题：人类对合理的公共秩序的追求》，载于《社会科学战线》2003 年第 4 期。
③ [美] 约翰·罗尔斯著，何怀宏等译：《正义论》，中国社会科学出版社 1988 年版，第 7 页。
④ [美] 罗斯科·庞德著，徐显明译：《通过法律的社会控制》，商务印书馆 1984 年版，第 32 页。

第四章 推进国家治理现代化:新要求新取向新态势(上)

新时代意味着国家治理迈入新阶段,面临着"发展起来以后"的社会分化、贫富悬殊等公平正义缺失问题,意味着社会主要矛盾转化后人民对公平正义的"刚性需求"。与此相应,社会结构不断分化、日益多元化,世界又正在经历百年未有之大变局,加之网络社会这个最大变量的嵌入,这让维护公平正义与实现有序治理两者之间形成了高度的关联性。新时代治国理政的理论与实践探索正体现了这一点。中共十八大报告概括提出了推进治国理政的"八个必须",其中一个就是:"必须坚持维护社会公平正义。公平正义是中国特色社会主义的内在要求。要在全体人民共同奋斗、经济社会发展的基础上,加紧建设对保障社会公平正义具有重大作用的制度,逐步建立以权利公平、机会公平、规则公平为主要内容的社会公平保障体系,努力营造公平的社会环境,保证人民平等参与、平等发展权利。"[①] 与此一脉相承,中共十九大报告强调:"不断促进社会公平正义,形成有效的社会治理、良好的社会秩序,使人民获得感、幸福感、安全感更加充实、更有保障、更可持续。"[②] 可以说,维护社会公平正义,也是贯穿新时代改革发展治理的一条红线,是始终坚守的价值原则。

具体来说,中共十八届三中全会提出全面深化改革必须"以促进社会公平正义、增进人民福祉为出发点和落脚点"[③],中共十八届四中全会提出全面推进依法治国,更是为了保障公平正义,因为国家法律是保障公正的底线,它分配权利以确立正义、惩罚罪恶以伸张正义、补偿损失以恢复正义。尤其是,司法执法更是构成维护公平正义的最后一道防线。"十三五"规划提出新发展理念,其中之一是"共享发展",从实现公共服务普惠性、

---

① 《十八大报告辅导读本》,人民出版社2012年版,第15页。
② 《党的十九大报告辅导读本》,人民出版社2017年版,第44页。
③ 《〈中共中央关于全面深化改革若干重大问题的决定〉辅导读本》,人民出版社2013年版,第3页。

保基本、均等化和可持续，实施扶贫攻坚，推动义务教育均衡发展，缩小收入差距，建立更加公平更可持续的社会保障制度，推进健康中国建设等多方面，提出了实现共享发展的一套制度政策方案。可能，最能够体现维护公平正义的新政策新举措，要数扶贫攻坚。如前所述，贫富分化是最大的不公正，不符合社会主义本质要求和党执政的宗旨，贫富分化的代际传递及向精神世界的延伸，也是滋生社会不稳定的重要原因。正因此，党治国理政将脱贫攻坚作为全面建成小康社会必须完成的三大攻坚战。习近平总书记提出精准扶贫的思想，并要求扶贫对象、项目安排、资金使用、措施到位、因村派人、脱贫成效等要精准，要真正做到扶真贫、真扶贫和脱真贫、真脱贫，这本就体现了公平正义。其实，落实协调发展理念和区域协调发展战略，特别是实施乡村振兴战略，"按照产业兴旺、生态宜居、乡风文明、治理有效、生活富裕的总要求，建立健全城乡融合发展体制机制和政策体系，加快推进农业农村现代化。"[①] 如果说脱贫攻坚是问题导向的，是一项有时间节点的工程，那么乡村振兴则是长期性，它是脱贫攻坚结束后长期维护公平正义、实现有序治理的可持续战略举措。

（二）把权力关进制度笼子

国家有序治理的实现，要求所有社会成员、每个法人主体和组织，都要言行有序，更要求公共权力和政府部门的行为要有序，要在法治范围内活动。这道理并不复杂。在现代社会，如果普通社会成员侵害他人权利、破坏公共秩序，受害者可以诉诸政府，寻求权利保障与权利救济，或是诉诸舆论社会道义，寻求舆论支持；而政府是组织化的公共权力机关，如果政府违法侵害公民权利、破坏社会公共秩序，那带来的危害会更大，甚至无法得到救治和纠正。这也是法治国家、法治政府与法治社会一体化建

---

① 《党的十九大报告辅导读本》，人民出版社2017年版，第31页。

设的理由。其中，法治政府建设是关键。或者说，法治的本质是治政、治权、治官，政府是否守法，权力是否得到规范、受到约束，是衡量法治的标尺。这是人类文明发展所形成的治国理政的最大共识。

秩序是表征事物在空间上的第次、顺序、稳定、连贯等关系及状态的范畴。在一个国家范围内，之所以说政府守法状况是影响有序治理的最大变量，是因为政府合法使用暴力、行使国家公权力，而权力是一把"双刃剑"、具有工具性。更进一步看，是因为行使权力的人的人性具有不确定性。就人性不确定性的最好理论表述是"幽暗意识"，即"发自对人性中与宇宙中与始俱来的种种黑暗势力的正视和省悟：因为这些黑暗势力根深蒂固，这个世界才有缺陷，才不能圆满，而人的生命才有种种的丑恶，种种的遗憾。"[①] 就此，马克思、恩格斯有深刻的洞察，他们反对抽象地空谈人性，认为人的本质是一切社会关系的总和，但同时看到人的自然属性，并指出："人来源于动物界这一事实已经决定了人永远不能完全摆脱兽性，所以问题永远只能在于摆脱得多些或少些，在于兽性或人性的程度上的差异。"[②] 正因此，通过建立制度、健全法治来规范和约束权力，进而形成有序治理，这是走向现代国家治理的基本规律，不管是什么理论流派还是哪个国度都不能无视这一点，其差异只在于监督权力所形成的制度安排、制度形式会有所不同。

在创造有序治理上，新时代治国理政的重要取向就是把权力关进制度的笼子里。毫无疑问，这背后正是对人性不确定性、权力工具性的警惕。正如习近平总书记指出的："没有监督的权力必然导致腐败，这是一条铁律。"[③] 我们知道，中国共产党作为

---

① 张灏：《幽暗意识与民主传统》，新星出版社2006年版，第24页。
② 《马克思恩格斯选集》（第3卷），人民出版社1995年版，第442页。
③ 中共中央宣传部：《习近平总书记系列重要讲话读本》，学习出版社、人民出版社2016年版，第92页。

使命型政党，特别强调加强党性锻炼、提高党性修养的重要性，但同时也强调"信任不能代替监督"，从不否认监督的必要性，而是逐步探索形成一套权力监督体系。这并不矛盾，是教育与监督并重、自律与他律结合，是为了更好形成权力规范的合力。中共十八大报告指出："严格规范权力行使，加强对领导干部特别是主要领导干部行使权力的监督。"随后，治国理政的重大战略安排与战略行动，都无不将规范权力作为一个重要议题。中共十八届三中全会提出："坚持用制度管权管事管人，让人民监督权力，让权力在阳光下运行，是把权力关进制度笼子的根本之策。必须构建决策科学、执行坚决、监督有力的权力运行体系，健全惩治和预防腐败体系，建设廉洁政治，努力实现干部清正、政府清廉、政治清明。"[①] 中共十八届四中全会提出全面依法治国，更是从法治政府建设的角度要求"努力形成科学有效的权力运行制约和监督体系，增强监督合力和实效"[②]。显然，这样的认识始终如一，态度一以贯之。

与西方国家有所不同，中国权力监督体系的建设不仅有国家的力量，还有执政党的力量，是在党统一领导下推进的，这是中国治国理政的特点。中共十八大以来更是如此，这极大地解决了以往监督力量分散、碎片化的问题，努力探索形成党中央集中统一领导下的监督体系。中共十八届四中全会提出全面依法治国的总目标是在党的领导下，坚持中国特色社会主义制度，建设中国特色社会主义法治体系，其中就包括党内法规体系。有人对此不太理解。其实，国有国法、党有党规。依法治国、依法执政，既要求党依据宪法法律治国理政，也要求党依据党内法规管党治

[①] 《〈中共中央关于全面深化改革若干重大问题的决定〉辅导读本》，人民出版社2013年版，第35页。
[②] 《〈中共中央关于全面推进依法治国若干重大问题的决定〉辅导读本》，人民出版社2014年版，第19页。

第四章 推进国家治理现代化：新要求新取向新态势（上）

党。"没有党规党法，国法就很难保障。"① 这是改革开放前总体性社会治理的教训。依规管党治党，是依法治国的重要前提和政治保障。只要把党建设好，国家才能治理好。王岐山指出："党是肩负神圣使命的政治组织，党员是有着特殊政治职责的公民。国家法律是全体公民必须遵循的行为底线。党规党纪对党员的要求严于国家法律对普通公民的要求。……如果执政党连自己的党规党纪都守不住、执行不下去，依法治国、依法执政就是一句空话。"② 如果将依法治国、法治国家这里的"法"，简约化地理解为"规则"，那么所有能够有效规范人们行为的都属于"法"的范畴，甚至说学校、企业的规章，城市社区的公约、农村的村规民俗，也都属于"法"，是习惯法。只是这些"法"不能与国家层面的法律相违背、抵触。既然中国是大国大党，那么执政党通过党规党纪把自己治理好，那党内法规体系自然属于法治体系的内涵。当然，要解决的是党内法规与国家法律的有机衔接问题，两者不能冲突。

无论是党纪还是国法，都是为了规范和约束权力。中共十九大报告就党内监督提出："强化自上而下的组织监督、改进自下而上的民主监督，发挥同级相互监督作用，加强对党员干部的日常管理监督。"③ 同时提出："构建党统一指挥、全面覆盖、权威高效的监督体系，把党内监督同国家机关监督、民主监督、司法监督、群众监督、舆论监督贯通起来，增强监督合力。"④ 可以说，这些正是围绕把权力关进制度笼子、创造有序治理展开的。

新时代治政、治官、治权还体现了权责对等的国家治理通则。习近平总书记指出："现行党内监督条例，监督主体比较

---

① 《邓小平文选》（第2卷），人民出版社1994年版，第147页。
② 《〈中共中央关于全面推进依法治国若干重大问题的决定〉辅导读本》，人民出版社2014年版，第19页。
③ 《党的十九大报告辅导读本》，人民出版社2017年版，第66页。
④ 《党的十九大报告辅导读本》，人民出版社2017年版，第67页。

分散，监督责任不够明晰，监督制度操作性和时效性不强。要围绕责任设计制度，围绕制度建构体系，强化上级党组织对下级党组织和党员、领导干部的监督，做到责任清晰、主体明确、制度管用、行之有效，并加强同党内其他法规的衔接，把制度框架确立起来。"① 从改革举措与政策行动看，这是很清晰的。

如党风廉政建设中，落实党委主体责任、纪委监督责任、书记第一责任、班子成员"一岗双责"，形成监督的责任体系；落实党的纪律检查工作双重领导体制改革，明确纪委专责监督机关定位，强化纪委的监督、执纪、问责功能，同时向党和国家机关全面派驻党的纪律检查组，改进并落实纪检监督；改革深化巡视工作，作为党内监督的战略性制度安排，坚持发现问题与形成震慑结合，并与巡察形成了上下联动的监督网络；改革审计管理体制，组建中央审计委员会，构建集中统一、全面覆盖、权威高效的审计监督体系，更好发挥审计监督作用；深化国家监察体制改革，组建相应监察委员会，制定国家监察法，依法实现对所有行使公权力的公职人员监察的全覆盖；等等。特别是，通过立、改、废等方式，先后出台了一系列党内法规，党内法规体系不断健全。其中，监督条例、纪律处分条例和问责条例最为重要，是形成全环节、全过程权力监督，在实现把权力关进制度笼子里的治标目标上迈出了很大的步伐。至少，在党风廉政和反腐败方面的效果是非常明显的。中共十八大报告的判断是"反腐败斗争形势依然严峻"，中共十九大则明确提出"反腐败斗争压倒性态势已经形成并巩固发展"，而2018年以来则是"反腐败斗争取得压倒性胜利，但形势依然严峻复杂"。这样表述的变化，也从一个层面折射了把权力关进制度笼子、实现有序治理的进展。

---

① 习近平：《在第十八届中央纪律检查委员会第六次全体会议上的讲话》，载于《人民日报》2016年1月12日。

(三) 维护司法公正与公信

法律是治国重器，良法是善治前提。不过，普通社会成员对良法善治的体验，并不是通过研究和学习法律条文而是从司法实践中获得，甚至很多民众会把司法理解为法治的全部。比较而言，公共权力体系中的司法权，对国家有序治理有着独特意义。历史地看，在无立法权与法律条件下，国家治理可以由传统和习俗来维持；但是在任何情况下，离开司法权的国家治理是无从谈起的。在这个意义上，司法活动是一种本源的政治活动。

司法制度是国家治理体系和基础性制度体系的重要组成部分。改革开放以来的国家治理改革中，探索如何将司法权很好嵌入治理体系，形成相应治理能力，这是处理改革、发展与稳定关系的重要环节。作为维护公平正义的最后防线、实现社会控制的主导形式，"司法公正是法治的生命线。司法公正对社会公正具有重要引领作用，司法不公对社会公正具有致命破坏作用。"① 这是因为，一个功能正常的司法权的运行，可充分发挥权利救济、定分止争、制约公权、维护公正等功能，将现代化建设与治国理政中出现的种种不平与不满所导致的社会矛盾、冲突等转换成秩序状态，为冲突和矛盾的解决提供常规性、制度化的缓释机制与途径。也可以说，司法对实现国家有序治理发挥着"安全阀"的功用。② 但是这种功能的有效发挥，其前提是司法的公正性与公信力。培根指出："一次不公的判断比多次不平的举动为祸尤烈。因为这些不平的举动不过弄脏了水流，而不公的判断则把水源败坏了。"③ 这个道理是很深刻的。如果说司法不公，缺

---

① 《〈中共中央关于全面推进依法治国若干重大问题的决定〉辅导读本》，人民出版社2014年版，第20页。
② 程竹汝：《司法改革与政治发展——当代中国司法结构及其社会政治功能研究》，中国社会科学出版社2001年版，第234页。
③ ［英］培根著，水天同译：《培根论说文集》，商务印书馆1983年版，第193页。

乏公信力，社会公正就难有保障，这所造成的消极影响远不止于特定个案，而是对民众法律普遍信任的摧残，对社会正义期盼的打击。

新时代新环境下，人民美好生活向往对公平正义的需要更为强烈，对社会和谐有序发展的要求也更高。中共十八大结束后不久，习近平总书记在首都各界纪念现行宪法公布施行30周年大会上的讲话就指出："要依法公正对待人民群众的诉求，努力让人民群众在每一个司法案件中都能感受到公平正义，决不能让不公正的审判伤害人民群众感情、损害人民群众权益。"① 但客观情形是，司法不公、司法失信的现象，在一些地方还比较突出；一些司法人员作风不正、履职不廉，所谓的"金钱案""关系案""人情案"等问题时有发生；等等。

有学者研究指出："对于国家权力来讲，司法腐败造成的损伤是硬伤和内伤。用一句通俗的话说，行政再腐败，只要司法不腐败，就有惩治腐败行为的希望，而一旦腐败在司法领域大面积地蔓延，它所带来的就不仅仅是社会腐败风气的加剧，或整个权力体系和法律秩序的紊乱、失控，或国家权力的自我控制和自我约束机制的丧失，或公民维权机制的崩溃，而是一种信念的失落——对法律。如果说行政腐败毁坏了政府在民众中的公正形象，那么司法腐败的恶果则是，在民众层面上，它加深了人们对规范的轻视态度，及法律权威和诉讼活动的不信赖感。"② 这些问题的背后是司法体制不健全，司法权配置不合理、运行不科学等，推进司法体制改革势在必行。正是回应这样的社会需要，中共十八届三中全会围绕法治中国建设提出了保障依法独立公正行使审判权检察权、健全司法权力运行机制、完善人权司法保障制

---

① 习近平：《在首都各界纪念现行宪法公布施行30周年大会上的讲话》，新华网，2012年12月4日。
② 林喆：《司法公正与司法腐败》，载于《政治与法律》1998年第3期。

度等司法改革举措,并有序推进。中共十八届四中全会更是专门就"保证公正司法,提高司法公信力"的命题,在法治体系建设的大框架中,以问题为导向,提出了多项深化改革的举措并认为:"必须完善司法管理体制和司法权力运行机制,规范司法行为,加强司法活动的监督,努力让人民群众在每一个司法案件中感受到公平正义。"[1] 而深化司法体制改革的实际行动,其目的正是为了维护司法公正与公信。

可以说,司法体制改革是新时代推进治理现代化最突出的领域、最显著的特征。具体而言,例如,为了保障司法权独立公正运用,建立健全领导干部干预司法活动、插手具体案件处理的记录、通报和责任追究制度,如果因此造成冤假错案的,要追究刑事责任,同时推进司法管理体制改革,实现省级以下地方法院和检察院人财物统一管理;法院受理案件,从以往的立案审查制改变为立案登记制,依法做到有案必立、有诉必理,保障当事人诉讼权,这为社会矛盾纠纷化解提供了司法渠道,也有力缓减了"信访不信法"所带来治理困境;最高法院设立巡回法庭,审理跨行政区重大行政和民商事案件,设立跨行政区划的人民法院和人民检察院,解决司法诉讼中出现的"主客场"现象,有助于更好维护司法公正;推进以审判为重的诉讼法制度改革,增强办案人员履职责任,让进入庭审的案件做到"案件事实清楚、证据确实充分"的法定要求,真正维护司法程序和结果公正,防范冤假错案的发生;等等。这些改革举措已经都付诸实施,司法公信力水平不断提高,助推新时代有序治理的实现。

(四)提高社会自组织能力

新时代的国家治理面临着复杂多变的新环境新要求,即使执

---

[1] 《〈中共中央关于全面推进依法治国若干重大问题的决定〉辅导读本》,人民出版社2014年版,第20页。

政党和政府的能力再强,也无法解决源于社会中不时发生的矛盾、纠葛和冲突。从现实性看,创造有序治理,不仅需要政治体系履行其功能,而且还需要培育、开发并充分利用社会自组织资源,形成一套完善的社会自律机制。这就是以各类社会组织为依托的自组织、自管理、自控制、自协调的社会运行方式,其目的是提高社会自律能力,实现社会机体对社会领域中各种矛盾和冲突的自我缓释与修复。

就中国来说,这里的社会组织的所指较为宽泛。它既包括共青团、妇联、工会等政治性社团和城市居民委员会、农村村民委员会等群众性自治组织,也包括新生的诸如校友会、同乡会、俱乐部、论坛等联谊性社团,以及律师协会、会计师协会等职业性团体和各种学会、基金会、研究所等学术性社团,甚至包括环保组织、志愿组织等公益社团;等等。但是,从行政法规表述看,这主要包括社会团体、基金会、社会服务机构三类,其中社会服务机构在以往的叫法是民办非企业单位。如果说国家治理现代化发生的关键是国家与社会、政府与公民关系从一元从属到二元分立关系结构的转变,那么二元分立后获得相对自主性的社会,要与国家形成良性互动,就应当是自组织化的社会,并拥有自组织能力。

这种能力的形成是现代化发展的结果,也是现代社会持续发展、有序治理的重要支撑。就新时代的国家治理现代化而言,这意味着现代化进程中所滋生的多元需求,可通过广布于基层社会的各种组织聚合起来、综合遴选,再向政府传递,使不同需求有序地、制度化地进入决策系统。与一盘散沙的原子化表达和参与相比,这等于是在社会与国家、公民与政府之间形成了缓冲结构,增加了弹性,可疏导社会成员的意见要求,化解矛盾冲突。社会控制论者罗斯认为:"社会组织、社会规范甚至是市场本身就是社会控制的重要方面。发达的社会组织体系,如普遍的、独立的工会、教会、非政府组织等,能够有效地起到民众与政府的

第四章　推进国家治理现代化：新要求新取向新态势（上）

中介和桥梁作用，可以协调各个层次和不同群体之间的利益冲突，促进社会的团结。社会规范如道德，作为一种非正式的制度，如果被普遍接受和遵守，也将有力地保障法律的实行和法律规范的约束，可以大大降低法律制度的运行成本，促进经济和政治系统的良性运作。"① 同时，社会自组织能力也有助于解决单凭政府构造秩序，其力量单一、成本高昂的问题。多元化的社会组织就像"排气孔"一样，散布于民间、渗透于基层，不仅天然具有发现矛盾、感知问题的优势，而且能够有效吸附、分解社会领域中的不满情绪，将那些低量度的不稳定因子消融于萌芽状态，使矛盾不扩大、不激化、不升级，可有效降低维护稳定的成本。

显然，社会自组织能力正体现了多元参与、互动互补、协同共治的国家治理现代化要求。对此，无论是全面深化改革还是全面依法治国，新时代的认识是很清晰的。这就是：推进社会组织依法有序健康发展，最大限度发挥群众参与社会管理。而随着国家治理体系与治理能力现代化作为全面深化改革总目标的提出，中共十八届三中全会用"社会治理"取代"社会管理"的表述并提出："坚持系统治理，加强党委领导，发挥政府主导作用，鼓励和支持社会各方面参与，实现政府治理和社会自我调节、居民自治良性互动。"② 中共十九大继续深化了这一认识，并提出要推动社会治理重心下移，发挥社会组织作用。但问题的根本，在于推动政社分开，处理好政府与社会的关系，增强社会组织的自主性与自治力。

正是为了建立健全这样的治理体系、形成有序治理能力，全面深化改革围绕"激发社会组织活力"提出了相应改革举措。

---

① ［美］爱德华·罗斯著，秦志勇、毛永政译：《社会控制》，华夏出版社1989年版，第143页。
② 《〈中共中央关于全面深化改革若干重大问题的决定〉辅导读本》，人民出版社2013年版，第49页。

其中贯穿的总原则就是：但凡适合社会组织提供的公共服务和处理的社会事项，就依法依规交由社会组织来承担。为此，中共十八届三中全会特别提出："重点培育和优先发展行业协会商会类、科技类、公益慈善类、城乡社区服务类社会组织，成立时直接依法申请登记。"① 就此，政府职能部门启动了相应的制度建设，2018年发布了《社会组织登记管理条例（草案征求意见稿）》，其中第二章关于"设立、变更和注销"就体现这样的思路，是对社会组织发展的"松绑"，这有助于促进社会组织发展与社会自组织能力提升。

要指出的是，我国大多数社会组织在经济、社会、文化、教育、科技、卫生等领域发挥着积极作用，但发展培育不足、规范引导不够、结构分布不合理问题也很突出。甚至，一些社会组织打着"维权"旗号，插手和炒作社会矛盾特别是热点和敏感问题，在很大程度上扰乱了社会秩序。现代社会既是一个高度组织化的社会，也应当是一个高度建制化的社会。尽管说，社会组织具有扩大公民参与、拓展社会资本、蓄积社会信任、构建优良秩序等方面的正功能，但同样可能挑战政府权威、引发社会不稳，具有负功能。换言之，发展起来的社会组织具有多重角色，承担着多样功能，既可能成为政府治理的"帮手"，也可能成为"对手"，甚至是"敌手"。② 因此说，政府一方面要激活社会机体、开放社会体系、拓展社会空间、发展社会组织，使各种社会组织成为构造社会稳定的重要资源。但同时，政府还要对社会组织成长进行必要规范，使其发展处于制度化轨道，减少它们走向"黑帮化"的政治隐患。中共十八届四中全会明确提出："建立健全社会组织参与社会事务、维护公共利益、救助困难群众、帮教特

---

① 《〈中共中央关于全面深化改革若干重大问题的决定〉辅导读本》，人民出版社2013年版，第49页。

② 燕继荣：《民主和谐需要社会资本》，载于《学习时报》2008年2月25日。

殊人群、预防违法犯罪的机制和制度化渠道。支持行业协会商会类社会组织发挥行业自律和专业服务功能。发挥社会组织对其成员的行为导引、规则约束、权益维护作用。加强在华境外非政府组织管理,引导和监督其依法开展活动。"[1] 在以往,三类社会组织分别由三部法规进行规范管理,即《基金会管理条例》《社会团体登记管理条例》和《民办非企业单位登记管理暂行条例》。随着社会结构变迁与社会自组织网络不断发展,这些法律制度已经不适应了,为适应新时代新发展的要求,立法建制就显得非常必要。近年来政府职能部门多次对非法社会组织进行整治取缔,逐步改善社会组织健康发展的氛围。2016 年《中华人民共和国慈善法》的出台标志着在社会组织立法方面迈出了一大步;而将要出台的《社会组织登记管理条例(草案征求意见稿)》将三者整合起来,主要是为了规范社会组织登记管理,维护社会组织合法权益,促进社会组织健康有序发展。

要说明的是,社会自组织能力的形成是为了解决问题、创造有序治理,当然需要法治机制来规范,但也需要民主机制来完成。从国家制度体系看,民主建设以人民民主为原则和方向,并是在坚持党的领导、人民当家作主与依法治国三者有机统一的大框架中推进的;从国家治理体系看,民主建设又是通过选举民主、协商民主、党内民主、基层民主等具体形式来实现的。但无论如何,"民主不是装饰品,不是用来做摆设的,而是要用来解决人民要解决的问题的。"[2] 在新时代新环境下,改革进入深水区和攻坚期,社会矛盾、冲突、纠葛、纷争不断增多,尤其是在基层社会表现得更为突出集中。要化解社会矛盾、维护社会和谐,不仅需要"警力",更需要"民力",不仅需要政府"专

---

[1] 《〈中共中央关于全面推进依法治国若干重大问题的决定〉辅导读本》,人民出版社 2014 年版,第 28~29 页。
[2] 中共中央文献研究室编:《习近平关于社会主义政治建设论述摘编》,中央文献出版社 2017 年版,第 70 页。

治",更需要政府与社会"合治",需要充分运用民主机制、程序、平台。

协商民主作为一种治理民主形式,它倡导合作、沟通、对话,而不是竞争、压力,是一种典型的化解分歧、达成共识的机制。这是因为,"协商会鼓励持有冲突观点的人们去理解别人的观点,减少道德不一致,寻求共同的基础",相反,"在缺少协商论坛的情况下,合理的意见分歧是不太可能得到彼此尊重的,且共同的基础可能被忽视或贬低,甚至有理性的人也如此,因为理性本身,或我们的推理本身,很少使我们关注其他人的不同观点。"① 所以,在"发展起来以后",国家治理迈入新阶段的情况下,社会自组织发展与有序治理的实现,对协商民主有着内在需求。

如果说中国现代国家建设本就具有很强的协商特质,这是后发现代化国家历史境遇所规定的,那么协商民主全面进入国家议程则是改革开放以来民主治理改革推动的。特别是 21 世纪以来,协商民主得到快速发展。而新时代治国理政提出推进协商民主广泛多层制度化发展的要求,要"构建程序合理、环节完整的协商民主体系。"② 2014 年习近平总书记《在庆祝中国人民政治协商会议成立 65 周年大会上的讲话》成为指导协商民主发展的纲领性文件。随后 2015 年出台了《关于加强社会主义协商民主建设的意见》明确将协商民主发展与国家治理现代化联系在一起,认为:"加强协商民主建设,有利于扩大公民有序政治参与、更好实现人民当家作主的权利,有利于促进科学民主决策、推进国家治理体系和治理能力现代化,有利于化解矛盾冲突、促进社会和谐稳定。"③ 而 2015 年又出台了《关于加强城乡社区协商的意

---

① [南非]登特里维斯主编,王英津等译:《作为公共协商的民主:新的视角》,中央编译出版社 2006 年版,第 140~141 页。
② 《〈中共中央关于全面深化改革若干重大问题的决定〉辅导读本》,人民出版社 2013 年版,第 30 页。
③ 《关于加强社会主义协商民主建设的意见》,新华网,2015 年 2 月 9 日。

见》，对基层协商民主发展作出了整体部署。中共十九大报告指出："有事好商量，众人的事情由众人商量，是人民民主的真谛。协商民主是实现党的领导的重要方式，是我国社会主义民主政治的特有形式和独特优势。要推动协商民主广泛、多层、制度化发展，统筹推进政党协商、人大协商、政府协商、政协协商、人民团体协商、基层协商以及社会组织协商。"① 这其中，基层民主与社会自律、有序治理具有亲和关系，因此发展基层协商显得更为必要。习近平总书记指出："涉及人民群众利益的大量决策和工作，主要发生在基层。要按照协商于民、协商为民的要求，大力发展基层协商民主，重点在基层群众中开展协商。凡是涉及群众切身利益的决策都要充分听取群众意见，通过各种方式、在各个层级、各个方面同群众进行协商。要完善基层组织联系群众制度，加强议事协商，做好上情下达、下情上传工作，保证人民依法管理好自己的事务。"② 如果结合基层大量实践探索创新，可发现协商民主是新时代助推有序治理的重要制度机制和平台。

---

① 《党的十九大报告辅导读本》，人民出版社 2017 年版，第 66 页。
② 习近平：《在庆祝中国人民政治协商会议成立 65 周年大会上的讲话》，载于《人民日报》2014 年 9 月 21 日。

第五章

推进国家治理现代化：
新要求新取向新态势（下）

一、建构价值：聚合精神力量增强共识治理

（一）建设强国的精神力量

以市场经济和全球化驱动的现代化发展必然会带来多元化，但是现代国家建设又内在地要求一体化，这不是要消除多元，而是在尊重多元、包容多元的基础上凝聚共识，达成最大公约数。在社会结构、利益格局、生活方式、价值观念等日益多元化的背景下，如何建构一体化，是国家治理必须面对并解决的问题。这需要通过社会整合来完成，进而实现共识治理。

这里的共识治理，与研究中提出的社会整合、社会团结、重叠共识等理论知识相关。在一般意义上，共识是指两个或两个以上的人对某一问题所持的相同看法；从国家治理看，共识治理是一种状态："政治共同体的社会成员对于政治基本目标和基本结构的一致观念。"① 在现代国家，建构共识、增进共识、拓展共

---

① 李风华：《政治共识：一种新的政治观念研究路径》，载于《政治学研究》2012年第1期。

第五章 推进国家治理现代化：新要求新取向新态势（下）

识，可通过不同方式来实现，但其中文化和价值引领是根本性的，因为共识建构是基于认同的。比较而言，文化和价值认同是最深层、最持久的认同，是推动现代国家建设的精神力量。从这个意义看，共识治理又是基于文化发展、价值建构的一种软治理。

中国特色社会主义进入新时代，这意味着现代化建设进入了"发展起来以后"的新阶段，这也是一个社会结构更为多元、社会矛盾更为凸显的新时期；这意味着社会主要矛盾的历史性转变，在物质生活得到满足、富起来以后，人民美好生活向往面临更多的是文化需要与价值追求，是心灵安顿与精神家园建构；这也意味着中国要越来越多地参与全球治理，承担大国责任，引领国际秩序变革，进而能够为人类解决面临的共同难题贡献中国的价值、主张和智慧、方案。概言之，新时代的治国理政必须能够整合力量、凝聚共识，不断增强共识治理，适应国家治理现代化，建构价值体系。

从历史起点看，新时代治国理政是目标导向的，集中体现为中共十八大之后习近平总书记提出的第一个战略思想：中华民族伟大复兴的中国梦，也即实现国家强起来。他明确指出："中国梦的本质是国家富强、民族振兴、人民幸福。"[①] 而中国梦的实现必须坚持中国道路、弘扬中国精神、凝聚中国力量，要全国各族人民心往一处想、劲往一处使，要凝心聚力，汇聚成不可战胜的磅礴力量。当然，中国梦是党领导人民奋斗的目标任务，但也是在价值多元多样的新时代，最能够团结大多数、聚合大多数，形成认同、实现共识治理的一种精神力量。

从内涵看，国家强起来是全面丰富的。2013年习近平总书记在全国劳动模范代表座谈会上的讲话指出："实现我们的发展目标，不仅要在物质上强大起来，而且要在精神上强起来。"[②] 中共十九大报告综合国内外形势与我国已经形成的发展条件，就

[①②] 《习近平谈治国理政》，外文出版社2014年版，第56页。

全面建设社会主义现代化国家作出了"两步走"的战略安排。尤其是到21世纪中叶，要建成富强民主文明和谐美丽的社会主义现代化强国，必须有物质文明、政治文明、精神文明、社会文明、生态文明的全面提升，实现国家治理体系和治理能力现代化。显然，社会主义现代化强国的目标定位，经历了一个从经济建设为中心到"两手都要抓、都要硬"，并逐步发展为"五位一体"总体布局的过程，是全面的。这其中，精神文明建设就要求有先进的文化发展方向、认同的核心价值体系、共同奋斗的思想基础等。甚至说，其他物质文明、政治文明、社会文明、生态文明建设，也都要积淀为相应的文化心理、价值观念、行为方式，才能更有力量、更可持续。在新时代的现代化建设与治国理政中，如何将这些文化的历史性进步，更好地凝聚为一种精神力量、认同纽带、价值引领，对文化治理、价值建构有更高要求。

从制度运行看，国家强起来需要制度精神支撑。国家治理现代化的根本是制度现代化，是形成一套基础性制度体系，创造有效治理与发展。无论是国家制度体系，还是治理体系、基础性制度体系，其形成发展与有效运行，都离不开相应的文化心理、价值观念、情感认知等精神力量支撑，需要一套相适应的价值体系。这就是制度文化、制度精神，虽然无形但很有力量。早在古希腊时，柏拉图就曾分析认为："有多少种不同类型的政制就有多少种不同类型的人们的性格。你不要以为政治制度是从木头里或石头里产生出来的。不是的，政治制度是从城邦公民的习惯里产生出来的；习惯的倾向决定其他一切的方向。""如果有五种政治制度，就应有五种个人心灵。"① 托克维尔研究美国民主，就以墨西哥移植美国联邦制为例指出："他们只抄来了宪法的条文，而无法同时把给予宪法以生命的精神移植过来。因此，他们

---

① ［古希腊］柏拉图著，郭斌和、张竹明译：《理想国》，商务印书馆1986年版，第313～314、314页。

第五章　推进国家治理现代化：新要求新取向新态势（下）

的双重政府的车轮便时停时转。"① 正因为制度精神的缺乏，"美国的联邦宪法，好像能工巧匠创造出来的一件只能是发明人成名发财，而落到他人之手就变成一无用处的美丽艺术品。"② 这启示我们，国家治理体系建设的过程也应当是一个文化价值体系建构的过程。

国家强起来，还是比较而言的。这既是指国家内部的纵向历史比较，也是指在世界范围内与其他国家的横向比较。如果说，在人类历史的很长时期内，国家之间的竞争主要表现为经济、军事实力的较量，占有土地、拥有财富的多少被视为国家强弱的标志，自从冷战结束后，世界格局发生了深刻变化，和平与发展成为时代潮流，国家间的依存度不断强化，国家间的竞争单凭经济、军事等硬实力已越来越无法占据优势，文化软实力、影响力在国力较量中的地位越来越重要。历史步入了软实力时代。谁占据了文化发展的制高点，谁拥有了强大的文化软实力，谁就能够在世界各国竞争之中赢得主动。这正是美国学者约瑟夫·奈提出软实力概念，并受到广泛欢迎的缘由。软实力主要是由价值观念、生活方式、发展模式等而形成的影响力、感召力和吸引力，是一个国家的认同性或同化性力量。奈明确指出："这种力量——能让其他人做你想让他们做的事，我称之为软实力。它强调与人们合作而不是强迫人们服从你的意志。"③ 软实力的特征决定了它能够"不战而屈人之兵"，具有"润物细无声"之功效，越来越受世界各国重视。在这样的时代环境下，中国要真正强起来、实现民族伟大复兴，不仅需要强大的物质力量，而且需要强大的精神力量；不仅经济、军事、科技等硬实力要强，而且文化影响力、软实力也要强。这就是要拥有相对较强的综合国力与国际影

---

①②　［法］托克维尔著，董果良译：《论美国的民主》（上卷），商务印书馆1988年版，第186页。
③　［美］约瑟夫·奈著，郑志国等译：《美国霸权的困惑——为什么美国不能独断专行》，世界知识出版社2002年版，第9页。

响力，而文化软实力的本质正是一种精神力量、认同力量，是中华民族真正屹立于世界民族之林的精神力量，是国家强起来不可缺少的战略资源。这也是推进社会主义文化大繁荣大发展，建设社会主义文化强国的理由。

归结起来，也就不难理解新时代治国理政对文化建设、价值建构的重视。中共十八大报告明确提出中国特色社会主义制度，主要是根本与基本制度的确立，即社会主义制度、人民代表大会制度、党的领导制度、公有制为主体的基本经济制度体系，也就是国家制度体系建构完成；同时阐释了其他制度体制机制，即国家治理体系和基础性制度体系，需要不断改革完善，才能更加成熟定型。随后中共十八届三中全会就提出国家治理现代化作为全面深化改革的总目标，就是基础性制度体系的建构。但是，基础性制度体系的完善，需要相应的制度文化、制度精神支撑。于是，中共十九大报告明确提出中国特色社会主义文化，也就形成道路、理论、制度和文化"四位一体"的框架，并将文化发展与国运兴、国家强联系在一起，要求建设社会主义文化强国。这先后逻辑、因果联系非常明晰，展现了新时代国家治理、价值建构与共识治理的紧密关系。

（二）掌握意识形态领导权

意识形态是一套思想观念体系，它决定着文化的前进方向与发展道路。历史表明，"一个政权的瓦解往往是从思想领域开始的，政治动荡、政权更迭可能在一夜之间发生，但思想演化是个长期过程。思想防线被攻破了，其他防线就很难守住。"[1] 苏联国家解体，是20世纪世界社会主义运动史上的重大事件，原因当然是多方面合力导致的。但是，苏联共产党主动放弃马克思主义，鼓动所谓的"新思维"，这是根本性的。在推行指导思想多

---

[1] 习近平：《在全国宣传思想工作会议上的讲话》，新华网，2013年8月19日。

第五章 推进国家治理现代化：新要求新取向新态势（下）

元化的大环境中，苏共的历史被彻底否定，意识形态根基完全动摇，偌大一个政权一夜之间轰然倒塌，也就不足为奇。习近平总书记说，苏联共产党在有20多万党员的时候能够"建国"，在有200多万党员时能够"卫国"，而在有2000万共产党员时则"亡党亡国"。这教训极为惨重，值得汲取。也正因此，治国理政对意识形态工作不能有丝毫削弱与松懈。

就政治合法性建构与权力秩序维护，意识形态至关重要。有学者研究认为，意识形态的社会政治功能主要为：保持政治集团的团结稳定，为政治集团采取特定的政治行动提供合理的理由，动员政治集团的所有成员采取集体行动，约束政治集团的"搭便车"行为，规范和协调政治利益集团之间的关系。① 德国政治学家格兰·特尔博恩在《政权的意识形态和意识形态的政权》一书中将意识形态的运作归纳为三种基本模式：（1）确认现实的意识形态，告诉人们"什么东西是存在着的"；（2）表明应当的意识形态，告诉人们"什么东西是美好的"；（3）指出可能的意识形态，告诉人们"什么是可能的"。② 这三方面共同构成既有治理秩序维系的防护线，它首先告诉广大民众现存秩序下哪些东西是好的，由此让民众坚信现有秩序是值得支持的、是美好的。其次，如果社会中存在的很多现象与所宣称的不相符合，并无法掩盖，那么统治者就会进而告诉人们现存的就是合理的，让人们认可现实。最后，如果统治集团也无法否认现实中存在着诸多的不合理、不公正时，意识形态就会告诉人们，客观条件决定了必须接受这种现实，因为比较而言，现实已经很不错了，不可能更美好了。当然，滥用意识形态策略，以意识形态的强制灌输替代包容多元价值的文化建设，将会导致整个共同体思想的严重僵化。

---

① 毛寿龙：《政治社会学》，中国社会科学出版社2001年版，第142~144页。
② 何显明：《信用政府的逻辑》，学林出版社2007年版，第306~307页。

比较而言，新时代治国理政对意识形态工作的重视是前所未有的。习近平总书记强调："经济建设是党的中心工作，意识形态工作是党的一项极端重要的工作。"① 这样，就将意识形态摆在了事关国家发展全局的重要位置，要求一刻都不能放松或削弱。从中央频频召开相关会议，能够清晰看到这一点。2013 年 8 月 19 日召开全国宣传思想工作会议；2014 年 10 月 15 日召开文艺工作座谈会；2014 年 10 月 30 日召开全军政治工作会议；2015 年 12 月 11 日召开全国党校工作会议；2016 年 2 月 19 日召开党的新闻舆论工作座谈会；2016 年 4 月 19 日召开网络安全和信息化工作座谈会；2016 年 5 月 17 日召开哲学社会科学工作座谈会；2016 年 12 月 7 日召开全国高校思想政治工作会议；2018 年 8 月 21 日召开全国宣传思想工作会议；2018 年 9 月 10 日召开全国教育大会；2019 年 3 月 18 日召开学校思想政治理论课教师座谈会等。这些会议中，有的在党的历史上长时间内没召开过，如文艺工作座谈会，上次还是 70 多年前的延安文艺座谈会；有的则是适应新时代新环境专门召开的会议，如网络安全和信息化工作座谈会；有的会议已先后召开了两次，如全国宣传思想工作会议分别在 2013 年 8 月和 2018 年 8 月召开。这些会议几乎涉及意识形态工作的各领域、各方面，就意识形态工作作出了一系列重大决策、实施了一系列重大举措，提出了一系列新思想新观点新论断。

其中，最关键的是牢牢掌握意识形态工作的领导权、管理权和话语权。这既是汲取历史教训得出的结论，也是针对新时代新环境下意识形态领域环境复杂性提出的要求。当下的中国，随着社会结构的多元化、社会主要矛盾转化，人们的思想观念、价值取向日益呈现出差异性、多样性、独立性的特征，这是改革开放以来转型发展与治理改革的产物，具有时代进步性。但是，那些极"左"、极右等思想认识与政治诉求，在重大时间节点上表现

---

① 《习近平谈治国理政》，外文出版社 2014 年版，第 153 页。

得尤为突出,甚至形成了一些社会运动,严重影响发展环境与治理秩序。与此同时,世界处于"百年未有之大变局",正在发生深刻变革,而中国则越来越接近世界舞台中心,不断发展壮大,越来越全面参与全球治理并履行大国责任。这两个方面的结合,让一些西方势力动用包括意识形态在内的各种新方式,更为激烈地围堵遏制中国,宣扬西方价值观念、制度模式等,制造了诸如"中国崩溃论""中国威胁论""中国锐实力"等论调,对中国特色社会主义道路、理论、制度和文化构成威胁。那么,在多元多样多变的内外环境压力下,意识形态领导权的动摇和放弃,可能产生的后果是无法想象的。而如何更好形成共识,凝聚全体人民共同奋斗的精神力量,保障国家意识形态安全,就成为必须解决的难题。

当然,掌握意识形态领导权、加强意识形态工作,并不是为了减少差异、消除多元,而是要在"多"的环境中建构起"一",增强共识、凝聚力量。这也就是习近平总书记提出的"两个巩固",即"巩固马克思主义在意识形态领域的指导地位,巩固全党全国人民团结奋斗的共同思想基础"[1]。这两者相辅相成,都聚焦于现代化发展的思想基础与治国理政的共识建构。正如中共十九大报告指出的:"建设具有强大影响力和引领力的社会主义意识形态,使全体人民在理想信念、价值理念、道德观念上紧紧团结在一起。"[2] 如果说中国的国家治理现代化,是以社会主义为原则、为方向的,这是历史的选择,那么这就必须坚持马克思主义的指导地位,在新时代坚持马克思主义,关键是坚持其基本原理和蕴含其中的立场观点方法。

同时,在当代中国,只要一以贯之坚持和发展中国特色社会主义,也就是坚持和发展了马克思主义。这是因为,"中国特色

---

[1] 《习近平谈治国理政》,外文出版社2014年版,第153页。
[2] 《党的十九大报告辅导读本》,人民出版社2017年版,第41页。

社会主义是改革开放以来党的全部理论和实践主题,是党和人民历经千辛万苦、付出巨大代价取得的根本成就"①,必须始终坚持、不断发展。在新的历史方位上,这就要求坚持习近平新时代中国特色社会主义思想这个党的理论创新的最新成果。如果说在毛泽东思想指引下,党领导人民"站起来"了,在邓小平理论、"三个代表"重要思想、科学发展观引领下,改革开放以来中国总体上"富起来"了,那么习近平新时代中国特色社会主义思想的使命任务就是要全面建设现代化、实现国家强起来。从这个角度,可认为与站起来、富起来、强起来相对应,党的理论创新先后形成了建国理论、富国理论和强国理论。习近平新时代中国特色社会主义思想就是强国理论,是新时代筑牢全国各族人民团结统一、共同奋斗的思想根基,也是治国理政和意识形态工作的根本指针。

　　说到底,意识形态工作是举旗帜、聚民心的工作。既然新时代新环境对意识形态工作提出了更高要求,那也就不难理解治国理政的相应行动。如要求加强马克思主义理论研究,并从学科体系、学术体系、话语体系上,全方位、全领域、全要素构建具有中国特色、中国风格、中国气派的哲学社会科学体系。提出坚定中国特色社会主义道路自信、理论自信、制度自信和文化自信,特别强调,"文化自信是一个国家、一个民族发展中更基本、更深层、更持久的力量。"② 高度重视新媒体环境下的舆论宣传工作,认为互联网是意识形态的主战场、主阵地,通过推进媒体融合,不断创新传播内容、传播方式,提高新闻舆论的传播力、影响力和公信力,要求讲好中国故事、传播好中国声音。尤其是,为加强和改进意识形态工作,落实党管意识形态原则,牢牢掌握意识形态的领导权和主动权,建立健全意识形态工作责任制,明

---

① 《党的十九大报告辅导读本》,人民出版社2017年版,第16页。
② 《党的十九大报告辅导读本》,人民出版社2017年版,第41页。

第五章 推进国家治理现代化：新要求新取向新态势（下）

确并压实责任，严肃督责问责，等等。这些行动的指向明确、要求一致，就是在日益复杂的思想领域、观念世界，推动共识治理、凝聚精神力量。

（三）培育践行核心价值观

任何时代都有适应那个时代的价值观念与价值取向。而核心价值观是一个民族赖以维系的精神纽带，是一个国家共同的思想观念基础，是一个社会评判是非的价值标准，是推动社会发展、国家强盛的凝聚力、向心力和精神动力，并是整合社会、增进团结、凝聚共识的力量。有研究认为："一个国家和政治制度的存在必须建立在国民对一些基本价值的共识之上。最重要的基本价值是对民族国家的认同和忠诚、对公民权的尊重和保护。核心价值观体现了国民的共同理念、凝聚了人民的信念。"① 美国学者李普塞特在分析当代资本主义社会存在的学术派别、意识形态、价值观念等一系列"冲突"的基础上，认为社会自身协调、整合冲突、维系稳定的因素就是为全社会所接受的基本制度和共同价值观，即他所说的"一致"。为此，他得出结论："制度和价值观的一致对这些社会的生存来说是必要的条件。"② 相反，"如果一个民族、一个国家没有共同的核心价值观，莫衷一是，行无依归，那这个民族、这个国家就无法前行。"③ 因此，价值追求、价值评价、价值标准越是复杂多元，就越要注重社会主义核心价值观的培育、弘扬和践行。这是历史启示，也是新时代治国理政的要求。习近平总书记强调："培育和践行核心价值观，有效整合社会意识，是社会系统得以正常运转、社会秩序

---

① 胡鞍钢等：《第二次转型：国家制度建设》（增订版），清华大学出版社2009年版，第14页。
② ［美］李普塞特著，张华青译：《一致与冲突》，上海人民出版社1995年版，第1页。
③ 《习近平在文艺工作座谈会上的讲话》，载于《人民日报》2018年1月3日。

得以有效维护的重要途径,也是国家治理体系和治理能力的重要方面。"① 这表明的道理是:新时代治国理政要实现共识治理,就必须建构价值共识,这是凝魂聚气、安基固本的工作,其重要途径就是培育和践行社会主义核心价值观。

虽然说社会主义核心价值体系建设,正式提上国家建设议程并不是很早的事情,但是其所蕴含的时代价值和治理意义是难以估量的。最早提出构建社会主义核心价值体系,是中共十六届六中全会。随后党对社会主义文化建设与核心价值体系建构越来越重视,认为是兴国之魂、安邦之基。中共十八大提出"三个倡导":倡导富强、民主、文明、和谐,倡导自由、平等、公正、法治,倡导爱国、敬业、诚信、友善。② 这是对社会主义核心价值观的明确表述,它系统性回答了三个层面的问题,即建构什么样的国家、建设什么样的社会、培育什么样的公民。有研究认为:"就像价格能协调不同个人的单独行动,主导价值观能帮助个人协调其计划的各部分。"③ 社会主义核心价值观,拥有最广泛的接受者与最深刻的解释力,是大多数社会成员在观念上认可的价值规范、行动中践履的价值要求,能够对社会中存在的多元价值进行必要统摄、抑制、平衡与协调,在价值观对立和冲突的离散趋势中发挥共识导向与凝聚功能,是治国理政的黏合剂与导航器。

改革开放以来的现代化发展、社会转型与治理改革,已经形成了日益多元多变多样的社会局面,这是实际情况。罗斯金等指出:"处于现代化进程中的社会,已经脱离了一个具有传统的稳定性的世界,但还未到达具有现代的稳定性的新世界。在这样的社会中,每件事都在变化——经济、宗教观念、生活方式以及政

---

① 《习近平谈治国理政》,外文出版社 2014 年版,第 163 页。
② 《十八大报告辅导读本》,人民出版社 2012 年版,第 32 页。
③ [奥]哈耶克著,贾湛等译:《个人主义与经济秩序》,北京经济学院出版社 1989 年版,第 183 页。

第五章 推进国家治理现代化:新要求新取向新态势(下)

治体系——这使得人们焦虑、困惑并寻求暴力的行动刺激","这在一个国家的发展过程中是一个极度脆弱的时期"。① 既然存在分化、"极度脆弱",那就有必要整合、形成共识。"社会主义核心价值观是当代中国精神的集中体现,凝结着全体人民共同的价值追求。"② 这意味着培育和践行核心价值观,是在多元分化基础上实现社会整合、价值聚合,是弥合分化、聚合共识的重要途径。

显然的事实是,社会主义核心价值观体现社会主义的本质要求、发展方向、目标使命等,展现了社会主义制度的价值取向与价值追求的规定性,是社会主义先进文化的精神精华,也是中国特色社会主义制度、道路的价值表达。有学者研究指出:"社会主义核心价值的根在党领导的意识形态,但其所需要的沃土和阳光雨露,却在人类文明、中华文化以及中国特色社会主义所建构的精神、思想和文化的天地之间。所以,社会主义核心价值体系的建构及其作用的有效发挥,在丰富和发展意识形态功能的同时,更为重要的是使国家意识形态建设和文化建设重新回归到中国社会的现实、历史和传统之中,重新唤起中国文化传统的现代价值,并在核心价值建设基础上实现意识形态建设与国家文化建设的有机统一。"③ 从这个意义看,价值体系与国家制度体系、与国家治理体系和基础性制度体系是高度关联、相辅相成的关系。于是,新时代培育和践行核心价值观,必须与国家治理现代化耦合起来、互动开来。中共十九大报告提出:"要以培养担当民族复兴大任的时代新人为着眼点,强化教育引导、实践养成、制度保障,发挥社会主义核心价值观对国民教育、精神文明创

---

① [美]迈克尔·罗斯金等著,林震等译:《政治科学》,华夏出版社2001年版,第393页。
② 《党的十九大报告辅导读本》,人民出版社2017年版,第41页。
③ 林尚立:《当代中国政治:基础与发展》,中国大百科全书出版社2017年版,第274页。

建、精神文化产品创作生产传播的引领作用,把社会主义核心价值观融入社会发展的各方面,转化为人民的情感认同和行为习惯。"① 这就是说,社会主义核心价值观不仅要大力倡导,更要扎实践行,要与经济社会生活形成紧密联系,打通生活世界与价值世界,让人们在日常生活中感知、实践、体验,让核心价值观成为人们行为的基本遵循。同时,培育践行核心价值观,也要基于社会主义初级阶段最大实际和发展中国家最大国情,实事求是,加强政策分类,区分层次和对象,找准不同群体、不同领域人们思想的共鸣点和利益交汇点;在舆论引导、思想传播、群众工作等中,要善于创新,运用群众喜闻乐见的方式,搭建参与平台、参与渠道,进行理念创新、手段创新和工作创新,增强工作的吸引力和感染力。这就要更好健全核心价值观的有效传播机制,让其能够真的像空气一样"被人们呼吸",由此在整个社会造就一种强大的"文化场",进而凝聚社会共识、聚合精神力量。

新时代的核心价值观建设承载着凝聚社会共识、创造共识治理的使命。于是,也就不难理解治国理政中推行的一些政策举措。如用核心价值观引领社会思潮,既不走封闭僵化的老路,也不走改旗易帜的邪路,坚决反对历史虚无主义,惩治抹黑党史、国史、英雄人物等违法错误行为;将核心价值观融入经济社会发展目标和规划,强调经济社会政策和重大改革举措、各种生产经营活动,都必须遵循核心价值观,通过相应的政策机制,将经济社会行为与价值导向结合起来、实现良性互动,对生产经营创作中触碰法治底线、违反社会公序良俗的不良现象进行打击整治;坚持依法治国与以德治国相结合,把社会主义核心价值观融入法治国家、法治政府、法治社会建设的全过程,贯穿于立法、执法、司法、守法的各方面,如出台《中华人民共和国英烈保护

---

① 《党的十九大报告辅导读本》,人民出版社2017年版,第41~42页。

法》，建立健全征信系统和黑名单制度等，用法律权威来增强人们践行核心价值观的自觉性；强调培育和践行核心价值观是全社会的责任，要求全民行动、干部带头，从家庭做起、从娃娃抓起，逐步将核心价值观融入国民教育的全过程与党内法规的诸方面。这些行动，既是在建构核心价值体系，也是适应新时代在文化与价值观领域推动基础性制度体系的建设，两者结合正是为了聚合精神力量，推动国家的共识治理。

（四）转化和发展优秀文化

中国有着悠久的历史文化传统，文化传承始终没有中断，是典型的"文化国家"。美国著名的中国研究专家费正清认为，传统中国"是国家、社会和文化三者异常超绝的统一体"，因此"许多西方研究中国的人曾把'中国'整个实体或'中国文化'作为对象"。[①] 这即是说，在西方人的视野中，中国更多是一个文化共同体的存在，这也是支撑超稳定帝国统治体系的力量。所以说，中国传统国家的整合并不是靠宗教而是一套文化体系来实现的，如"字同文、车通轨、行同伦"的大一统文化，尤其是儒家思想实现了天地人的贯通，个人、家庭、社会、国家的联通，形成了文化体系、制度体系与价值体系的统一，成为建构传统国家共识的精神纽带。这是中国建设现代国家、推进国家治理现代化必须面对的文化前提。

比较而言，新时代推动国家治理现代化的一个重要取向，是特别注重历史传承与文化传统。中共十九大对中国特色社会主义文化的渊源内涵进行了清晰界定："中国特色社会主义文化，源自于中华民族五千多年文明历史所孕育的中华优秀传统文化，熔铸于党领导人民在革命、建设、改革中创造的革命文化和社会主

---

① ［美］费正清著，刘尊棋译：《伟大的中国革命》，世界知识出版社2001年版，第9、12页。

义先进文化,植根于中国特色社会主义伟大实践。"① 与以往不同,这种认识是全新的,根本在于从历史时空上拉长了中国特色社会主义文化。习近平总书记更是强调:"中国特色社会主义不是从天上掉下来的,而是在改革开放 40 年的伟大实践中得来的,是在中华人民共和国成立近 70 年的持续探索中得来的,是在我们党领导人民进行伟大社会革命 97 年的实践中得来的,是在近代以来中华民族由衰到盛 170 多年的历史进程中得来的,是在中华文明 5000 多年的传承发展中得来的,是党和人民历经千辛万苦、付出各种代价取得的宝贵成果。得到这个成果极不容易。"② 这样就将中国特色社会主义与中国悠久历史文化传统结合起来了,凸显了新时代治国理政对历史文化传统的重视。

这背后的道理无须多言。任何国家和民族走向现代化,都不可能隔断自己的历史和文化传统。特别是,与世界其他文明、文化相比,中国优秀传统文化体现出超历史的稳定性、一以贯之的连续性、极为强大的包容性,它没有中断过,一直延续至今,渗透于社会生活各方面、治国理政各领域。"中华优秀传统文化已经成为中华民族的基因,植根在中国人内心,潜移默化影响着中国人的思想方式和行为方式。"③ "如孝悌忠信、礼义廉耻、仁者爱人、与人为善、天人合一、道法自然、自强不息等,至今仍然深深影响着中国人的生活。中国人看待世界、看待社会、看待人生,有自己独特的价值体系。"④ 这些优秀文化,已经流淌在中华儿女的血液中、体现在言谈举止和行为实践中,成为中华民族有别于其他民族的精神标识。

应当承认,党治国理政已经越来越意识到,文化与价值体系

---

① 《党的十九大报告辅导读本》,人民出版社 2017 年版,第 41~42 页。
② 《习近平在学习贯彻党的十九大精神研讨班开班式上发表重要讲话》,新华网,2018 年 1 月 5 日。
③ 《习近平谈治国理政》,外文出版社 2014 年版,第 170 页。
④ 《习近平在比利时布鲁日欧洲学院的演讲》,新华网,2014 年 4 月 1 日。

第五章 推进国家治理现代化：新要求新取向新态势（下）

建构的重要意义；也越来越认识到，这不仅是创造共识治理、实现有序发展和人民精神安顿、幸福生活的重要资源，也是实现民族复兴、国家强盛的文化软实力。因此，新时代的国家建设与国家治理，就要与中国的历史、文化和传统衔接起来、贯通起来。这也就不难理解，习近平总书记到孔府孔庙考察，出席孔子诞辰2565周年国际学术研讨会并讲话，到北京大学调研期间与汤一介交谈了解《儒藏》编纂情况等。这就提出了实现传统文化现代化的命题。习近平总书记强调："讲清楚每个国家和民族的历史传统、文化积淀、基本国情不同，其发展道路必然有着自己的特色；讲清楚中华文化积淀着中华民族最深沉的精神追求，是中华民族生生不息、发展壮大的丰厚滋养；讲清楚中华优秀传统文化是中华民族的突出优势，是我们最深厚的文化软实力；讲清楚中国特色社会主义植根于中华文化沃土、反映中国人民意愿、适应中国和时代发展进步要求，有着深厚历史渊源和广泛现实基础。中华民族创造了源远流长的中华文化，中华民族也一定能够创造出中华文化新的辉煌。""对我国传统文化，对国外的东西，要坚持古为今用、洋为中用，去粗取精、去伪存真，经过科学的扬弃后使之为我所用。"① 这"四个讲清楚"透露出来的治国理政要求是：新时代的现代化强国建设内在地要求文化强国，两者是一体的，这又离不开传统文化的影响，必须传承优秀传统文化；而传统文化要在新时代充分发挥精神凝聚、力量整合、价值传承的功能，就必须与现代国家治理进程融合起来，实现现代性转化和发展。

要注意的是，文化总是一个混合体，中国传统文化既有精华、文明的方面，也有糟粕、落后的方面，甚至两方面是耦合在一起的。在新时代新环境下，所要传承和发展的优秀传统文化，是传统文化中的精华，是要将那些超越时空、富有永恒魅力、具

---

① 《习近平谈治国理政》，外文出版社2014年版，第155～156页。

有当代价值的文化精神弘扬起来、发展下去、传播出去，为中华民族复兴、国家强盛形成文化纽带、提供价值支撑、聚合精神力量。正因此，中共十九大报告指出："推动中华优秀传统文化创造性转化、创新性发展，继承革命文化，发展社会主义先进文化，不忘本来、吸收外来、面向未来，更好构筑中国精神、中国价值、中国力量，为人民提供精神指引。"① 这里的"不忘本来"是对待传统优秀文化的态度和认识论原则，而"创造性发展、创新性发展"则提出的是发展传统文化的政策和方法论要求。其实，"双创"与"古为今用、推陈出新""取其精华、弃其糟粕"等以往的政策是一致的，揭示了文化发展的基本规律，也明确了传承优秀文化传统、建设社会主义文化强国的重要路径。

为此，2017年中央出台《关于实施中华优秀传统文化传承发展工程的意见》，明确将"双创"作为指导思想要求："坚持辩证唯物主义和历史唯物主义，秉持客观、科学、礼敬的态度，取其精华、去其糟粕，扬弃继承、转化创新，不复古泥古，不简单否定，不断赋予新的时代内涵和现代表达形式，不断补充、拓展、完善，使中华民族最基本的文化基因与当代文化相适应、与现代社会相协调。"② 同时，从七个方面提出了政策体系，即深入阐发文化精髓，贯穿国民教育始终，保护传承文化遗产，滋养文艺创作，融入生产生活，加大宣传教育力度，推动中外文化交流互鉴。这几方面在新时代治国理政中都有具体政策行动。如对传统文化节日的重视，每年春节团拜习近平总书记都阐释传统文化的当下意义；孔子学院、孔子学堂走向世界，承载着讲好中国故事、传播好中国声音的文化使命；文化遗产、革命文化保护力度不断加大；不断推动传统优秀文化进课堂进教材、入心入脑走

---

① 《党的十九大报告辅导读本》，人民出版社2017年版，第23页。
② 《关于实施中华优秀传统文化传承发展工程的意见》，新华网，2017年1月25日。

向深入等。

二、做强增量：形成合力体系推动网络治理

（一）网络大国到网络强国

互联网既是一种新的信息技术，也是一种新的传播媒介。两者结合形成了网络空间、网络传播、网络政治等，已经并将持续塑造着新时代国家治理的新空间、新环境、新方式、新逻辑，并成为最大变量。与此相应，网络治理也是从两个维度切入的：一是作为信息技术的互联网，主要是发展问题，即推进信息现代化；二是作为新媒介的互联网，主要是安全问题，涉及网络传播、舆论引导及国家网络主权维护、意识形态安全等。这两个方面都聚焦一个主题，即让互联网这个最大变量成为最大增量，助推网络大国走向网络强国。

从形势发展看，互联网信息技术所驱动的科技革命，已成为经济增长的重要领域，发展互联网先进技术，建设网络强国，越来越成为衡量现代国家创新能力与核心竞争力的关键要素。习近平总书记指出："网络信息是跨国界流动的，信息流引领技术流、资金流、人才流，信息资源日益成为重要生产要素和社会财富，信息掌握的多寡成为国家软实力和竞争力的重要标志。"[①] 互联网与经济社会发展已经实现了全面的嵌入与融合，发展形成了新产业、新业态和新模式、新渠道。无论是"互联网＋"还是"＋互联网"，都折射了这一道理。正因此，世界各国纷纷出台互联网发展战略，如德国出台《数字化行动议程（2014～2017）》，英国政府颁布《数字经济战略（2015～2018）》，美国

---

① 《习近平谈治国理政》，外文出版社2014年版，第197～198页。

则发布了《联邦云计算战略》《网络空间战略》等,都是为了抢占网络技术和数字经济的制高点。

从1994年接入国际互联网以来,中国的网络信息化发展较快,用20多年的时间实现了从网络空白到网络大国的跃进。无论从网民规模、网络普及率、移动互联网与IPv6地址数量、".CN"域名总数等基础设施、基础资源,还是网络技术在电子商务、电子支付与网络消费、数字经济、网络政务服务等方面的应用,以及在人工智能、云计算、大数据、区块链、物联网、超级计算等领域都取得快速发展,特别是在5G、量子信息技术上实现了突破性进展。这为网络大国迈向网络强国创造了条件、奠定了基础,正因此习近平总书记在2014年明确提出了建设网络强国的战略目标和战略部署。这包括:"要有自己的技术,有过硬的技术;要有丰富全面的信息服务,繁荣发展的网络文化;要有良好的信息基础设施,形成实力雄厚的信息经济;要有高素质的网络安全和信息化人才队伍;要积极开展双边、多边的互联网国际交流合作。"[1] 而且,网络强国战略是被置于国家治理现代化大框架中进行认识的,与"两个一百年"奋斗目标同步推进。

网络核心技术发展当然是推动网络强国的关键。比较而言,中国在迈向网络强国的道路上还有很长的路要走。尤其是,"同世界先进水平相比,同建设网络强国战略目标相比,我们在很多方面还有不小差距,特别是在互联网创新能力、基础设施建设、信息资源共享、产业实力等方面还存在不小差距,其中最大的差距在核心技术上。"[2] 这就要求在核心技术上实现突破。习近平总书记多次用"命门""杀手锏""牛鼻子""国之重器"等来

---

[1] 《习近平谈治国理政》,外文出版社2014年版,第198页。
[2] 习近平:《在网络安全和信息化工作座谈会上的讲话》,载于《人民日报》2016年4月19日。

第五章 推进国家治理现代化：新要求新取向新态势（下）

隐喻核心技术的力量和意义。他认为："互联网核心技术是我们最大的'命门'，核心技术受制于人是我们最大的隐患。一个互联网企业即便规模再大、市值再高，如果核心元器件严重依赖外国，供应链的'命门'掌握在别人手里，那就好比在别人的墙基上砌房子，再大再漂亮也可能经不起风雨，甚至会不堪一击。"① 去年以来中美贸易摩擦，美国对中兴通讯的遏制，正暴露了中国在网络核心技术上"缺芯少魂"的短板。正因此，必须努力在基础技术、通用技术、非对称技术、"杀手锏"技术与前沿技术、颠覆性技术等方面突破，甚至在某些领域、某些方面实现"弯道超车"。否则，在国家间越来越重视网络技术的情况下，网络强国可能落空。换言之，以信息化推进国家治理体系和治理能力现代化，是网络时代国家治理现代化的重要内容和途径。

没有信息化就没有现代化，没有网络安全就没有国家安全。习近平总书记强调："我们一定要认识到，古往今来，很多技术都是'双刃剑'，一方面可以造福社会、造福人民，另一方面也可以被一些人用来损害社会公共利益和民众利益。"② 这就是说，推动网络强国建设，要发展网络信息化，实现核心技术突破，但也要加强网络安全治理，实现安全发展。网络安全和信息化是一体之两翼、驱动之双轮，必须以安全保发展、以发展促安全。既然国家网信事业发展的出发点和落脚点是要造福于民，那就必须发展网络信息技术，但发展又必须以安全为前提、为保障。于是，习近平总书记提出要树立正确网络安全观，即网络安全是整体的而不是割裂的；网络安全是动态的而不是静态的；网络安全是开放的而不是封闭的；网络安全是相对的而不是绝对的；网络

---

①② 习近平：《在网络安全和信息化工作座谈会上的讲话》，载于《人民日报》2016年4月19日。

安全是共同的而不是孤立的。① 这是处理好网络安全与发展、助推网络强国战略目标的辩证法。

特别是，互联网的飞速发展让国家主权延伸至网络空间。如同以前的海权挑战陆权，空权挑战海权、陆权一样，网络主权已超越传统对主权认识的实体空间，成为国家主权的制高点。于是，维护网络主权安全就具有必要性。习近平总书记提出"网络主权""信息主权"概念，将网络安全与国家安全结合在一起，明确提出"尊重网络主权，维护网络安全"，这是他最早提出这一概念和要求。后来，在巴西国会演讲时，他充分阐释"网络主权"说："每一个国家在信息领域的主权权益都不应受到侵犯，互联网技术再发展也不能侵犯他国的信息主权。在信息领域没有双重标准，各国都有权维护自身的信息安全，不能一个国家安全而其他国家不安全，一部分国家安全而另一部分国家不安全，更不能牺牲别国的安全谋求自身所谓绝对安全。各国有权制定符合自身国情的互联网公共政策。"② 这就是说，网络信息服务当然是可以跨越国界的，但是网络空间是有主权的，是要保障安全的。这样的认识是对前网络时代国家主权观的丰富发展，越来越受到很多国家的重视和接受，也是站在更高的位置上认识网络安全与网络强国。

（二）实现自由与秩序平衡

与发展和安全相关，网络空间的自由与秩序关系，也是推进网络治理、建设网络强国要协调处理好的。网络媒介技术的赋权与激活功能，让网络成为一个自主自由的空间，表现为言论自由、表达自由、参与自由等。加之，网络空间言论的匿名性、低

---

① 习近平：《在网络安全和信息化工作座谈会上的讲话》，载于《人民日报》2016年4月19日。

② 《习近平巴西谈互联网治理》，新华网，2014年7月17日。

第五章 推进国家治理现代化：新要求新取向新态势（下）

成本，让人们在现实中不能说的在网络上可以讲。戴森认为："网络给予人以自由，人们可以恣意漫游，有机会克服容貌、残疾、地理、收入等各种限制和障碍。"① 劳伦斯·莱斯格则指出："因特网的显著特点是保持资源自由。对于自由的力量，因特网已向世界做了最好的展示。我们若想保留因特网的优点，就必须学习这一经验。"② 这正是网络"乌托邦"论者立论的基础，于是有那么一段时间，网络世界被描绘成了自由的"天堂"。

但也应当看到网络自由的另一面。如果说自由是自主选择，那么在海量信息中甚至是大量虚假信息存在的情况下，网络世界中已不再是人支配信息，而往往是信息支配人。这也是人的一种"异化"，即因为太自由而出现了不自由的局面。对此，未来学家托夫勒曾这样描述："有时选择不但不能使人摆脱束缚，反而使人感到事情更棘手，更昂贵，以至于走向反面，成为无法选择的选择。一句话，有朝一日，选择将是超选择的选择，自由将成为太自由的不自由。"③ 这正是网络自由的悖论，也证实了没有绝对自由这一结论。这与网络社会、网络政治的"乌托邦"与"糟托邦"两个面向是一致的。

其实，自由从来不是绝对的，为所欲为的，而是以秩序为前提、由"群己权界"所界定的。在现代社会，自由和秩序都是必要的，没有自由社会可能丧失活力，而没有秩序已获得的自由也将不复存在。处理二者关系的关键，是结合特定环境尽量实现平衡。在新时代网络空间治理中，如何让自由与秩序兼而得之呢？习近平指出："网络空间同现实社会一样，既要提倡自由，也要保持秩序。自由是秩序的目的，秩序是自由的保障。我们既

---

① [美]埃瑟·戴森著，胡泳、范海燕译：《2.0版数字化时代的生活设计》，海南出版社1998年版，第125页。
② [美]劳伦斯·莱斯格著，李旭译：《思想的未来：网络时代公共知识领域的警世喻言》，中信出版社2004年版，第15页。
③ [美]阿尔温·托夫勒著，任小明译：《未来的震荡》，四川人民出版社1985年版，第313页。

要尊重网民交流思想、表达意愿的权利,也要依法构建良好网络秩序,这有利于保障广大网民合法权益。"① 如果将网络空间比作"公地",那么没有约束与规范的自由表达、参与,可能突破法律底线,演化蜕变为污蔑诽谤、造谣传谣、搬弄是非等,这势必造成"公地悲剧",即人人因过分自由而都丧失自由。这就提出了网络规制的要求。

理论上,虽然也有少数"网络无政府主义"的论调,但网络不是"法外之地",依法管网治网用网越来越成为社会共识。罗斯扎克认为:"没有管理的互联网,所呈现出来的也只能是一片丰富的荒凉、混乱的自由,是信息量大而尽垃圾、新闻条多而没信度,是公民的隐私被侵犯、百姓的行为被误导,假冒伪劣充斥,少数人浑水摸鱼、乱中取胜,多数人穿行雾中、如履薄冰。这里存在这一系列的悖论。"② 当然,还有观点认为,网络是现实政治无法企及的空间,线下要管理或控制线上,会心有余而力不足,但事实并非如此。有人的说法更为直接:"网络就是不可规制的吗?答案是否定的。"③ 就此而言,网络社会和网络空间的治理既是必要的,也是可能的。说有必要,是因为网络世界、网络政治的实际运行确实存在不少负面因素,呈现出来不少与人们追求的良善生活、国家善治相悖的东西;说有可能,是因为现实政府总是想方设法解决网络世界、网络政治发展中出现的新情况新问题,并不断认识网络发展规律,采取新举措新方法规范和管理网络空间。只是,在不同媒介体制与生态下,网络治理的方式方法会有差异,但在必要性与可行性上没有异议。

"网络空间是亿万民众共同的精神家园。网络空间天朗气清、

---

① 《习近平谈治国理政》(第2卷),外文出版社2017年版,第533~534页。
② [美]西奥多·罗斯扎克著,苗华健等译:《信息崇拜》,中国对外翻译出版社1996年版,第48页。
③ [美]劳伦斯·莱斯格著,李旭等译:《代码:塑造网络空间的法律》,中信出版社2004年版,第55页。

第五章 推进国家治理现代化：新要求新取向新态势（下）

生态良好，符合人民利益。网络空间乌烟瘴气、生态恶化，不符合人民利益。"① 为协同处理好发展与安全、自由与秩序的关系，新时代治国理政的探索认识越来越清晰。中共十八大报告指出："加强网络内容建设，唱响网上主旋律。加强网络社会管理，推进网络依法依规范有序运行。"② 中共十九大报告则提出："加强互联网内容建设，建立网络综合治理体系，营造清朗的网络空间。"③ 为此，新时代网络空间治理提出了一系列要求。如充分认识互联网作为意识形态工作的主阵地，要抢占这个意识形态斗争的制高点，把握住信息时代的国家安全和发展的命脉；加强网络内容建设，遵循传播规律，引导人们形成网上正面舆论强势；培育积极健康的网络文化，反对网络空间任何形式的历史虚无主义，用社会主义核心价值观和人类优秀文明成果滋养人心、滋养社会，营造风清气正的网络空间；区别对待网络舆论的红色地带、黑色地带、灰色地带，加大工作力度，依法干预防范转化，开展网络舆论引导和舆论斗争；各级领导干部要善于运用网络了解民意、开展工作，要学会通过网络走群众路线；等等。这些都是新时代网络空间综合治理体系的具体行动策略体现。

当然，网络空间呈现的情景不再像前网络时代那样"一呼百应""异口同声"，甚至"说一不二"那样，而往往是"多个声音""众声喧哗"，甚或是个性化、丛林化、偏激化、情绪化的"污言秽语""疯言疯语"，"千言万语汇成一句话"不再可能。这当然是治国理政进步的表现。从这个意义看，治理网络空间、推动网络强国建设，处理自由与秩序的关系，也就是协调"一"与"多"的关系。这着力点不应当是减少"多"，更不是为了消除"不同声音"，而是处理好、平衡好"一"与"多"的关系。

---

① 习近平：《在网络安全和信息化工作座谈会上的讲话》，载于《人民日报》2016年4月19日。
② 《十八大报告辅导读本》，人民出版社2012年版，第33页。
③ 《党的十九大报告辅导读本》，人民出版社2012年版，第41页。

这也就是习近平总书记指出的寻求最大公约数、画出最大同心圆,这里的"最大""公约数""同心圆"已经为不同的声音留出了空间。这展现政治胸怀与形象,也需要政治智慧。

(三) 建设组织的协同机制

适应新时代的网络治理,要健全网络综合治理体系,这既要遵循网络社会、网络政治发展的合规律性与合价值性,平衡自由与秩序、发展与安全关系,还要形成相应的组织和行动体系。在中国网络治理中,政府始终处于主导地位,人们能够直接感受到其力量之存在,但事实上除政府管理外,还有网络运营机构审查与网民自律。这里的"政府"也是宽泛意义上的,包括中央和地方政府、各级政府的职能部门、事业单位、国有企业等。具体而言,网络政治治理参与者包括:[①](1)中央政府,即互联网监管主导者;(2)部门和地方,即互联网监管执行者;(3)机构,是互联网监管协作者;(4)网民,互联网监管的参与者。这四个层面的角色或积极或消极互动,形成了由不同层级、不同偏好共同构成的互联网监管体系。

历史情形是,中国的网络治理在组织体制上形成了"九龙治水"的局面。根据以往的组织结构,曾涉及的管理部门和机构包括国家信息化领导小组办公室、中共中央宣传部、国务院新闻办公室、工业和信息化部、原文化部、原国家广电总局、原国家新闻出版总署、教育部、公安部、国家安全部、国家保密局,甚至国家发展改革委和原国家工商总局、国务院法制办也担负了部分职能。虽然机构改革几经调整,这些管理机构也在不断变化,但多部门、多机构管理的局面并没有发生实质性改变。这与网络信息表现形式的多样化相关,它可能是出版物、新闻、音频视频、贴

---

① 李永刚:《我们的防火墙:网络时代的表达和监管》,广西师范大学出版社 2009 年版,第 141~142 页。

第五章 推进国家治理现代化：新要求新取向新态势（下）

吧论坛等，内容上又有政治、经济、文化、教育等各方面，而有管理权限的政府部门都可对相关信息作出判断并加以管理。于是，各部门依据其自身的行政规章履行相应的监管权和行政处罚权，这就不可避免出现政出多门、职能交叉重叠、管辖权限不明的问题。如某个网络视频，国家新闻出版广播电影电视总局有权进行管理，主要负责"入门"问题，但它又具有新闻属性，并可能涉嫌政治敏感或违法，公安部、国务院新闻办公室、中宣部等都有理由进行规制。就具体管理行为可能要复杂得多，完全说清楚是很困难的事情，这就是"九龙治水"的实际情况，过去很长时期内一直被人诟病。

如何治理好互联网？世界各国的做法可主要概括为两种模式：一是政府主导模式，二是网络化的多利益相关方模式。中国被认为是典型的自上而下政府主导模式。也有人分析"九龙治水"的管理体系，认为这正是中国网络治理的最大制度创新。"由政府部门形成九龙治水的多部门分散式格局，再辅以非政府组织、企业和网民等社会化力量，也可以形成更高效、更全面、更灵活、更能够与时俱进的网络治理能力。"[1] 从互联网"去中心化"特性看，政府管理理应突破单一中心结构，特别是强调网络治理就意味着多方参与、协作互动，而政出多门、"九龙治水"正适应了这一点；从历史看，政府始终坚守"推动和发展互联网"的共识，在网络治理中不断探索形成了多部门共治的局面，有其合理性；从实际成效看，过去很长时期内，中国网络治理总体而言效果明显，虽然在一些地方也出现了网络参与和表达对现实制度体制的挤迫，但并没有发生替代性网络政治参与现象；从方法看，这也得益于中国网络治理的政策学习方法，即适应网络新媒体和网络政治发展的新情况新问题，不断学习创新，

---

[1] 方兴东：《九龙治水是中国网络治理的制度创新》，载于《21世纪经济报道》2016年4月6日。

推动制度政策变迁，这本就是一个不断试错纠错的过程。

其实，网络治理的关键还不在于多部门、多机构参与，而在部门间能否共同决策、统一行动、协同负责，目的当然是解决部门间因权责不清晰而扯皮、推诿的现象。这是国家治理现代化的本质要求。习近平总书记就中共十八届三中全会《中共中央关于全面深化改革若干重大问题的决定》说明时指出："从实践看，面对互联网技术和应用飞速发展，现行管理体制存在明显弊端，主要是多头管理、职能交叉、权责不一、效率不高。同时，随着互联网媒体属性越来越强，网上媒体管理和产业管理远远跟不上形势发展变化。"① 因此，互联网领导体制改革被提上议事日程。随之而来的，首先体现为 2014 年中共中央网络安全和信息化领导小组的成立。中共十九届三中全会通过的《深化党和国家机构改革方案》中，将中央网络安全和信息化领导小组改为中国共产党中央网络安全和信息化委员会，负责该领域重大工作的顶层设计、总体布局、统筹协调、整体推进、督促落实，它的办事机构是中央网络安全和信息化委员会办公室。2014 年 8 月 28 日《国务院关于授权国家互联网信息办公室负责互联网信息内容管理工作的通知》规定："为促进互联网信息服务健康有序发展，保护公民、法人和其他组织的合法权益，维护国家安全和公共利益，授权重新组建的国家互联网信息办公室负责全国互联网信息内容管理工作，并负责监督管理执法。"这在《中华人民共和国网络安全法》第八条也有明确规定："国家网信部门负责统筹协调网络安全工作和相关监督管理工作。国务院电信主管部门、公安部门和其他有关机关依照本法和有关法律、行政法规的规定，在各自职责范围内负责网络安全保护和监督管理工作。县级以上地方人民政府有关部门的网络安全保护和监督管理职责，按照国家有

---

① 《〈中共中央关于全面深化改革若干重大问题的决定〉辅导读本》，人民出版社 2013 年版，第 81 页。

关规定确定。"① 通过整合形成了从中央到省（自治区、直辖市）一级的网络治理组织体系。另外，作为中国共产党的工作部门如中共中央宣传部，是网络治理的主导部门，履行意识形态管控、舆情信息和舆论引导、培养网络空间治理的专业人员，如培养专业网络评论员等。

　　从纵向看，推动网信工作三级组织体制建设是一个方向。在前期一些地方探索试点的基础上，全国范围内全面推开，形成了自上而下的三级网信工作体系，为网络强国建设提供坚强组织保障、行动保障，目标是全国"一张网、一盘棋、一个标准"的工作格局。但考虑到中国超大规模国家治理的因素，网络空间治理还必须协调好中央与地方政府关系。理论上，地方政府和官员应严格执行中央的决策部署，但实际情况可能要复杂得多。他们可能有两种选择：一是惰政投机。特别是具体网络舆论、网络动员的属地化特征又不是特别明显。于是，地方政府官员的选择首先是"唯上"，完成上级的"指令"和任务，不压不作为、一压乱作为，或采取消极惰政的短期行为。二是严控死守。中央历来敦促地方政府，要有互联网思维，遵循网络政治要求，就网络突发事件处置，不断提高舆论引导水平。但在上级"一票否决"等问责压力下，各级地方政府在疏解民意的同时，也可能被上级抓住把柄，被问责，这极大地增加了为官风险。于是，下级政府与官员为保住"乌纱帽"，对属地网络热点事件，可能不分青红皂白地压制网络言论和诉求表达。这两种行为选择，都不利于网络治理。问题的关键，是推进中央与地方在行动选择上的制度化、法制化机制；而这背后又是整个执政管理团队"共同信仰"地树立，及由此黏合起来的共同行动。

---

① 《中华人民共和国网络安全法》第八条。

(四) 完善法律和政策体系

经过多年立法建制探索,中国的网络空间治理已初步建立起了一套规范网络信息安全的法律体系。即使在协调自由与秩序关系上,也有不少法律法规条款予以规定。2010年《中国互联网状况》白皮书中列举相关法律法规有15部之多。这当然有主要部门法中适用于互联网管理的条款,也有专门的法律法规解释,不过更为常见的是行政法规或规章。最有代表性的是2000年国务院公布实施的《互联网信息服务管理办法》(2017年修订)第十五条明确提出的"九不准"。而2005年发布的《互联网新闻信息服务管理规定》第十九条,在"九不准"基础上又增加了两条为:"煽动非法集会、结社、游行、示威、聚众扰乱社会秩序的;以非法民间组织名义活动的"。另外,在2015年开始施行的《互联网用户账号名称管理规定》第六条也重申了"九不准",只是在个别措辞上略有差异。当然最重要的是,2016年11月7日第十二届全国人民代表大会常务委员会第二十四次会议通过、2017年6月1日正式实施的《中华人民共和国网络安全法》。从法律位阶上讲,这是中国网络治理最高也最完备的法律。

可以说,中国网络治理基本上做到了有法可依。特别是,网络治理不只是政府单方面的行动,还包括网络运营商的审查和网民的自律自查,在网络立法建制方面也是如此。如果说国家出台法律法规是以强制性权力为基础的,属于"硬法",那么还存在一些"软法",包括"国家法中的软法规范""政治组织创制的自律规范"和"社会共同体创制的自治规范"。① 在当前网络治理中,"软法"有很多,包括由网络运营商根据国家法律法规发

---

① 秦前红、李少文:《网络空间治理的法治原理》,载于《现代法学》2014年第6期。

第五章 推进国家治理现代化:新要求新取向新态势(下)

布的一系列行为规则,或是行业组织和社会知名人士的一些倡导。如互联网协会倡议认为,网络空间是社会现实的延伸,所有网站、网民都应坚持自律意识和底线意识,并赞同遵守"七条底线"。同时,网络运营企业也必须承担相应责任。"企业要承担企业的责任,党和政府要承担党和政府的责任,哪一边都不能放弃自己的责任。网上信息管理,网站应负主体责任,政府行政管理部门要加强监管。主管部门、企业要建立密切协作协调的关系,避免过去经常出现的一放就乱、一管就死现象,走出一条齐抓共管、良性互动的新路。"① 企业管理当然也要依法进行。如新浪微博平台制定的《新浪网络服务使用协议》《微博社区公约》《新浪微博社区委员会制度》《微博商业行为规范办法》《微博举报投诉操作细则》及微博平台公示的各项规则、规范,也都是比较典型的软法。这就是说,但凡注册成为微博用户,并享受微博服务,就默认接受了这些软法规则;如果违反以上规则协议,微博平台可终止与使用人之间的协议。

要指出的是,新时代网络治理的法律制度体系建设仍存在一些问题。有学者归纳为三个方面:法律位阶偏低;部门立法明显;重管理,轻保护。② 还有学者总结中国互联网内容监管政策的三个特色:一是普遍过滤的前审查与人工干预的后抽查相结合;二是典则标准模糊,接入部门众多;三是监管结果一锤定音,缺乏行政和司法救济手段。③ 应当说,这些概括指出了问题的根本。就法律位阶低而言,到目前为止,除了《中华人民共和国网络安全法》和《全国人民代表大会常务委员会关于加强网络信息保护的决定》是立法机关出台的,而后者在严格的立法意

---

① 习近平:《在网络安全和信息化工作座谈会上的讲话》,载于《人民日报》2016年4月26日。
② 胡泳:《中国互联网立法的原则问题》,载于《新闻爱好者》2015年第8期。
③ 李永刚:《我们的防火墙:网络时代的表达和监管》,广西师范大学出版社2009年版,第137~139页。

义上只是全国人大常委会的一项决定，还不能完全等同于法律。其他大量存在的是行政法规和规章，属于部门立法，法律地位和法律效力低于法律。就法律质量而言，主要是法律制度对违法网络言论和内容规定过于模糊，可操作性差。如"九不准"中，什么样的网络言论会"危害国家安全""颠覆国家政权，破坏国家统一"？再如2013年中华人民共和国最高人民法院和最高人民检察院关于办理利用信息网络实施诽谤等刑事案件的司法解释，其中就"情节严重"的表现之一就是："同一诽谤信息实际被点击、浏览次数达到5 000次以上，或者被转发次数达到500次以上的"。正因为法律法规的标准模糊、自由裁量空间大，地方政府及官员对相关标准的理解与把握尺度不一，或庸政懒政，监管缺位，或严防死守，监管过当，于是上级经常要给下级下"指令"、提"要求"。这让网络治理蒙上了"人治"色彩，与全面依法治国、依法治网的要求相悖。

但无论如何，网络不是"法外之地"，网络治理要依靠法律制度，要依法办网、依法上网、依法治网。新时代的治国理政必须进一步完善网络法制体系，并依法实施治理。中共十八届四中全会报告指出："加强互联网领域立法，完善网络信息服务、网络安全保护、网络社会管理等方面的法律法规，依法规范网络行为。"① 具体来说，从立法理念看，以往立法大多是"管制法"，而没有"权利法""救济法"，这与法治内含的"约束权力、保护权利"基本价值是背离的，背后是立法宗旨与治理思维存在问题。为此，要从以往权力本位的管制思维，转向权利本位的治理思维，既对网络不当言论进行管理，也要落实宪法赋予公民的言论自由权利，既要政府主导管控网络，也要形成社会协同参与的治理合力。特别是，要充分重视"没有救济就没有权利"的法

---

① 《〈中共中央关于全面推进依法治国若干重大问题的决定〉辅导读本》，人民出版社2014年版，第14页。

治要求，要通过修改《中华人民共和国行政诉讼法》，扩大诉讼范围，拓展司法审查范围，为公民言论提供法律保障和救济机制。从立法体制看，要克服以往部门立法和行政立法的弊端，以人人立法为主，即使是行政立法也要在中央网络安全和信息化领导小组领导下，由国家互联网信息办公室统一部署与协调，避免不同部门法律条文间的冲突抵牾。从立法过程看，网络法制规范的权益关系多、涉及主体复杂，更要开门立法、民主立法，不断增强立法建制的民主化、科学化水平。

三、应对风险：坚守底线保障总体安全治理

（一）安邦定国与安全治理

安而不忘危，存而不忘亡，治而不忘乱。国家安全是人民幸福安康的基本要求，是安邦定国的重要基石，维护国家安全是全国各族人民的根本利益所在。统筹发展与安全，实现安全发展、安全治理，历来是党领导人民治国理政的重要内容。习近平总书记指出："我们党要巩固执政地位，要团结带领人民坚持和发展中国特色社会主义，保证国家安全是头等大事。"[1] 从组织建设看，2000 年 9 月党中央决定组建中央国家安全领导小组，与 1981 年就恢复的中央外事工作领导小组合署办公，是一套机构、两块牌子，主要作为中共中央政治局领导外事、国家安全工作的议事、协调机构。可见，当时的国家安全工作主要是对外的，与外事工作结合在一起；在内政上，以往的治国理政涉及国家安全治理，主要为公共安全、企业生产安全、平安建设、社会治安防控等。

---

[1] 《习近平谈治国理政》，外文出版社 2014 年版，第 200 页。

与此不同，新时代治国理政的一个鲜明特色，是国家安全问题得到前所未有的重视。这表现为，国家安全的战略定位不断提高，国家安全的内涵更加丰富、外延进一步拓展，形成了一套维护国家安全的体制机制，提出了一系列国家安全治理的新举措新要求。中共十八大提出："完善国家安全战略和工作机制，高度警惕和坚决防范敌对势力的分裂、渗透、颠覆活动，确保国家安全。"① 这意味着国家安全问题，已经上升为国家战略。于是，中共十九届三中全会关于全面深化改革的部署，其中一个亮点就是国家安全体制的改革完善，明确提出："设立国家安全委员会，完善国家安全体制和国家安全战略，确保国家安全。"② 不过，这与创新社会治理体制是结合在一起的。报告的表述是："创新社会治理，必须着眼于维护最广大人民根本利益，最大限度增加和谐因素，增强社会发展活力，提高社会治理水平，全民推进平安中国建设，维护国家安全，确保人民安居乐业、社会安定有序。"③ 显然，这里的国家安全主要是从内政与维护国内安全考虑的。不过，习近平总书记就设立国家安全委员会指出："当前，我国面临对外维护国家主权、安全、发展利益，对内维护政治安全和社会稳定的双重压力，各种可以预见和难以预见的风险因素明显增多。而我们的安全工作体制机制还不能适应维护国家安全的需要，需要搭建一个强有力的平台统筹国家安全工作。"④ 这说明，新时代的国家安全工作与国家安全治理是兼备国内与国外、统筹内政与外交的，是总体国家安全。

其实，新时代加强总体国家安全治理与中国日益进入风险社

---

① 《十八大报告辅导读本》，人民出版社2012年版，第39页。
② 《〈中共中央关于全面深化改革若干重大问题的决定〉辅导读本》，人民出版社2013年版，第52页。
③ 《〈中共中央关于全面深化改革若干重大问题的决定〉辅导读本》，人民出版社2013年版，第49页。
④ 《〈中共中央关于全面深化改革若干重大问题的决定〉辅导读本》，人民出版社2013年版，第82页。

第五章 推进国家治理现代化：新要求新取向新态势（下）

会、治国理政不断面临风险压力是相关的。这是因为，随着改革开放以来的社会转型发展与国家治理改革，随着工业化、城市化、科技化、信息化等快速推进，中国社会前现代、现代与后现代风险问题共存，国家治理面临的内部与外部、可预与不可预的安全因素不断增加。这让国家安全风险、安全问题更加突出，并与传统社会的安全有很大差异。乌尔里希·贝克指出："由工业社会的高度发展而导致的现代性对人类社会现存状态的每一个领域哪怕是很小的角度都带来了极大的不确定性因素。"① 鲍曼将现代社会称为后现代性或流动的现代性社会。他说："我们生活在一个共同的多变的世界中，在一个严重的、没有希望的、不稳定的状况下，这一不稳定渗透进了个体生活的所有方面……信任的安全港湾非常稀少，大多数时间里，信任徒劳地寻找自己的避风港，就像一艘没有抛锚的船只，四处漂泊。"② 同时，随着全球化的扩展与中国深度参与全球治理，"危险成为超国界的存在，成为带有一种新型的社会和政治动力的非阶级化的全球性危险。"③ 内外因素结合起来，就构成了新时代定国安邦和国家安全的总情势，也就是强化总体国家安全治理的总依据。

具体来说，从外部安全看，这是适应世界形势新变化的需要。当今的世界充满机遇，也充满挑战。世界多极化、经济全球化、社会信息化、文化多样化不断发展，不同国家之间的相互联系和相互依存不断加强，全球治理体系和国际秩序加速变革。同时应当看到，世界正处于百年未有之大变局，世界面临的不确定不稳定因素在增多，经济发展不平衡依然严重、增长动能不足，

---

① [德] 乌尔里希·贝克著，王武龙编译：《从工业社会到风险社会（上篇）——关于人类生存、社会结构和生态启蒙等问题的思考》，载于《马克思主义与现实》2003年第3期。
② [英] 齐格蒙特·鲍曼著，欧阳景根译：《流动的现代性》，上海三联书店2002年版，前言第6页。
③ [德] 乌尔里希·贝克著，何博闻译：《风险社会》，译林出版社2004年版，第7页。

地区热点问题突出，恐怖主义、传染性疾病、气候变化等难题持续存在。与此同时，一些国家推行贸易保护主义、单边主义等逆全球化行动，严重影响世界秩序，带来更多的风险挑战。就中国来说，新时代意味着中华民族迎来了伟大复兴的光明前景，越来越走近世界舞台中心，越来越多参与全球治理，并不断引领国际秩序的变革，也越来越离不开世界，当然世界的和平稳定也离不开中国。但客观事实是，中国的发展复兴，是西方国家不愿意看到的，各种形式的渗透分化从来就没有停止过。特别是，美国为维护其长期以来的国际主导地位，近年来对中国进行遏制，极限施压，挑起贸易纷争。世界局势和外部环境深刻变化给国家安全造成了前所未有的挑战。这说明的道理是：随着中国综合国力的提升与国际影响力的扩大，国家安全面临的风险与压力不会自动减少，而因为形势环境变化而更为复杂多变。这不仅涉及传统安全，也包括网络主权等非传统安全。于是，适应新时代新形势，不断塑造和维护国家安全治理就是非常必要的。

　　从内部安全看，这是适应新时代治国理政的要求。新时代意味着新阶段，即进入了"发展起来以后"的时期，遇到的问题不比不发展时少，具体表现为经济发展质量效益不高，贫富差距比较大，民生短板不少，生态环境脆弱等，这些问题很多在现实中是"两难"选择。新时代也意味着新矛盾，即人民对美好生活向往与发展不平衡不充分之间的矛盾，这其中保障生命财产环境等安全，已成为美好生活的"刚性"需要，离开了安全感，获得感、幸福感必将荡然无存。新时代还意味着新目标，即"两个一百年"奋斗目标，要实现中华民族伟大复兴、国家真正强起来，"绝不是轻轻松松、敲锣打鼓就能实现的"，越是接近这个目标，发展阻力和战略压力就越大、风险就越多。可以说，新时代的国家安全，其内涵外延、时空领域、影响要素等，都要比历史上变得更为复杂、更为宽泛，也更为多样。既有传统安全，也有金融安全、环境安全、网络安全等非传统安全；既有国土空

第五章 推进国家治理现代化：新要求新取向新态势（下）

间、生活空间、现实空间安全管控，也有国际空间、虚拟空间等的治理；既有内部的经济、政治、文化、生态环境等因素引发的不确定性，也有外部、周边环境变化产生的安全风险挑战。这也就是不难理解中共十八大报告指出的："发展中国特色社会主义是一项长期的艰巨的历史任务，必须准备进行具有许多新的历史特点的伟大斗争。"① 中共十九大更是概括提出"四个伟大"并认为："我们党要团结带领人民有效应对重大挑战、抵御重大风险、克服重大阻力、解决重大矛盾，必须进行具有许多新的特点的伟大斗争，任何贪图享乐、消极懈怠、回避矛盾的思想和行为都是错误的。"② 这就要求深刻认识国家安全规律，适应新时代的要求将维护国家安全工作贯穿于治国理政的全领域、全过程与全环节。

（二）总体国家安全的内涵

适应新时代国家安全形势的新特征新环境，围绕总体国家安全治理，中共十八大以来，习近平总书记提出了一系列新思想新观点新论断。根据中共十八届三中全会的部署，2014年1月24日中央政治局召开会议决定设立中央国家安全委员会，被定位为党中央关于国家安全工作的决策和议事协调机构，向中央政治局、中央政治局常务委员会负责，统筹协调涉及国家安全的重大事项和重要工作。随后的4月15日，习近平总书记召开中央国家安全委员会第一次会议，首次提出并集中阐释了总体国家安全观，即"必须坚持总体国家安全观，以人民安全为宗旨，以政治安全为根本，以经济安全为基础，以军事、文化、社会安全为保障，以促进国际安全为依托，走出一条中国特色的国家安全道

---

① 《十八大报告辅导读本》，人民出版社2012年版，第14页。
② 《党的十九大报告辅导读本》，人民出版社2017年版，第24页。

路。"① 这是对总体国家安全观最集中的表述，为新时代国家安全治理确立了原则、指明了方向。

中共十九大报告把国家安全放在事关全局的重要位置，55次提到"安全"、18次提到"国家安全"。报告明确指出："统筹发展与安全、增强忧患意识，做到居安思危，是我们党治国理政的一个重大原则。"② 更为根本的是，将坚持总体国家安全观作为新时代中国特色社会主义思想的重要组成部分，而维护国家安全、实现国家安全治理，则成为新时代坚持和发展中国特色社会主义的基本方略之一。这标志着党对国家安全工作的规律认识上升到了新的高度。2018年4月十九届中央国家安全委员会第一次会议上，习近平总书记指出："既要善于运用发展成果夯实国家安全的实力基础，又要善于塑造有利于经济社会发展的安全环境"；"坚持维护和塑造国家安全，塑造是更高层次更具前瞻性的维护，要发挥负责任大国作用，同世界各国一道，推动构建人类命运共同体。"③ 维护与塑造两者并重，这是中国在从大国家走向强国阶段，国家安全治理的内在要求。

总体国家安全观是一个内涵丰富的理论体系。贯彻和落实总体国家安全观，"构建集政治安全、国土安全、军事安全、经济安全、文化安全、社会安全、科技安全、网络安全、生态安全、资源安全、核安全等于一体的国家安全体系。"④ 这11个方面并非国家安全的所有，习近平总书记在不同场合还强调了其他多个领域安全问题的重要性。但无论如何，总体国家安全观的最大特征还在于"总体"二字，它当然是一个开放发展的理论体系，随着新时代治国理政的实践推进，其内容必将进一步丰富

---

① 《习近平谈治国理政》，外文出版社2014年版，第200~201页。
② 《党的十九大报告辅导读本》，人民出版社2017年版，第24页。
③ 《习近平主持召开十九届中央国家安全委员会第一次会议并发表重要讲话》，新华社，2018年4月17日。
④ 《习近平谈治国理政》，外文出版社2014年版，第201页。

第五章　推进国家治理现代化：新要求新取向新态势（下）

完善。

从结构要素看，总体国家安全观主要包括五方面：第一，人民安全是宗旨。人民立场是党的根本政治立场，保障人民安全是维护和塑造国家安全、推进国家安全治理的出发点和落脚点，这是由党的宗旨、性质和使命决定的。既然新时代人民期待国家更为强盛，希望社会更为安全，向往更加安全、更加美好的生活，那么国家安全工作就要加强，要为人民的安居乐业提供坚强保障。习近平总书记强调："坚持国家安全一切为了人民、一切依靠人民，动员全党全社会共同努力，汇聚起维护国家安全的强大力量，夯实国家安全的社会基础，防范化解各类安全风险，不断提高人民群众的安全感、幸福感。"① 可以说，国家安全为人民、国家安全靠人民，这是以人民为中心发展理念和历史唯物主义在国家安全工作领域的体现。

第二，政治安全是根本。政治安全事关党的执政地位和国家政权的安危，这是国家安全的根本，其核心是政权安全和制度安全。只要政治安全有保障，诸如经济、文化、社会、军事等领域即使出现安全风险，也相对比较容易解决；但是如果政治安全面临重大考验、发生危机，那么其他领域的安全就缺乏前提、失去支撑。这方面有太多的教训。苏联解体、东欧剧变就是从意识形态安全、制度安全发生危机开始的，而随之政权在一夜之间垮台；近年来西亚北非多个国家发生的"颜色革命"，就是国家政权被颠覆，陷入了无限的混乱。我国的政治安全也始终面临着境外势力的渗透分化和颠覆破坏，通过网络信息传播等方式，不断抹黑中国特色社会主义制度，诋毁意识形态，制造各种事端，对政权安全和制度安全构成威胁。习近平总书记指出："如果哪天在我们眼前发生'颜色革命'那样的复杂局面，我们的干部是不是能够毅然决然站出来捍卫党的

---

① 习近平：《汇聚起维护国家安全的强大力量》，新华社，2016年4月19日。

领导、捍卫社会主义制度？"① 新时代的治国理政，特别强调"四个自信"，对领导干部尤其是高级领导干部提出政治过硬、信念过硬、责任过硬、作风过硬、能力过硬等，都与国家政治安全联系在一起的。

第三，经济安全是基础。我国仍将长期处于社会主义初级阶段，并是世界上最大的发展中国家，这决定了发展是执政兴国的第一要务。既然如此，经济安全在总体安全中就处于基础性地位，必须长期维护好，为经济健康持续发展创造条件，增强国家经济实力，进而为国家政治、文化、社会、军事、国防等安全提供坚实的物质基础。特别是2008年世界金融危机以来，各国之间的经济竞争、贸易摩擦不断发生。伴随着中国成长为世界第二大经济体和经济力量的不断增强，要求更加注重经济安全，要坚持和完善中国特色社会主义经济制度，坚定"两个毫不动摇"，大力支持发展民营经济；要充分重视经济发展进入新常态的阶段性特征，适应新常态，把握新常态，引领新常态，坚持创新、协调、绿色、开放、共享的新发展理念，不断增强经济发展的战略定力与政策自觉，建设现代化经济体系；要防范"黑天鹅""灰犀牛"等风险，化解金融风险，坚决守住不发生系统性金融风险的底线；要不断提高科技创新能力，在技术上实现突破，解决核心技术受制于人的困境。

第四，军事、文化、社会安全是保障。如果说在传统国家安全观中，军事安全是决定国家总体安全的关键，那么冷战结束以来，随着国家间竞争向综合国力较量的转变，国家安全的内涵与外延发生了很大变化。但必须明白的是，军事安全还是极为重要的，军事手段在保障国家安全中具有不可替代性，是根本性保障。文化兴则国家兴，文化危则国家危。新时代新环境下，中国

---

① 中共中央文献研究室编：《习近平关于全面从严治党论述摘编》，中央文献出版社2016年版，第59页。

第五章 推进国家治理现代化：新要求新取向新态势（下）

越来越接近世界舞台中心，越来越参与全球治理，文化交流互鉴不断增加，意识形态的较量日益复杂，文化安全风险进一步凸显。为此，在制度性对外开放不断扩大，在"走出去"和"引进来"的过程中，必须维护文化安全与意识形态安全，并在安全的情况下不断提高文化软实力，展现国家形象。社会安全与改革发展、公共秩序紧密相关，与人民群众的安全感、获得感、幸福感密切联系，是衡量国家安全的"晴雨表"。中国进入新时代的转型社会，是一个流动社会、分化社会、网络社会、风险社会，结合起来就是一个"问题社会"，为维护社会安全带来了极大的挑战压力。适应人民美好生活需要与构建和谐社会的要求，要大力推进平安中国建设，完善社会治安防控体系，提升社会治理水平，从源头上排查化解矛盾纠纷；要坚决打击恐怖主义，挤压暴恐活动空间，使暴恐分子成为"过街老鼠，人人喊打"；加强公共安全工作，进一步健全应急管理体系，妥善防控并处理好自然灾害和突发事件，对安全生产形成长效机制，遏制重特大安全事故发生，确保社会安定有序。

第五，促进国际安全是依托。中国的发展离不开世界，有赖于和平稳定的国际环境与世界秩序。中国历来奉行独立自主的外交政策，坚持走和平发展道路，与世界各国一道维护世界共同安全。这里的共同安全应当是双向、相互的，在保障自己安全的同时，也保障其他国家安全。周边国家首当其冲，周边安全也至关重要。习近平总书记指出："倡导全面安全、共同安全、合作安全理念，推进周边国家安全合作，主动参与区域和次区域安全合作，深化有关合作机制，增进战略互信。"[①] 他还明确提出亚洲安全观认为："应该积极倡导共同、综合、合作、可持续的亚洲安全观，创新安全理念，搭建地区安全和合作新框架，努力走出

---

① 《习近平谈治国理政》，外文出版社2014年版，第298页。

一套共建、共享、共赢的亚洲安全之路。"① 在区域、次区域国家乃至世界各国彼此交往不断加深、相互依赖程度不断提高的情况下，国际社会各主权国家虽然实力强弱有所不同，政治制度和社会形态存在差异，但都是平等的，在安全治理中互为依托，在追求本国利益、维护本国安全的同时，更应当求和平、求合作、求共赢，构建人类命运共同体。随着中国越来越参与全球治理，国家海外利益安全、海外公民、组织和机构的安全问题前所未有地凸显出来，要在维护安全的同时，也要不断塑造国际安全秩序，不断提高安全保障能力和水平，努力形成强有力的海外利益安全保障体系。

以上五个方面，很好地展现了总体国家安全观的概貌，当然不是全部。每个要素、每个领域的安全虽都有所侧重，但并不是孤立的，而是相互联系、互为因果的，体现了新时代总体国家安全观和国家安全治理的特征。

更进一步看，总体国家安全观之所以称为"总体"，又可从它的"五个统一"特征进行认识：一是实现发展与保障安全的统一。维护和塑造国家安全是工具性目的，其价值性目标是促进经济发展，保障人的全面发展与社会文明进步。安全与发展，犹如"车之两轮"，相互联系，缺一不可。习近平总书记指出："发展是安全的基础，安全是发展的条件。贫瘠的土地上长不成和平的大树，连天的烽火中结不出发展的硕果。"② 没有发展，安全就失去基础、无法持续，可以说发展是最大的安全；同时没有安全，发展就缺少条件、难以保障。这就是发展与安全的辩证法。要明白的是，与新时代经济高质量发展、人民美好生活需要、国家强起来的态势相比，国家安全保障、安全治理还是有差距的，需要更好统筹两者关系，做到发展与安全的共同

---

① 《习近平谈治国理政》，外文出版社 2014 年版，第 354 页。
② 《习近平谈治国理政》，外文出版社 2014 年版，第 356 页。

第五章 推进国家治理现代化：新要求新取向新态势（下）

进步。

二是传统安全与非传统安全的统一。军事安全、政治对抗、生产安全等传统安全，与能源冲突、环境污染等非传统安全，只有表现形式不同，而没有轻重缓急之分，两者在很多条件下是能够相互转化的。如国家之间的军事冲突是传统安全，但可能会直接带来贸易战等非传统安全；市场安全出现问题，会直接带来环境污染等非传统安全。现实中，两种安全的关联性越来越高，因此在国家安全治理中要"总体"考虑，将两者兼顾起来、统一起来，都维护好、保障好。

三是国土安全与国民安全的统一。在传统安全观中，国土安全被认为是主权国家赖以存在的物理空间，包括领土、领海和领空，并是国家安全治理最敏感也最关键的方面。只有领土安全得到维护，经济、政治、文化安全才有保障。相反，国土安全遭受破坏，就可能延伸至其他领域的安全，造成国家安全的全面性危机。新时代提出总体国家安全观，在强调国土安全的同时，也关注国民安全，将国民的生命财产生活安全放在国家安全体系的主导位置。这两者的结合，更全面地揭示了国家安全的本质。

四是外部安全与内部安全的统一。当今世界，安全问题早已超越国界，成为跨国性的问题，是区域性、世界性的。特别是毒品、重大传染疾病、恐怖主义等安全问题，无不涉及国内与国际两方面。这就要求协同处理好内部安全与外部安全的关系。总体国家安全观强调既重视外部安全，也重视内部安全，正说明新时代的中国，在维护和塑造内部安全的同时，也要不断推动和塑造外部安全，为国家安全创造条件、营造环境。于是，国家安全治理要更加注重总体性，更好统筹内外两种安全。

五是自身安全与共同安全的统一。随着中国与世界关系的日益紧密，自身安全的保障越来越有赖于共同安全的实现，面对日益复杂化、综合化安全威胁，没有哪个国家能够独善其身，能够脱离共同安全而保障自身安全，能够在其他国家不安全的前提下实现自身安全。总体国家安全观要求既重视自身安全，又重视共同安全，这正是新时代中国国家安全治理的内在要求。其实，当今世界没有哪一个国家能够成为"孤岛"，国家安全与国际安全关联在一起，这正是构建国家安全共同体、人类命运共同体的理由。中国在参与全球治理的过程中，要保障和维护自身安全，也要通过多边机制和合作对话，谋求和塑造共同安全，推动两种安全的协同共进。

（三）总体安全的实践推进

国家安全是一个理论主题，更是一个实践命题；总体国家安全观既是认识论，又是方法论，既是一个理论体系，又是一个政策体系。中共十八大以来，围绕国家治理体系与治理能力现代化这个全面深化改革的总目标，国家安全工作取得了历史性成就。除提出总体国家安全观外，还建立起了国家安全的"四梁八柱"、主体框架，并形成了国家安全保障体系。

第一，建立健全国家安全领导体制与责任机制。中央国家安全委员会是国家安全工作的最高领导机构，其遵循的工作原则是"集中统一、科学谋划、统分结合、协调行动、精干高效"[①]，主旨是形成一个集中统一、高效权威的国家安全领导体制。2017年习近平总书记主持召开国家安全工作座谈会，要求各地区建立健全党委统一领导下的国家安全工作责任制。2018年在国家安全委员会的会议上，他进一步阐述了总体国家安全观，要求充分发挥国家安全委员会作用，更好统筹与协调国家安全事务，将国家安全方针政策贯彻落实好，特别强调坚持党对国家安全工作的绝对领导是国家安全工作必须始终坚持的根本原则。这是因为，越是在社会发展与国家治理取得成绩的时候，越是要树立底线思

---

① 《习近平谈治国理政》，外文出版社2014年版，第201页。

维、增强忧患意识,不能发生战略性、颠覆性失误;越是在国际形势风云变幻、周边环境复杂敏感、改革发展稳定任务艰巨繁重的情况下,就越要加强党对国家安全工作的领导,总揽统筹发展与安全大局、内部与外部安全,掌握战略主动,为国家安全提供保障。

不过,党对国家安全工作的领导不是抽象的,而是具体的,要体现落实在各方面各环节,由相应的制度机制来保障。于是,《党委(党组)国家安全责任制规定》应势而来,明确了各级党委(党组)做好国家安全工作、推进国家安全治理的主体责任;要求强化维护国家安全责任和维护国家安全"一盘棋"意识,依法行使国家安全法律赋予的职权,各司其职、各尽其责,通力合作、协调协同,做到守土有责、守土尽责,认真落实国家安全工作部署,不断提高国家安全工作能力;要求充分发挥好党委(党组)在本地区、本部门国家安全工作中的领导作用,切实把维护国家安全、落实安全责任纳入工作总体规划,通过党的各级组织实施强有力的集中统一领导来有序推进。

第二,强化国家安全战略建设。在总体国家安全观的指导下,2015年制定了《国家安全战略纲要》。这是第一部关于国家安全的战略文本,"是有效维护国家安全的迫切需要,是完善中国特色社会主义制度、推进国家治理体系和治理能力现代化的必然要求。"[①] 提出以人民安全为宗旨,在发展和改革开放中促安全,维护和塑造国家核心利益和重大利益;提出坚持正确义利观,实现全面、共同、合作、可持续安全,在积极维护我国利益的同时,促进世界各国共同繁荣。

尤其是,新时代将维护和塑造国家安全战略,与国家核心利益结合在一起思考问题。习近平总书记指出:"我们要坚持走和

[①] 《中共中央政治局召开会议审议通过〈国家安全战略纲要〉》,载于《人民日报》2015年1月24日。

平发展的道路,但决不能放弃我们的正当权益,决不能牺牲国家核心利益。任何外国不要指望我们会拿自己的核心利益做交易,不要指望我们会吞下损害我国主权、安全、发展利益的苦果。"① 这其实也是为国家安全划出了底线。根据 2011 年国务院发表的《中国的和平发展》白皮书,国家核心利益被界定为国家主权、国家安全、领土完整、国家统一,中国宪法确立的国家政治制度和社会大局稳定,经济社会可持续发展的基本保障。② 而在 2015 年出台的《国家安全法》第二条明确规定:"国家安全是指国家政权、主权、统一和领土完整、人民福祉、经济社会可持续发展和国家其他重大利益相对处于没有危险和不受内外威胁的状态,以及保障持续安全状态的能力。"③ 显然,维护国家安全,就是在维护国家核心利益,这是贯穿国家安全领导体系、责任体系、法治体系、行动体系的主线。

第三,推进国家安全法治建设。良法是善治的前提。新时代新环境新任务,要求依法维护国家安全,用法治思维和法治方式开展国家安全工作,推进中国特色国家安全法律制度体系建设,不断提升国家安全工作的法治化水平。在成立中央国家安全委员会的基础上,党中央决定成立国家安全法立法工作领导小组,着手起草新的国家安全法。中共十八届四中全会报告在加强重点领域立法中明确提出:"贯彻落实总体国家安全观,加快国家安全法治建设,抓紧出台反恐怖等一批急需法律,推进公共安全法治化,构建国家安全法律制度体系。"④ 中共十八届五中全会就"十三五"规划明确提出:"贯彻总体国家安全观,实施国家安全战略,落实重点领域国家安全政策,完善国家安全审查制度,

---

① 《习近平谈治国理政》,外文出版社 2014 年版,第 201 页。
② 《中国的和平发展》白皮书,新华社,2011 年 9 月 6 日。
③ 《中华人民共和国国家安全法》第二条。
④ 《〈中共中央关于全面推进依法治国若干重大问题的决定〉辅导读本》,人民出版社 2014 年版,第 14 页。

第五章 推进国家治理现代化：新要求新取向新态势（下）

完善国家安全法治，建立国家安全体系。"① 中共十九大报告也提出了相应的要求。可以说，国家安全政策和法治体系建设，也就是国家治理体系和基础性制度体系在国家安全领域的具体表现。

按照总体国家安全观和《国家安全战略纲要》的要求，新时代探索构建国家安全法律制度体系。2015 年全国人大常委会对《十二届全国人大常委会立法规划》进行调整，增加了一些涉及国家安全的立法项目。国务院也提出了需要制定、修改的行政法规的立法项目。正因此，国家安全立法工作顺利推进。如全国人大常委会，2014 年审议通过《中华人民共和国反间谍法》《全国人民代表大会常务委员会关于修改〈军事设施保护法〉的决定》；2015 年审议通过了《中华人民共和国国家安全法》《中华人民共和国刑法修正案（九）》《中华人民共和国反恐怖主义法》；2016 年审议通过了《中华人民共和国境外非政府组织境内活动管理法》《中华人民共和国国防交通法》《中华人民共和国深海海底区域资源勘探开发法》《中华人民共和国网络安全法》；2017 年审议通过了《中华人民共和国国家情报法》《中华人民共和国核安全法》《中华人民共和国测绘法（2017 修订）》等。到目前为止，涉及国家安全的法律已达 200 余部，其中数十部属于直接规范国家安全问题的专门立法。已经初步形成了国家安全法律制度框架，为维护和塑造国家安全提供了法治保障。这其中，2015 年通过的新《中华人民共和国国家安全法》全面贯彻总体国家安全观，科学、全面界定了国家安全的含义，细化了维护国家安全各领域的任务、建立健全了国家安全制度和国家安全保障体系。

第四，开展全民国家安全宣传教育。国家安全为人民，国家安全靠人民，这就需要不断增强人民的国家安全意识，激活社会

---

① 《〈中共中央关于制定国民经济和社会发展第十三个五年规划的建议〉辅导读本》，人民出版社 2015 年版，第 10 页。

力量维护国家安全。《中华人民共和国国家安全法》明确规定："国家加强国家安全新闻宣传和舆论引导，通过多种形式开展国家安全宣传教育活动，将国家安全教育纳入国民教育体系和公务员教育培训体系，增强全民国家安全意识。"① 中共十九大报告也指出："加强国家安全教育，增强全党全国人民国家安全意识，推动全社会形成维护国家安全的强大合力。"② 深入开展国家安全宣传教育，切实增强全民的国家安全意识，动员社会力量来维护国家安全，是一项基础性、战略性工程。这也正是现代国家安全治理的内在要求。

正因此，全社会要树立"大安全"意识，凝聚维护国家安全的合力。这道理在于，只有动员群众、依靠群众，才能切实有效维护国家安全。只有人人为维护国家安全积极作出贡献，全社会都动员起来、行动起来，才能构筑起坚强有力的人民防线，筑牢坚如磐石的社会堤坝，使危害国家安全者无处藏身、危害国家安全的行为无法得逞。新时代在国家安全宣传教育上，采取了相应的措施。最有代表性的就是，国家以法律形式将每年4月15日确立为全民国家安全教育日，强调维护国家安全不仅是专门机关的任务，还是所有国家机关、社会组织和公民的义务和职责。习近平总书记对此强调："要以设立全民国家安全教育日为契机，以总体国家安全观为指导，全面实施国家安全法，深入开展国家安全宣传教育，切实增强全民国家安全意识。"③ 通过全民国家安全教育日的一系列活动，可让公民有效了解国家安全法提出的各项要求，从而强化责任意识、规范意识，让国家安全教育入脑入心，切实提升全民国家安全意识和维护国家安全的能力。当然，学校是国家安全教育的重要阵地，教育部牵头制定了《大中

---

① 《中华人民共和国国家安全法》第七十六条。
② 《党的十九大报告辅导读本》，人民出版社2017年版，第49页。
③ 习近平：《汇聚起维护国家安全的强大力量》，新华社，2014年4月14日。

小学国家安全教育指导纲要》，明确提出国家安全教育的目标，科学设置教育教学的整体架构、主要内容和具体要求，贯彻落实宪法和国家安全法的精神原则。

四、包容文明：在改革开放中提升效能治理

（一）文明互鉴与治理进步

人类不同文明在很早之前就有相互交流，考古和历史研究都能够证明这一点。如丝绸之路，就是中国古代与其他国家贸易交往和文明交流所形成的通道。近代以来，在世界历史的条件下，不同文明、不同民族、不同国家之间的交流更为普遍与频繁。就文明的发展演化，如果说源于自我的改造创新和适应环境的自我变迁能力，是决定性的，那么不同文明之间的交流互鉴，也是根本性的。当然，这可能是和平交流对话，也可能是暴力征服挑战。英国历史学家研究世界历史提出的"挑战与应战"分析框架，也有助于认识文明成长的规律。正是在这样的历史进程中，有的文明衰落甚至消失了，如楼兰文明，有的则传承延续下来、并不断发展起来了，如中华文明。

在亚洲文明对话会开幕式上，习近平主席讲话指出："一切生命有机体都需要新陈代谢，否则生命就会停止。文明也是一样，如果长期自我封闭，必将走向衰落。交流互鉴是文明发展的本质要求。只有同其他文明交流互鉴、取长补短，才能保持旺盛生命活力。文明交流互鉴应该是对等的、平等的，应该是多元的、多向的，而不应该是强制的、强迫的，不应该是单一的、单向的。"[①] 这阐明了文明发展的基本道理：文明是多样的，交流

---

① 《习近平在亚洲文明对话大会开幕式上的主旨演讲》，新华网，2019年5月15日。

互鉴是必要的；也只有这样，文明才能得到永续发展；这前提是平等、是包容，否则交流互鉴就难以进行。

具体来说，如同阳光是由不同颜色构成的一样，文明必定是多彩、多样的。这是因为，任何文明都不是空中楼阁，有其生存的土壤，也有其发展的环境，凝聚着一个国家、民族的历史智慧、文化精髓和集体记忆。如农耕文明、海洋文明、游牧文明等，其表现各异、差别极大，但都有其存在的价值和意义。不过，文明只有与时偕行、与势共进，不断推陈出新、吸纳时代精华，才能跨越时空、不断发展，自我封闭僵化，必将停滞不前。这是世界文明历史所展现的一个规律。于是，这就内在要求不同文明之间的交流对话、互学互鉴，也只有这样，才能为文明发展注入动力、激发活力，不断创新创造、进步发展。既然不同文明间的交流互鉴是必要的，并能够转化为现实、推动文明的共同发展，那就需要有两个前提：一是平等，二是包容。如果先验地、简单地对不同国家的不同文明进行好与坏、高与低的判断，甚至要用一个国家的文明打压他国文明、取代其他国家文明，寄希望将一种文明、一种制度复制推广至世界其他地方、其他国家，这是难以实现的。在现代社会，这在认识上和行动上都是错误的。

从这个意义看，那些人为炮制的所谓"种族优越论""文明冲突论""历史终结论"等，都是站不住脚的，对世界文明的发展进步是有害的。相反，不同文明之间的相互包容、平等相待、交流互鉴，才是方向、是正途。习近平主席强调："文明交流互鉴，是推动人类文明进步和世界和平发展的重要动力""文明是包容的，人类文明因包容才有交流互鉴的动力。"就此而言，世界各国都应当秉持平等与包容，摒弃偏见与傲慢，不断扩大文明间的沟通对话、交流互鉴，为社会进步与国家发展增添动力、注入活力。

近代以来，文明进步融入了现代化发展和现代国家建设、国家治理之中，但这并没有改变文明演进的规律，只是文明交流互

第五章　推进国家治理现代化：新要求新取向新态势（下）

鉴以主权国家为基本单元、以现代化为参照坐标、以现代国家为总体框架。可以说，文明交流互鉴也是现代国家成长与国家治理发展的基本规律。不过，"现代世界首先在西方、在欧洲形成。这个本质上是资本主义的世界一方面通过资本的无限运动；另一方面通过现代形而上学的从中筹划，为现代文明及其成果奠定了基础。由于西方资本主义文明在开辟出世界历史的同时取得了物质领域的意识形态领域的统治地位，所以它作为世界历史的环节在特定阶段上获得了'绝对权利'。这种绝对权利即意味着该文明具有特定的'世界历史意义'，又意味着现实世界中由此而建立起的支配与从属关系。"① 这是不能否认的历史事实。正因此，现代化发展与国家治理现代化，就可大体区分为早发内源型与后发外源型两种形态。两者中，在过去很长时间内，西方发达国家都走在现代化前列、处于引领地位，并在开创世界历史的过程中发展形成了一套现代文明，也即现代国家建设、国家治理的文明成果。

毫无疑问，这样的文明具有西方文明的特殊性成分，但是在世界历史条件下也带有普遍性因素。2015年习近平总书记在联合国总部发表讲话指出："和平、发展、公平、正义、民主、自由，是全人类的共同价值，也是联合国的崇高目标。目标远未完成，我们仍须努力。"② 这六方面的价值，就是近代以来西方文明、人类文明发展形成的共识，是各国都要遵循和追求的。虽然在一些人看来，现代文明与西方文明是可以画等号的，这当然值得讨论。但客观情形是，强势的西方文明对其他国家、其他文明产生了强大的示范效应、比较优势。即使在马克思、恩格斯的认识中，"工业较发达的国家向工业不发达的国家所显示的，只是后者未来的景象。"③ 他们的著作中，几乎是将现代社会、现代

---

① 吴晓明：《"中国方案"开启全球治理的新文明类型》，载于《中国社会科学》2017年第10期。
② 《习近平谈治国理政》，外文出版社2014年版，第522页。
③ 《马克思恩格斯全集》（第23卷），人民出版社1973年版，第8页。

国家与资产阶级社会、资本主义国家相提并论的。

在西方文明的冲击下,有的后发现代化国家选择主动融入西方文明主导的世界体系。如 1853 年和 1854 年,美国海军准将佩里带领军舰两次压境日本,这就是"黑船事件"。面对强硬要求和挑战,日本人最后选择以欢迎的态度迎接美国入境。也因为这样的挑战,日本人开始学习西方文明,走上了现代化道路,并在探索中较好地处理了自己文化文明与西方文化文明的关系,取得了很大的成就,成长为现代发达国家。与此不同,有的国家则是在坚船利炮的压力下被迫打开国门,并被拖拽到现代化的时代潮流之中的。中国就是如此。鸦片战争之后,中国开启了现代化道路的探索,随之而来的是全面性危机。既然是危机,那就要挽救危亡。于是,现代化的第一个行动,即是以西为师、以外国为师,学习现代文明,寻求出路。从这个角度看,用费正清研究中国历史提出的"冲击—回应"模式,似乎有一定道理。但是,在学习西方文明的过程中屡屡受挫,甚至,还出现了毛泽东所说的:"很奇怪,先生为什么老是侵略学生呢?中国人向西方学得很不少,但是行不通。"[①] 正因此,中国人意识到要独立自主、自力更生,要实现现代化、建设现代国家,首先必须解决国家独立、民族解放的问题。在被迫对外开放、学习现代文明的过程中,中国改变了认识自身与世界的关系坐标,充分意识到自己不再是天下之中心,不能孤立于人类文明而实现发展。这对此后中国现代化选择的影响是根本性的。例如,即使在抗日战争时期,毛泽东也是在中国与世界联系的框架中来认识问题的。"中国无论何时也应以自力更生为基本立脚点。但中国不是孤立也不能孤立,中国与世界紧密联系的事实,也是我们的立脚点,而且必须成为我们的立脚点。"[②] 于是,也就不难理解 20 世纪 30 年代中国

---

① 《毛泽东选集》(第 4 卷),人民出版社 1991 年版,第 1470 页。
② 《毛泽东外交文选》,中央文献出版社 1994 年版,第 16 页。

第五章　推进国家治理现代化：新要求新取向新态势（下）

社会就曾对现代化进行了探讨，其要旨还在适应世界现代化潮流而探寻中国的现代化方略。

新中国成立后，由于美苏冷战对峙，中国选择了"一边倒"的战略。即使如此，也没有完全把自己封闭起来、孤立起来，而是不断与其他国家交流对话，向发达国家学习。如倡导和平共处五项原则，提出"三个世界理论"，恢复联合国安全理事会常任理事国席位，与美国之外的发达资本主义国家建立外交关系，1973年启动并实施了引进外国先进技术设备的"四三方案"。当然，受到历史环境的制约，这样的开放、学习、交流还是非常有限、片面，也是单向的。后来，邓小平分析指出："从一九五七年下半年开始，我们就犯了'左'的错误。总的来说，就是对外封闭，对内以阶级斗争为纲，忽视发展生产力，制定的政策超越了社会主义初级阶段。"① 可以说，正因为在总体上的封闭，没有与其他国家尤其是发达国家交流学习，所以中国错失了第三次工业革命的机遇，虽然国家独立并建立了社会主义制度，但并没有发展起来，毛泽东担忧的"开除球籍"问题并没有解决。这教训是很深刻的。

归结起来，离开对外开放，离开不同文明、不同国家之间的交流互鉴，现代化发展就可能滞后，国家治理进步就可能落空。这是不言自明的道理。问题的关键在于，在西方文明、发达国家处于领先地位的条件下，在对外开放中，在学习其他国家、学习西方文明的过程中，如何坚持实现"内""外"贯通、"他""我"联通，真正做到"洋为中用"；如何将对外开放与独立自主结合起来，将西方文明、文化与自身文明、文化融合起来、对接起来，既学习人类文明成果，又不丧失自我，形成中国特色。这样，在学习交流和互鉴中，获得智慧、汲取经验，不断为现代化建设与国家治理进步注入动力、激发活力。这是新时代推进国

---

① 《邓小平文选》（第3卷），人民出版社1993年版，第269页。

家治理体系和治理能力现代化的基本要求。

(二) 汲取和包容人类文明

以中共十一届三中全会为标志的改革开放,是在总结经验教训基础上,中国再次选择主动融入世界体系,也即在资本主义发达国家做主导的世界体系中探索自己的现代化发展和国家治理现代化道路。习近平总书记曾说:"改革开放以来,我们党开始以全新的角度思考国家治理体系问题。"① 这里"全新的角度",就包括学习发达国家和人类先进文明,并在与世界接轨过程中推进国家治理,这正是需要通过对外开放来完成的。我们通常讲改革开放,从时间上看,其实对外开放是早于对内改革的。有人统计1976年7月1日至1980年6月30日期间《人民日报》就各类出访的报道发现,从出访目的国家看,与传统友好国家仍然继续保持往来,但出访目的国更加多元多样。其中,出访发达国家的数量排在第一位,年均增长57%,而出访正在推行改革的社会主义国家处于第二位,年均增长41%。只是1978年1月至1979年2月,邓小平就出访了7次,先后访问了8个国家。这些发达国家包括德国、英国、法国、美国、日本、新加坡等。② 通过这些出访,高层决策者充分了解了世界形势与时代潮流,更加坚定了对外开放的决心和信心。从空间上看,中国施行对外开放,引入市场经济、引进先进技术和管理经验,采取的是一种渐进方式,从点到线,再到面,逐步展开,从边缘开始,进行试验探索,再扩大范围,从沿海到内地、从东部到中部、西部,上升为国家政策。这样的开放举措是可控的,也符合中国超大国家改革治理的逻辑。

---

① 习近平:《切实把思想统一到党的十八届三中全会精神上来》,载于《人民日报》2014年1月1日。
② 黄一兵:《徘徊与觉醒:改革开放的酝酿与启动》,河北人民出版社2017年版,第470~472页。

第五章　推进国家治理现代化：新要求新取向新态势（下）

如果将时间和空间结合起来，完全可以说，正是中国进入了世界经济大循环、嵌入了世界体系，与现代文明对接和融合，才获得了发展的强劲动力，取得了发展治理成就。于是，对外开放获得了政治与制度的支持，为适应开放的需要出台了相应的法律法规，再如，将对外开放政策写入新制定的宪法，并确定为基本国策。尤其是在认识上，越来越强调"独立自主不是闭关自守，自力更生不是盲目排外"①。这成为那个时期的社会共识，虽然对外开放也带来了一些负面问题。更为重要的是，将对外开放与对内改革结合在一起认识问题。邓小平指出："要尊重社会经济发展规律，搞两个开放，一个对外开放，一个对内开放。对外开放具有重要意义，任何一个国家要发展，孤立起来，闭关自守是不可能的，不加强国际交往，不引进发达国家的先进经验、先进科学技术和资金，是不可能的。对内开放就是改革。改革是全面的改革，不仅经济、政治，还包括科技、教育等各行各业。"②这样的认识是很有高度的，已经是将对外开放与社会转型发展、国家治理改革结合在一起思考的。

要知道的是，中国的现代化建设与现代国家治理是以社会主义为原则、为取向的，可是对外开放、融入世界体系，虽然是学习所有先进国家、世界文明，当然更主要是学习西方资本主义国家现代化建设和国家治理积累的文明成果。于是，在对外开放中就必须处理社会主义文明与资本主义文明的关系。特别是，20世纪80年代末的对外开放遭受冲击，西方国家对中国进行制裁，加之苏联解体、东欧剧变和冷战结束，对外开放的内外环境发生了深刻变化。虽然当时社会上有犹豫、有质疑，但我们党的高层决策者在认识上是坚定的，要一如既往地实行对外开放政策；在行动上是坚决的，于是也就有了1990年的上海浦东开发开放，

---

① 《邓小平文选》（第2卷），人民出版社1994年版，第91页。
② 《邓小平文选》（第3卷），人民出版社1993年版，第117页。

进而是1992年邓小平的南方谈话推动了改革开放的再次起航。

其实，这就提出了一个问题，即在对外开放、学习发达国家先进治国理政经验的过程中，又能够坚持社会主义制度、党的领导地位不动摇，并更好发挥制度的优越性。从文明发展规律看，这是对的。我们学习西方资本主义发展所创造的文明，并不是要照抄照搬，实现西方化、资本主义化，而是为了更好激发自身发展活力。随后，1992年中共十四大确立社会主义市场经济体制为经济体制改革的目标，在市场经济体制前限定为社会主义，这正是中国现代化发展和现代国家建设的原则遵循。

在"一球两制"且资本主义文明还具有比较优势的情况下，在对外开放不断深化，强调充分利用国内国外两个市场、两种资源，"引进来"与"走向去"的紧密结合，并与对内改革和国家治理深度关联的条件下，既要促成"逐步与国际接轨""融入国际社会""加强对外交流与合作"等要求，又要在改革开放中坚持和发展中国特色社会主义，这需要高超的政治智慧与能力。正因此，从20世纪90年代后期，特别是伴随亚洲金融危机的发生，中国更是开始辩证地看待经济全球化，认为在这个开放的世界，中国必须更大程度对外开放，但也要求在开放过程中要增强抵御和化解风险的能力，维护国家经济安全。2001年中国加入世界贸易组织（WTO），被认为是改革开放进入了新的阶段，是深度参与经济全球化里程碑式的事件。但是在当时，加入WTO就意味着与资本主义国家主导的世界体系和所通行贸易规则、经济规则、管理规则等的接轨，这就要求放弃自己的规则。虽然已经有了20多年对外开放的经验，但这带来的挑战是深刻的、全方位的，至少包括产业标准、企业竞争力，政府管理体制、管理方式、管理能力，以及相应的法律法规、专业人才队伍等。加入WTO后不久，时任中共中央总书记江泽民同志在省部级主要领导干部国际形势与世界贸易组织专题研讨班的讲话中指出："从二十一世纪国际竞争日趋激烈的大环境看，我们搞现代化建设，

第五章 推进国家治理现代化：新要求新取向新态势（下）

必须到国际市场的大海中去游泳。"① 这样的比喻很恰当，揭示了深度扩大开放的必要性。如果说加入 WTO 是对外开放的重大进展，那么它对国家治理改革的要求更高、更多。不过，当时因为"9·11"事件，美国的全球战略重心转移至中东地区，打击恐怖主义。于是，中共十六大报告明确将 21 世纪头 20 年定位为重要战略机遇期，认为要紧紧抓住并可以大有作为。在改革开放进入关键时期，如何抓住战略机遇，这取决于党的执政能力的高低。这也就有了 2004 年党的十六届四中全会将主题定位为加强党的执政能力建设，将"应对国际局势和处理国际事务的能力"确定为党要不断提高的五大能力之一。这样，在对外开放中不断融入世界体系，不断提高改革发展与执政治理能力，中国经济实力与国际影响力不断提升。

正因此，中共十七大报告明确认定，改革开放是中共十一届三中全会以来中国社会最鲜明的特征。"当代中国同世界的关系发生了历史性变化，中国的前途命运日益紧密地同世界的前途命运联系在一起。"既然如此，中国开放的大门就不可能再关起来。这取决于双重力量的塑造：一是对内改革，二是对外开放，两者是互联互通互动的。2008 年胡锦涛在纪念改革开放 30 周年大会的讲话指出："30 年来，我们毫不动摇地坚持党的基本路线，既以四项基本原则保证改革开放的正确方向，又通过改革开放赋予四项基本原则新的时代内涵，坚持把以经济建设为中心同四项基本原则、改革开放这两个基本点统一于发展中国特色社会主义的伟大实践，使中国特色社会主义在当今世界的深刻变化和当代中国的深刻变革中牢牢站住了、站稳了，成为充满生机活力的社会主义。"② 这充分解释了改革与开放的关系。也正是在对外开放和对内改革的联动中，中国既成功融入了世界，实现与国际社会

---

① 《江泽民文选》（第 3 卷），人民出版社 2006 年版，第 450 页。
② 《胡锦涛在纪念改革开放 30 周年大会的讲话》，人民网，2008 年 12 月 18 日。

的接轨，准确地讲是与资本主义主导的世界秩序接轨，又坚持发展了中国特色社会主义。也正是这样的联动，中国的现代化建设取得了非凡成就，国家治理改革实现了重大进步。如党的建设、法治建设、社会组织与基层民主、信息公开与公共决策、公共服务与政府机构等方面的改革，表面看是对内改革推动的，但又与对外开放紧紧联系在一起，是改革和开放互动形成的国家治理成果。

他山之石，可以攻玉。如果说改革开放取得的治理成就，是党领导人民自力更生奋斗得来的，那这也是遵循文明发展规律，积极学习借鉴世界文明成果，并与中国实际结合和运用而得来的。新时代，中国要实现国家强起来的新使命新任务，现代化建设与国家治理必须秉持更为开放的心态、视野和胸怀，一如既往地实行对外开放政策，最关键的依旧是要处理好与资本主义文明的关系。马克思主义揭示了社会主义取代资本主义的历史必然性、规律性，但现实情形是，当今世界像欧美发达资本主义国家仍然具有很强的自我调节和修复能力，虽然发展中出现了不少问题，甚至如福山所指出的是根本性政治衰败。从未来看，在相当长历史时期内，社会主义和资本主义"一球两制"并存的局面不会改变。因此，坚持和完善中国特色社会主义制度，就必须坚持"长线历史观"，正确认识自己，也正确认识资本主义。正可谓：知己知彼，方可百战不殆。这里的"战"当然是多种意义上的，包括借鉴资本主义现代化发展和国家治理所积累的文明成果。

具体来说，这就是要做到继承和借鉴、共存和补充、辨析和吸纳。在社会制度上，资本主义与社会主义当然有对立、对抗的一面，即使在今天也是如此，透过中美贸易摩擦现象，可以看到本质正是两种制度、意识形态和两种文明、国家战略的较量。既然有对立，那就要斗争，但更要讲策略、讲方法，在事关国家主权、核心利益、国家安全等问题上要绝不退让、毫不动摇。但同时,也要认识到社会主义与资本主义共存与互补的一面。不能简单将资本主义社会的一切都说成是资本主义的,其中很多都属于人类共同的文明成果,特别是一些反映现代社会化生产规律的先进管理方法,不存在姓"资"姓"社"问题;对待资本主义,既要反对"崇资病",也反对"恐资病",对资本主义文明加以辨析、剥离,充分地吸纳、结合和利用其积极的东西为社会主义服务,甚至使之成为社会主义的要素。邓小平的说法最有说服力:"我们实行开放政策,吸收资本主义社会的一些有益的东西,是作为发展社会主义社会生产力的一个补充";要"采用资本主义的一些方法(是当作方法来用的),目的就是要加速发展生产力"。而且,资本主义与社会主义还有继承关系。马克思主义所阐释的"两个绝不会",以及社会上一直议论的"补课论",大体能够说明这一点。如果说社会主义制度以及由党的领导制度、人民代表大会制度、公有制为主体的基本经济制度等国家制度体系必须得到长期坚持,那么基础性制度体系和国家治理体系,则需要在与资本主义文明的交流互鉴中进行改革,让制度体系更加成熟更为稳定,支撑现代化强国建设。

(三)相互改造与治理提升

在对外开放与对内改革互动中,在学习世界文明的过程中,中国的现代化建设与国家治理改革已经成功解决了"开除球籍"的担忧,并站在了强起来的历史起点上。而当今世界也在经历大发展大变革大调整,正孕育着深刻变革。有学者研究改革开放认为:"短暂的40年里出现过三次主题转变。第一次是1978年改革开放开始后通过改变态度来主动融入世界;第二次是21世纪以来,尤其是加入WTO之后,通过提高能力来更深入地融入世界;第三次是2008年全球金融危机之后,尤其是中共十八大之后,通过更加主动参与国际事务开启的自我与国际社会的共同改变。"① 以 2008 年为转折点，可以认为此前对外开放的使命主要与对内改革、自我改造结合在一起，并从认识和行动上、政治和制度上解决长期封闭的问题；此后的对外开放，不仅强调要继续扩大开放促进国内改革，而且被赋予了新的使命，即推进国际秩序变革、构建人类命运共同体。这在中共十八大以来的对外开放中体现得尤为明显。如果说以往的开放实现了从"引进来"到"引进来""走出去"并重的进步，那么新时代的对外开放，则要解决如何更好"走出去"，"走出去"做什么的问题。可能，这也是"改革再出发"的内涵，也正适应了新时代国家强起来的发展治理需要。

2012 年中共十八大报告提出："适应经济全球化新形势，必须实行更加积极主动的开放战略，完善互利共赢、多元平衡、安全高效的开放型经济体系。"显然，这背后隐含的仍然是开放促改革的思路，是从中国自身发展和治理问题考虑对外开放的，是为了建设开放型经济体系。中共十八大结束后不久，习近平总书记到广东调研考察，提出要坚定不移走改革开放的强国之路，更要做到改革不停顿、开放不止步。2014 年李克强总理在一次国务院常务会议上提出，要通过扩大对外开放来扩大内需，用开放形成改革的倒逼机制，用开放驱动新一轮改革。2015 年中央全面深化改革领导小组第十六次会议上，习近平总书记讲话概括提出"以开放促改革促发展"并深刻指出："以开放促改革、促发展，是我国改革发展的成功实践。改革和开放相辅相成、相互促进，改革必然要求开放，开放也必然要求改革。要坚定不移实施对外开放的基本国策、实行更加积极主动的开放战略，坚定不移提高开放型经济水平，坚定不移引进外资和外来技术，坚定不移完善对外开放体制机制，以扩大开放促进深化改

---

① 杨雪冬：《从自我改造到相互改造：对外开放 40 年再审视》，载于《浙江社会科学》2018 年第 8 期。

第五章　推进国家治理现代化：新要求新取向新态势（下）

革，以深化改革促进扩大开放，为经济发展注入新动力、增添新活力、拓展新空间。"① 这"四个坚定不移"所折射的信息是明确的，就是要通过扩大改革倒逼改革、促进发展、推动治理。

以开放促改革、促发展、促治理，这是在新时代新起点上，推动全面深化改革的要求，也是以往改革开放思路的深化。中共十八届三中全会明确了中国改革的新方位，即进入了攻坚期和深水区；提出了新要求，即全面深化改革，增强改革的系统性、整体性和协同性；确立了新目标，即完善和发展中国特色社会主义制度，推进国家治理体系和治理能力现代化。而这背后是对改革发展治理环境和问题的深刻把握，这就是："当前，国内外环境都在发生极为广泛而深刻的变化，我国发展面临一系列突出矛盾和挑战，前进道路上还有不少困难和问题。"② 所以，全面深化改革要向"顽瘴痼疾"开刀，触及"深层次利益关系和矛盾"，破除"利益固化藩篱"等。新时代推出的许多对外开放举措，都是基于开放和改革互相促进考虑的，是为了解决自身发展治理问题。如中共十八大报告提出的，创新开放模式，促进沿海内陆沿边开放优势互补，形成引领国际合作和竞争的开放区域，培育带动区域发展的开放高地。中共十八届五中全会提出开放发展是新发展理念的重要内容，特别是提出要形成对外开放新体制，即"完善法治化、国际化、便利化的营商环境，健全有利于合作共赢并同国际贸易规则相适应的体制机制。"③ 中共十九大报告更是如此，将推动形成全面开放新格局，作为建设现代化经济体系的组成部分，提出："拓展对外贸易，培育贸易新业态新模式，推进贸易强国建设。实行高水平的贸易和投资自由化便利化政

---

① 习近平：《改革必然要求开放　开放必然要求改革》，新华社，2015 年 9 月 16 日。
② 《〈中共中央关于全面深化改革若干重大问题的决定〉辅导读本》，人民出版社 2013 年版，第 63 页。
③ 《〈中共中央关于制定国民经济和社会发展第十三个五年规划的建议〉辅导读本》，人民出版社 2015 年版，第 39 页。

策，全面实行准入前国民待遇加负面清单管理制度，大幅度放宽市场准入，扩大服务业对外开放，保护外商投资合法权益。凡是在我国境内注册的企业，都要一视同仁、平等对待。"① 特别是自由贸易区改革创新，更是被赋予了以开放促改革的使命，探索所形成的一系列可推广、可复制的制度，如负面清单制度、事中事后监管制度等直接倒逼政府体制改革，因此被认为是"政府自身革命"。而自由贸易区经验在全国其他地方的推广以及自身扩区、高质量建设，直接推动改革的深化和治理效能提升。

这是新时代对外开放使命任务的一个方面，还必须清晰看到另一个方面，即在对外开放中推动世界体系、国际秩序的变革，构建人类命运共同体。这也适应了新时代国家全面参与国际事务和全球治理，进而不断强起来的要求。其实，21世纪以来，在对外开放和国际事务中中国虽然还坚持"韬光养晦"的原则，认为首先是要办好自己的事情，但也表现出了积极的姿态。2007年中共十七大报告就提出要树立世界眼光，统筹国内国际两个大局；而随着中国经济实力和影响力的不断提高，中国的发展与世界发展越来越紧密地结合在一起，中国的治理也越来越与全球治理结合在一起。2008年全球金融危机后的2009年，是"我国经济社会发展最为困难的一年，"但是全球性的危机将中国"进一步推到了国际社会讨论和处理重大问题的前台"②。在世界经济危机情况下，中国的发展更是得到了国际社会认可，也越来越要求中国承担更多的国际责任，将解决国内问题与应对全球事务结合起来，并贡献力量。2010年超越日本，中国成为世界第二大经济体，随着在海外利益不断增多，国际地位不断提升，如果还是简单主张办好自己的事情，显然不合时宜了，也是做不到的；在中国加入WTO的10周年之际，胡锦涛在庆祝大会的讲话中提

---

① 《党的十九大报告辅导读本》，人民出版社2017年版，第34页。
② 《胡锦涛文选》（第3卷），人民出版社2016年版，第334、285页。

第五章 推进国家治理现代化：新要求新取向新态势（下）

出："中国将坚定不移做和平发展的实践者、共同发展的推动者、多边贸易体制的维护者、全球经济治理的参与者。"① 这既是国际社会的期待，也是中国进一步发展的需要。但是，中国也一直在强调不能过高估计发展实力、过分夸大国际影响力，这态度很清醒、立场很坚定。

中共十八大报告提出要实行更加积极主动的开放战略，并在分析世界形势的基础上认为："人类只有一个地球，各国共处一个世界""要倡导人类命运共同体意识""增进人类共同利益"。这是相辅相成的。同时还提出："在国际关系中弘扬平等互信、包容互鉴、合作共赢的精神，共同维护国际公平正义"；"中国将坚持把中国人民的利益同各国人民的利益结合起来，以更加积极的姿态参与国际事务，发挥负责任大国作用，共同应对全球性挑战。"② 比较而言，这与以往的对外开放和外交政策有很大不同，表达了参与国际事务、承担国际责任的积极姿态，而目的正是要推动国际规则、国际秩序变革。

就西方资本主义国家主导所形成的现有的国际秩序、国际规则，中国历来都认为是不公正不合理的，需要不断改革完善。实际情况是，在以往中国还没有发展起来的情况下，期待改变这样不公正的世界秩序，是很难做到的，事实证明也只能是道德上的呼吁；在发展起来并具有相应国际影响力、也应当承担国际责任的条件下，提出推动不合理的国际秩序变革，也就是顺理成章的事情。这在新时代治国理政中成为共识。特别是，随着国际形势、世界秩序的深刻变革，中国继续提出要统筹国内与国际两个大局，但其内涵发生了很大变化，除为了实现市场深度融合，继续统筹国内与国际两个市场，为了实现资源高效配置，继续用好

---

① 胡锦涛：《在中国加入世界贸易组织 10 周年高层论坛上的讲话》，人民出版社 2011 年版。
② 《十八大报告辅导读本》，人民出版社 2012 年版，第 47~48 页。

国内与国际两种资源,还提出要用好国内国际两类规则。"我们在国际规则制定中不能当旁观者、跟随者,而是要积极做参与者、引领者,以开放、包容和自信的姿态,维护和拓展我国发展利益。充分运用我国日益上升的综合国力和国际影响力,推动形成公正合理透明的国际规则体系,提高我国在全球经济治理中的制度性话语权。"① 甚至,还有研究指出:"国际标准和国际规则重构的过程,将是不同利益诉求艰苦博弈、不同文明理念碰撞交流的过程。国际规则之争是发展权之争,也是制度力和领导力之争。在过去对外开放进程中,我们一直处于对国际标准、国际规则的学习、承认、参与与应对的状态。随着经济体量增大、经济实力增强、国际影响力提升,中国不可能做'躲在蚂蚁身后的大象',必须主动抢占国际标准和国际规则重构的制高点,推动建立更加公正合理、更具前瞻性的国际标准和规则体系。"② 这表明,适应新时代新要求,中国的对外开放已迈入了新阶段,即在更进一步推动开放和改革互动的同时,也开始塑造国际规则、重构国际秩序。

从实际行动看,中国积极参与国际金融危机、气候变化、维和行动、能源危机、公共安全等全球性问题治理,并采取切实措施,在化解这些问题上承担大国责任,当然这还是在联合国体系下进行的。特别是,在塑造和推动国际规则秩序变革中,中国更为积极主动,表现出前所未有的创造力和塑造力,倡导建立金砖国家组织、亚洲发展投资银行等新的组织。尤其是大力推进"一带一路"倡议,已经重构了世界经济格局和地缘战略。在其他国际事务、人类共同面临的难题上,中国都积极参与,并提供了自己的主张、贡献了自己的智慧。这也就不难理解中共十九大报告

---

① 中共商务部党组:《实现开放发展必须坚持统筹国内国际两个大局》,载于《求是》2016年第4期。

② 陈文玲:《在开放中增强我国发展新动能》,载于《求是》2016年第23期。

第五章　推进国家治理现代化：新要求新取向新态势（下）

的申明："中国共产党是为中国人民谋幸福的政党，也是为人类进步事业而奋斗的政党。中国共产党始终把为人类做出新的更大贡献作为自己的使命。"① 报告还将建设"开放型经济体系"直接表述为"推动建设开放型世界经济"，认识问题的格局视野已经发生质的变化；将"倡导人类命运共同体意识"直接提升为"推动构建人类命运共同体"，从意识观念到实践行动，这是本质的变化，体现了大国的担当和责任。特别是，还提出中国自己的"全球治理观"，即"倡导国际关系民主化，坚持国家不分大小、强弱、贫富一律平等，支持联合国发挥积极作用，支持扩大发展中国家在国际事务中的代表性和发言权。中国将继续发挥负责任大国作用，积极参与全球治理体系改革和建设，不断贡献中国智慧和力量。"② 虽然近年来，一些国家贸易保护主义、单边主义抬头，还发生了中美贸易摩擦，但中国的态度决心没有改变。2018年习近平主席在首届中国国际进口博览会开幕式上的主旨演讲中重申："中国开放的大门不会关闭，只会越开越大。中国推动更高水平开放的脚步不会停滞！中国推动建设开放型世界经济的脚步不会停滞！中国推动构建人类命运共同体的脚步不会停滞！"③ 在2019年第二届"一带一路"国际合作高峰论坛上，习近平总书记的讲话更表达了明确的态度。通过这些可清晰看到，中国参与国际事务、推动全球治理体系变革的决心和信心。

当然，这样的态度与行动，与中国特色社会主义进入新时代这个大的判断是相关的。中共十九大报告指出，进入新时代意味着我国日益走近世界舞台中央，"意味着中国特色社会主义道路、理论、制度、文化不断发展，拓展了发展中国家走向现代化的途径，给世界上那些既希望加快发展又希望保持自身独立性的国家

---

① 《党的十九大报告辅导读本》，人民出版社2017年版，第56~57页。
② 《党的十九大报告辅导读本》，人民出版社2017年版，第59页。
③ 习近平：《在首届中国国际进口博览会开幕式上的主旨演讲》，新华社，2018年11月5日。

和民族提供了全新选择,为解决人类问题贡献了中国智慧和中国方案。"① 可以说,这是新时代中国发展和治理所面临的新的历史方位决定的,也即从大国走向强国过程中,在融入世界体系中不断塑造和推动世界秩序变革,进而在新的空间和格局中提高国家治理现代化水平。这样的相互改造可能是一个长期而复杂的过程。

---

① 《党的十九大报告辅导读本》,人民出版社2017年版,第10~11页。

参 考 文 献

1. 《马克思恩格斯选集》（第1~4卷），人民出版社1995年版。
2. 《马克思恩格斯全集》（第1卷），人民出版社1956年版。
3. 《马克思恩格斯全集》（第3卷），人民出版社2002年版。
4. 《马克思恩格斯全集》（第21卷），人民出版社1956年版。
5. 《马克思恩格斯全集》（第23卷），人民出版社1974年版。
6. 《马克思恩格斯全集》（第36卷），人民出版社1974年版。
7. 《马克思恩格斯全集》（第42卷），人民出版社1979年版。
8. 《马克思恩格斯全集》（第46卷）（上），人民出版社1979年版。
9. 《马克思恩格斯文集》（第1、10卷），人民出版社2009年版。
10. 《列宁选集》（第4卷），人民出版社1995年版。
11. 《毛泽东选集》（第1~4卷），人民出版社1991年版。
12. 《毛泽东选集》（第5卷），人民出版社1977年版。
13. 《毛泽东文集》（第7卷），人民出版社1999年版。
14. 《邓小平文选》（第2卷），人民出版社1994年版。
15. 《邓小平文选》（第3卷），人民出版社1993年版。
16. 《邓小平年谱（1975~1997）》（下），中央文献出版社2004年版。
17. 《江泽民文选》（第3卷），人民出版社2006年版。
18. 《胡锦涛文选》（第3卷），人民出版社2016年版。

19. 《习近平谈治国理政》，外文出版社 2014 年版。

20. 《习近平谈治国理政》（第 2 卷），外文出版社 2017 年版。

21. 《习近平总书记系列重要讲话读本》，学习出版社、人民出版社 2016 年版。

22. 《习近平关于社会主义政治建设论述摘编》，中央文献出版社 2017 年版。

23. 《习近平关于党风廉政建设和反腐败斗争论述摘编》，中央文献出版 2015 年版。

24. 《习近平关于全面从严治党论述摘编》，中央文献出版社 2016 年版。

25. 《十八大报告辅导读本》，人民出版社 2012 年版。

26. 《党的十九大报告辅导读本》，人民出版社 2017 年版。

27. 《〈中共中央关于全面深化改革若干重大问题的决定〉辅导读本》，人民出版社 2013 年版。

28. 《〈中共中央关于全面推进依法治国若干重大问题的决定〉辅导读本》，人民出版社 2014 年版。

29. 《〈中共中央关于制定国民经济和社会发展第十三个五年规划的建议〉辅导读本》，人民出版社 2015 年版。

30. 《建国以来重要文献选编》（第 9 册），中央文献出版社 1994 年版。

31. 《建国以来重要文献选编》（第 11 册），中央文献出版社 1995 年版。

32. 《中国共产党历史》（第二卷（1949~1978）下册），中共党史出版社 2011 年版。

33. 《董必武政治法律文集》，法律出版社 1986 年版。

34. 薄一波：《若干重大决策与事件的回顾》（上册），中共中央党校出版社 1991 年版。

35. 《孙中山文集》（上），团结出版社 1997 年版。

36. 钱穆：《国史新论》，生活·读书·新知三联书店 2001

年版。

37. 李泽厚：《中国古代思想史论》，人民出版社1985年版。

38. 王亚南：《中国官僚政治研究》，中国社会科学出版社1980年版。

39. 俞可平主编：《治理与善治》，社会科学文献出版社2000年版。

40. 俞可平：《论国家治理现代化》，社会科学文献出版社2014年版。

41. 燕继荣主编：《发展政治学：政治发展研究的概念与理论》，北京大学出版社2006年版。

42. 林尚立：《当代中国政治：基础与发展》，中国大百科全书出版社2017年版。

43. 林尚立：《当代中国政治形态研究》，天津人民出版社2000年版。

44. 林尚立等：《政治建设与国家成长》，中国大百科全书出版社2008年版。

45. 林尚立：《中国共产党与国家建设》，天津人民出版社2009年版。

46. 王邦佐等：《中国政党制度的社会生态分析》，上海人民出版社2000年版。

47. 陈明明编：《革命后社会的政治与现代化》，上海辞书出版社2002年版。

48. 陈旭麓：《近代中国社会的新陈代谢》，中国人民大学出版社2012年版。

49. 周雪光：《中国国家治理的制度逻辑——一个组织学研究》，生活·读书·新知三联书店2017年版。

50. 桑玉成：《利益分化的政治时代》，学林出版社2002年版。

51. 杨光斌：《政治变迁中的国家与制度》，中央编译出版社2011年版。

52. 程竹汝：《司法改革与政治发展——当代中国司法结构及其社会政治功能研究》，中国社会科学出版社2001年版。

53. 胡鞍钢等：《中国国家治理现代化》，中国人民大学出版社2014年版。

54. 胡鞍钢等：《第二次转型：国家制度建设》（增订版），清华大学出版社2009年版。

55. 孙立平：《转型与断裂：改革以来中国社会结构的变迁》，清华大学出版社2004年版。

56. 杨国枢：《中国人的心理与行为：本土化研究》，中国人民大学出版社2004年版。

57. 毛寿龙、李梅、陈幽泓：《西方政府的治道变革》，中国人民大学出版社1998年版。

58. 毛寿龙：《政治社会学》，中国社会科学出版社2001年版。

59. 罗荣渠：《现代化新论——世界与中国的现代化进程》（增订本），商务印书馆2004年版。

60. 高民政：《中国政府与政治》，黄河出版社1993年版。

61. 施雪华：《政治科学原理》，中山大学出版社2001年版。

62. 吴忠民主编：《新形势下中国重大生活矛盾问题分析》，中共中央党校出版社2014年版。

63. 欧树军、王绍光：《小邦大治：新加坡的国家基本制度建设》，社会科学文献出版社2017年版。

64. 师曾志、胡泳等：《新媒介赋权及意义互联网的兴起》，社会科学文献出版社2014年版。

65. 周黎安：《转型中的地方政府：官员激励与治理》，上海人民出版社2008年版。

66. ［古希腊］亚里士多德著，吴寿彭译：《政治学》，商务印书馆1965年版。

67. ［古希腊］柏拉图著，郭斌和、张竹明译：《理想国》，商务印书馆1986年版。

参考文献

68. [法] 孟德斯鸠著,张雁深译:《论法的精神》(上卷),商务印书馆1961年版。

69. [法] 迪韦尔热著,杨祖功、王大东译:《政治社会学》,华夏出版社1987年版。

70. [法] 托克维尔著,董果良译:《论美国的民主》(上卷),商务印书馆1988年版。

71. [美] 费正清著,刘樽棋译:《伟大的中国革命》,世界知识出版社2001年版。

72. [美] 约瑟夫·奈著,郑志国等译:《美国霸权的困惑——为什么美国不能独断专行》,世界知识出版社2002年版。

73. [美] 弗朗西斯·福山著,毛俊杰译:《政治秩序的起源:从前人类时代到法国大革命》,广西师范大学出版社2012年版。

74. [美] 詹姆斯·N. 罗西瑙等著,张胜军等译:《没有政府的治理》,江西人民出版社2001年版。

75. [美] 迈克尔·罗斯金等著,林震等译:《政治科学》,华夏出版社2001年版。

76. [美] 布热津斯基著,潘嘉玢等译:《大失控与大混乱》,中国社会科学出版社1995年版。

77. [美] 李普塞特著,张华青译:《一致与冲突》,上海人民出版社1995年版。

78. [奥] 哈耶克著,贾湛等译:《个人主义与经济秩序》,北京经济学院出版社1989年版。

79. [美] 塞缪尔·P. 亨廷顿著,王冠华等译:《变化社会中的政治秩序》,生活·读书·新知三联书店1989年版。

80. [美] 亨廷顿著,刘军宁译:《第三波——20世纪后期民主化浪潮》,生活·读书·新知三联书店1998年版。

81. [美] 西蒙·库兹涅茨编著,戴睿、易诚译:《现代经济增长》,北京经济学院出版社1989年版。

82. [意] 加塔塔·莫斯卡著,贾鹤鹏译:《统治阶级:政治科学原理》，译林出版社 2002 年版。

83. ［美］斯图尔特·施拉姆：《毛泽东的思想》，中央文献出版社 1990 年版。

84. ［美］阿尔蒙德、鲍威尔著，曹沛霖等译：《比较政治学：体系、过程和政策》，上海译文出版社 1987 年版。

85. ［美］阿尔蒙德、维巴著，马殿君等译：《公民文化——五国的政治态度和民主》，浙江人民出版社 1989 年版。

86. ［美］加布里埃尔·A. 阿尔蒙德等著，杨红伟等译：《当代比较政治学：世界视野》，上海人民出版社 2010 年版。

87. ［法］勒庞著，冯克利译：《乌合之众——大众心理研究》，广西师范大学出版社 2007 年版。

88. ［德］黑格尔著，王造时译：《历史哲学》，上海书店出版社 1999 年版。

89. ［英］罗德·黑格、马丁·哈罗普著，张小劲等译：《比较政府与政治导论》，中国人民大学出版社 2007 年版。

90. ［日］佐藤功著，刘庆林、张光博译：《比较政治制度》，法律出版社 1984 年版。

91. ［美］曼纽尔·卡斯特著，曹荣湘译：《网络社会的崛起》，社会科学文献出版社 2006 年版。

92. ［美］曼纽尔·卡斯特著，郑波、武炜译：《网络星河：对互联网、商业和社会的反思》，社会科学文献出版社 2007 年版。

93. ［英］安德鲁·查德威克著，任孟山译：《互联网政治学：国家、公民与新传播技术》，华夏出版社 2010 年版。

94. ［德］乌·贝克、哈贝马斯著，王学东等译：《全球化与政治》，中央编译出版社 2000 年版。

95. ［意］安东尼奥·葛兰西著，陈越译：《现代君主论》，上海世纪出版集团 2006 年版。

96. ［美］斯考切波著，何俊志、王学东译：《国家与社会革命：对法国、俄国和中国的比较分析》，上海世纪出版集团

2007 年版。

97. [美] E. A. 霍贝尔著,周勇译:《初民的法律——法的动态比较研究》,中国社会科学出版社 1993 年版。

98. [美] 约翰·罗尔斯著,何怀宏等译:《正义论》,中国社会科学出版社 1988 年版。

99. [美] 罗斯科·庞德著,徐显明译:《通过法律的社会控制》,商务印书馆 1984 年版。

100. [美] 劳伦斯·莱斯格著,李旭等译:《代码:塑造网络空间的法律》,中信出版社 2004 年版。

101. [德] 乌尔里希·贝克著,何博闻译:《风险社会》,译林出版社 2004 年版。

102. [美] 约翰·布莱恩·斯塔尔著,曹志伟等译:《毛泽东的政治哲学》,中国人民大学出版社 2006 年版。

103. 王浦劬:《全面准确深入把握全面深化改革的总目标》,载于《中国高校社会科学》2014 年第 1 期。

104. 俞可平:《中国的治理改革(1978~2018)》,载于《武汉大学学报》(哲学社会科学版)2018 年第 3 期。

105. 俞可平:《让国家回归社会——马克思主义关于国家与社会的观点》,载于《理论视野》2013 年第 9 期。

106. 俞可平:《中华人民共和国六十年政治发展的逻辑》,载于《马克思主义与现实》2010 年第 1 期。

107. 林尚立:《论以人民为本位的民主及其在中国的实践》,载于《政治学研究》2016 年第 3 期。

108. 林尚立:《阶级、所有制与政党:国有企业党建的政治学分析》,载于《天津社会科学》2001 年第 1 期。

109. 王绍光:《国家治理与基础性国家能力》,载于《华中科技大学学报》2014 年第 3 期。

110. 王绍光:《治理研究:正本清源》,载于《开放时代》2018 年第 2 期。

111. 杨光斌：《关于国家治理能力的一般理论——探索世界政治（比较政治）研究的新范式》，载于《教学与研究》2017年第1期。

112. 燕继荣：《中国社会治理的理论探索与实践创新》，载于《教学与研究》2017年第9期。

113. 许耀桐、刘祺：《当代中国国家治理体系分析》，载于《理论探索》2014年第1期。

114. 许耀桐：《中国政府机构改革40年来的发展》，载于《行政论坛》2018年第6期。

115. 桑玉成：《论人民美好生活需要之制度供给体系的建构》，载于《武汉大学学报》（哲学社会科学版）2018年第3期。

116. 包心鉴：《制度现代化：国家治理现代的实质与指向》，载于《社会科学研究》2015年第2期。

117. 郑杭生、邵占鹏：《治理理论的适用性、本土化与国际化》，载于《社会学评论》2015年第2期。

118. 郑杭生、郭星华：《中国社会的转型与转型中的中国社会——关于当代中国社会变迁和社会主义现代化进程的几点思考》，载于《浙江学刊》1992年第4期。

119. 熊光清：《治理理论在中国的发展与创新》，载于《江苏行政学院学报》2018年第3期。

120. 施雪华：《论传统与现代治理体系及其结构转型》，载于《中国行政管理》2014年第1期。

121. 刘建军：《微型社会：计划经济下单位的构成》，载于《南京社会科学》2000年第1期。

122. 路风：《单位：一种特殊的社会组织形式》，载于《中国社会科学》1989年第1期。

123. 李汉林、李路路：《资源与交换——中国单位组织中的依赖性结构》，载于《社会学研究》1999年第4期。

124. 于显洋：《单位意识的社会学分析》，载于《社会学研究》1991 年第 5 期。

125. 王正绪：《国家建设、现代政府和民主之路：六十年来中国的政治发展》，载于《马克思主义与现实》2010 年第 1 期。

126. 高民政：《探索大国发展之道：规模分析的维度与价值》，载于《探索与争鸣》2010 年第 1 期。

127. 孙力：《主要矛盾分析方法是中国共产党的理论创新》，载于《毛泽东邓小平理论研究》2017 年第 12 期。

128. 王国红、马瑞：《规范与创新：促进网络政治健康发展》，载于《政治学研究》2012 年第 3 期。

129. 刘少杰：《网络社会的感性化趋势》，载于《天津社会科学》2016 年第 3 期。

130. 吴晓明：《"中国方案"开启全球治理的新文明类型》，载于《中国社会科学》2017 年第 10 期。

131. 杨雪冬：《从自我改造到相互改造：对外开放 40 年再审视》，载于《浙江社会科学》2018 年第 8 期。

132. 秦前红、李少文：《网络空间治理的法治原理》，载于《现代法学》2014 年第 6 期。

133. 虞崇胜、余扬：《深化制度变革：中国半程现代化的困境与出路》，载于《探索》2017 年第 2 期。

134. 周飞舟：《从汲取型政权到"悬浮型"政权——税费改革对国家与农民关系之影响》，载于《社会学研究》2006 年第 3 期。

135. 李风华：《政治共识：一种新的政治观念研究路径》，载于《政治学研究》2012 年第 1 期。

136. 何增科：《治理、善治与中国政治发展》，载于《中共福建省委党校学报》2002 年第 3 期。